島津と武家史 上

武家の雄、
島津一族の七百年

須田慎太郎

島津と武家史―下巻目次

はじめに　島津七百年

戦国時代末の安土桃山（織豊《しょくほう》）時代から江戸時代末期いわゆる幕末、そして明治にかけての日本史をたどると、「島津」の名がひんぱんに登場する。江戸時代後半には、島津氏の治める「薩摩」とセットで出てくることが多い。

事実、薩摩藩は慶応三年（一八六七）にパリで開催された万国博覧会に、「日本薩摩太守政府」の名義で、江戸（徳川）幕府と肩をならべて出品する（ジャポニスム〈日本趣味〉の先駆けとなる）ほどの経済・政治・外交力を有し、大いに気を吐いていた。十九世紀中頃から二十世紀初頭にかけて、日本国内だけでなく、海外でも「Shimazu」「Satsuma」の露出度は高かったのである。

近代日本の扉を開いた明治維新も、島津氏・薩摩藩の存在なしには成し得なかった。さらに、殖産興業政策を旗印に掲げ、長い間ほとんど未開の島でしかなかった、実際は実りの宝庫・北海道を今日のように発展させる基礎を築いたのも、近代的な交通網を基盤とする東北開発構想を立案・主導したのも、島津氏に仕えていた薩摩藩士らである。

明治以降の日本で、政治・経済・社会・芸術文化など、日本という国家のすべての分野において近代化を推進する原動力となったのは「薩摩」、より正確には「島津」＆「薩摩」のセットと言っても過言ではなかろう。その礎となったのが島津一族であり「島津本宗家《ほんそうけ》」の歴代当主である。

ともあれ、本書で追う島津本宗家の当主は――鎌倉御家人となった初代忠久《ただひさ》に始まり、蒙古襲来（元寇）で一族を率いて奮戦する三代久経、室町幕府初代将軍足利尊氏の北朝方として後醍醐天皇の南朝方と戦い、九十五歳の老将として波乱の生涯を終える五代貞久、島津家中の血で血を洗う抗争を制して室町期における島津氏最大の支配領域を築く八代久豊、一時的ながらも南九州に平和をもたらす十代立久、家督継承抗争に勝利を収めて室町・戦国期をしたたかに生き抜く忠良（日新斎《じっしんさい》・実質的当主）・十五代貴久父子、豊臣秀吉の島津征伐を受けて降伏、そして朝鮮出兵、さらに関ヶ原の戦いでは、死地を切り抜けて島津氏を存続に導く十六代義久・十七代義弘兄弟、薩摩藩初代藩主にして琉球王国を服属させる十七代忠恒、江戸幕府から木曾三川分流治水工事を請け負わさて苦闘する二十四代重年、五百万両の借金帳消しを命じて藩財政を好転させる〝蘭癖《らんぺき》大名〟二十五代重豪《しげひで》らを経て、西郷隆盛や大久保利通などの下級藩士を重用し、天下に並びなき名君と謳われる二十八代斉彬《なりあきら》、さらに、結果的にではあれ江戸幕府の転覆を主導し、明治維新という近代国家の幕を開ける、その異母弟で国父と称された久光と薩摩藩最後の藩主忠義父子まで――全二十九代およそ七百年、それは連綿と受け継がれてきたように見受けられるが、実際は、どの時代にあっても「存亡の機」にさらされていた、いわば〝剣の刃〟をおのれの器量と武力を頼りに渡り続けてきた苦闘の歴史である。

また「島津七百年」の歴史は、それまで長らく政治権力を握り、武士を奴僕のごとく扱い、日本を支配してきた公家（貴族）を飲み込むほどにその存在感を強める、平安時代末期から幕末まで続く「武士」の歴史に重なる。島津氏について語ることは、とりもなおさず日本における武士、言うなれば〝大いなる武家〟に転生・昇華したその変遷を振り返ることにほかならない。したがって本書では、必要に応じ、各代の「島津」を取り巻く時代背景についても触れていくことにしたい。

第一章　島津一族の黎明期

一　島津氏の出自をたどる

島津氏の始祖忠久

いまからさかのぼること八百五十年あまり。治承三年（一一七九）二月八日、奈良の春日社（春日大社）で快晴の下、春日祭が厳粛かつ盛大に催された。

藤原氏の氏神を祀る春日社の春日祭は、国家の安泰・国民の繁栄を祈るために催され、京都・賀茂神社の賀茂祭（葵祭）、石清水八幡宮の石清水祭と並ぶ三大勅祭（祭礼に際し天皇から勅使が遣わされる国事としての神事）の一つである。二月と十一月の最初の申の日に開催されるため「申祭《さるまつり》」ともいう。

鮮やかな朱塗りの本殿に続く参道の左右には、華やいだ雰囲気に引き寄せられた多くの人々が詰めかけていた。その参道をおごそかに進む一行があった。先導役の後方には神馬《しんめ》を奉献する「春日祭使」の華麗で壮観な行列が続く。

行列の中央には、春日祭使を務める中山兼宗（のちの内大臣中山忠親の嫡男）、建礼門院平徳子（父は平清盛、母はその継室時子。高倉天皇の中宮・安徳天皇の母）の中宮使藤原光綱《みつつな》、言仁《ときひと》親王（のちの安徳天皇）の東宮使平重衡《しげひら》（清盛の五男）といった高官の姿が見える。その行列の警護を任じられた若き武官の一人に「左兵衛尉《さひょうえのじょう》・惟宗忠久《これむねのただひさ》」がいたとの記述が中山忠親の日記『山槐記』にある。この忠久こそ、のちの「島津氏初代当主忠久」であった。

忠久の実父

惟宗忠久の実父については、「惟宗広言《ひろとき》」もしくは「惟宗忠康」（ともに摂関家である近衛家の家司《けいし》。摂関家・近衛家・家司については後述）という二つの説がある。もう一つ、鎌倉幕府の創始者、源頼朝の御落胤という説もあるが、これについては、「忠久は頼朝の御落胤か？」（94ページ）で述べる。

歌人としても知られる広言は文官で、祖父孝言《たかとき》・父基言《もととき》と同じ文章生《もんじょうしょう》（官僚育成機関の大学寮で詩文・歴史を学ぶ）の出身。民部丞《みんぶのじょう》（財政・租税関係を扱う民部省の実務担当者）、少内記（宮中の政務を司る内務省の役人）、少外記《しょうげき》（天皇の発する詔勅《しょうちょく》の訂正や天皇への上奏文の起草を担当する太政官〈いわば現代の内閣〉の役人）を経て大宰少監《だざいのしょうげん》（九州全域を統括する大宰府の上級職員）や筑後守（筑後国〈福岡県南部〉の国司）を務めている。祖父大学頭《だいがくのかみ》孝言は関白藤原師通《ふじわらもろみち》の漢籍や詩文の師であり、父基言は日向守《ひゅうがの》（日向国〈宮崎県〉の国司）であった。また、先祖から代々にわたって名前に使われる通字は「言」をもちいている。

一方忠康は、左兵衛尉や右衛門尉（皇宮警察）といった武官の官歴を持つ。忠久も左兵衛尉から左衛門尉へ、そして、京内外の警察権および訴訟・裁判を担う、強大な権威を誇る検非違使に任じられている。それに加え、通字もともに「忠」である。

また忠久は、広言の養子もしくは猶子（家督相続を前提としない仮の養子）であったとされるが、その養子となった時期はわからない。ただ、忠久が春日祭使に供奉した治承三年に父忠康が亡くなっている（正確には不明）ことを考えると、その頃すでに武官として近衛家に出仕していた忠久は、実弟の忠季《ただすえ》とともに、家司として同じ近衛家に仕える広言の養子になったと考えることもできる。

この時代は家の継承と官職が結びついているため、忠久の実父は武官の忠康で、文官の広言は忠久・忠季兄弟の養父だったのではないかとするのが自然である。

忠久の生誕年と生母

だが、忠久（および忠季）の生母となると、実父以上にその詳細は不明で、「丹後内侍《たんごのないし》」あるいは「宜秋門院丹後《ぎしゅうもんいんのたんご》」という二説がある（新説が出る可能性もある）。内侍とは宮中奥向きの女官を指す。

その前に、正確にはわかっていない忠久の生誕年はいつかを推定したい。左兵衛尉に任じられ、治承三年に春日祭使の警護を務める可能な年齢を考えると、十七歳前後（春日祭使に任じられた中山兼宗も十七歳）、長寛元年（一一六三）またはその前後に誕生したとみなすのが妥当ではなかろうか。この長寛元年誕生説に従って忠久の生母を考えてみたい。

通説では忠久の生母は丹後内侍とされている。丹後内侍は源頼朝の乳母《めのと》比企尼《ひきのあま》の長女である。比企尼は、十四歳の頼朝が、「平治の乱」後の永暦元年（一一六〇）三月に伊豆に配流される際、養育係としてその頼朝の世話をするため、当時の慣習に従って夫の比企遠宗《とおむね》とともに一家を挙げて京から東国に下向した。丹後内侍は、頼朝の側近となった安達盛長に嫁いで景盛（生誕年不詳）・時長（生没年不詳）兄弟、娘の亀御前（生没年不詳・頼朝の異母弟源範頼の正室）を産んだとされる。となると、忠久が生れる三年前には、すでに丹後内侍は京ではなく伊豆の頼朝の傍らにいたのではないかと思われる。

ただ、丹後内侍が長寛元年に忠久を、さらにはその後に弟の忠季を産んでから、二人を京の惟宗忠康のもとに預け置き（離縁して）、比企一家を追って鎌倉に下り、安達盛長に嫁いで景盛・時長・亀御前を産んだ可能性もないとは言い切れない。これだと景盛・時長・亀御前は忠久・忠季兄弟の異父弟妹ということになる。だが、これはあまりにも強引な推測のようだ。やはり、忠久は長寛元年に生まれたとみなし、本書では、丹後内侍が忠久・忠季兄弟の生母とされる説は採らない。

一方、宜秋門院丹後の実父は丹後守源頼行で、摂関家と親密な摂津源氏の棟梁源頼政（清和源氏の嫡流で摂津源氏の始祖頼光の玄孫）は伯父（頼行の実兄）にあたる。

宜秋門院丹後は嘉応二年（一一七〇）、摂関家の九条兼実の家女房（奥向きの女官）としてその嫡男良通や次男良経の母兼子《けんし》に、その後は兼実の長女任子《にんし》に仕えた。そして、文治六年（一一九〇）正月、十八歳の任子が八歳の後鳥羽天皇の元服にともなって入内（婚姻）すると、ともに宮廷入りする。

任子は建久六年（一一九五）八月十三日、昇子《しょうし》内親王を産んだが、翌健久七年十一月、父の九条兼実が関白の地位を追われて失脚（建久七年の政変）すると、宜秋門院丹後も任子とともに宮廷を退去する。正治二年（一二〇〇）六月、任子が院号宣下を受けて宜秋門院となって以降は、正式に宜秋門院丹後と呼ばれるようになった。

おそらく宜秋門院丹後は、九条家と同様に摂津源氏とゆかりの深い近衛家に仕える惟宗忠康との間

島津氏略系図（一）

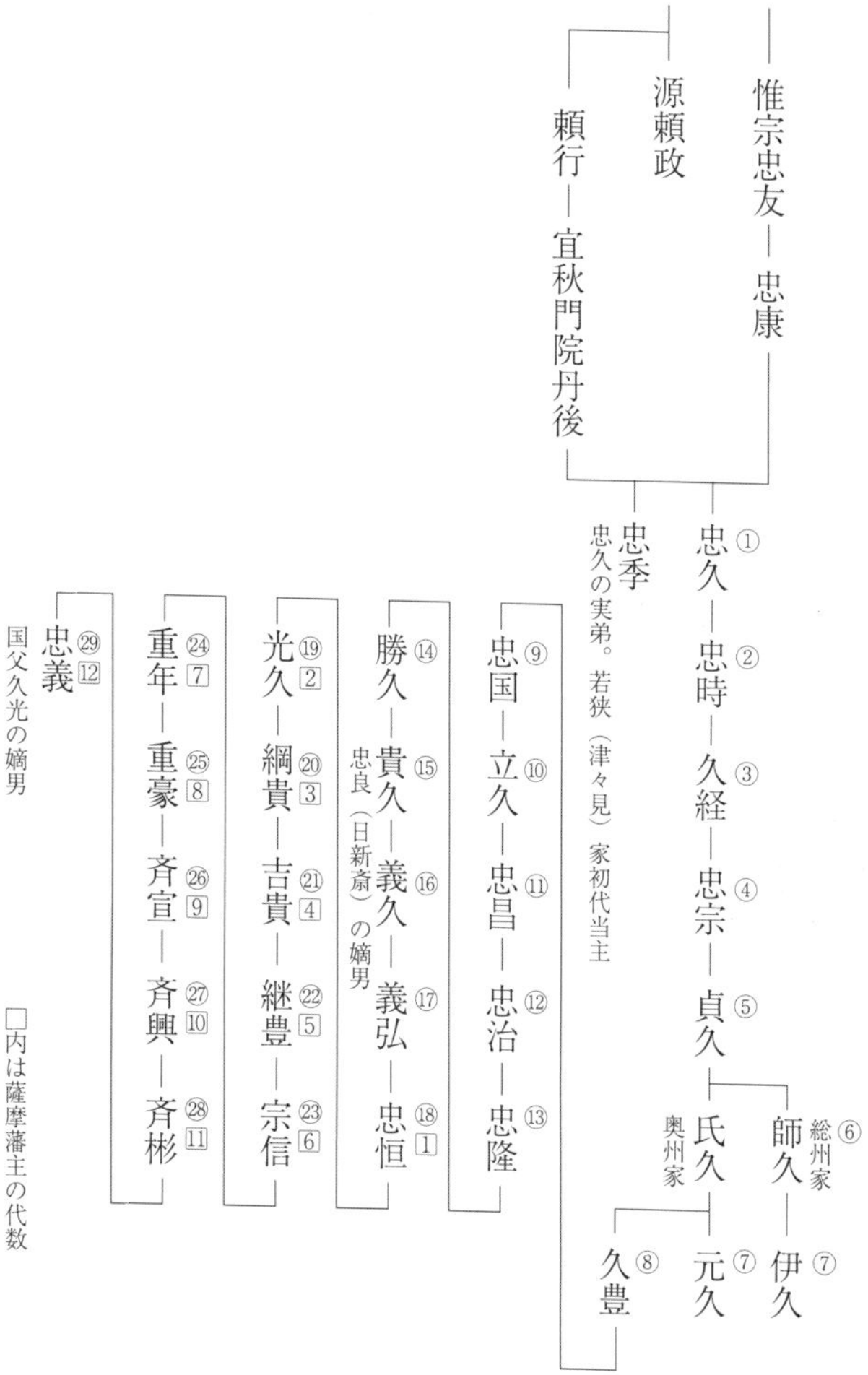
惟宗忠友―忠康
源頼政
頼行―宜秋門院丹後
①忠久―②忠時―③久経―④忠宗―⑤貞久
忠季
忠久の実弟。若狭（津々見）家初代当主
⑥師久 総州家
⑦伊久
氏久 奥州家
⑦元久
⑧久豊
⑨忠国―⑩立久―⑪忠昌―⑫忠治―⑬忠隆
⑭勝久―⑮貴久―⑯義久―⑰義弘―⑱1忠恒
忠良（日新斎）の嫡男
⑲2光久―⑳3綱貴―㉑4吉貴―㉒5継豊―㉓6宗信
㉔7重年―㉕8重豪―㉖9斉宣―㉗10斉興―㉘11斉彬
㉙12忠義
国父久光の嫡男
□内は薩摩藩主の代数

に忠久・忠季兄弟を産み、忠久が八歳に、忠季が六歳に成長してから九条家の家女房となったのではなかろうか。

なお、のちに若狭を名字とする、忠久の実弟忠季の正室は若狭尼という。福井県若狭町神子《みこ》の大音《おおおと》家《け》に伝来する『大音正和家文書』では、若狭尼は源頼政の娘（養女か孫娘の可能性もある）とされているため、摂津源氏の血を引く宜秋門院丹後が忠久・忠季兄弟の生母である裏付けの一助となろう。

確証にはやや乏しいが、こうした前提に立ったうえで、本書では忠久の実父は近衛家に勤仕する武官の「忠康」、生母は家女房として九条家に奉仕する「宜秋門院丹後」、忠久の生まれは長寛元年（一一六三）として話を進めたい。

なお、忠久が生れた前年には「歌聖」と評される天才歌人藤原定家（のちに九条家の家司）、大陸ではモンゴル帝国（のちの元）初代皇帝となるチンギス・カーン、忠久と同じ年には鎌倉幕府二代執権に就く北条義時、翌年には歴代最年少で即位する六条天皇や「鎌倉御家人の鑑」と称えられた畠山重忠《しげただ》が誕生している。

摂関家との関係

惟宗氏は渡来系の秦氏（秦の始皇帝までさかのぼるとされるが、その真偽は定かではない）の末裔とされ、代々摂関家に仕えていた。ちなみに、摂関家とは藤原氏の嫡流で、公家の家格の頂点に立つ近衛家・九条家・二条家・一条家・鷹司家の五家を指す。大納言・右大臣・左大臣を経て摂政・関白、太政大臣に昇任できる家柄である。

藤原氏の淵源は、大化二年（六四六）に発布された、天皇を中心とする「律令国家」をめざす「大化の改新」の中心人物中臣鎌足で、天智天皇《てんじ》（中大兄皇子）の腹心として重きを成した。その臨終に際し、人臣でただ一人、官位としては最高位となる「大織冠職」と「藤原」の姓を与えられた。

藤原鎌足の子が不比等で、その次男房前《ふささき》を祖とする藤原北家《ほっけ》（長男武智麻呂《むちまろ》の南家《なんけ》、三男宇合《うまかい》の式家《しきけ》、四男麻呂の京家《きょうけ》と合わせて藤原四家という）の嫡流から近衛家・九条家が生まれた。近衛家は藤原忠通の嫡男基実、九条家は三男兼実が、それぞれ平安時代末に創設したものである。次男基房が同時期に創設した松殿家はのちに衰退してしまうが、鎌倉時代中期に九条家から二条家・一条家が、近衛家からは鷹司家が分立して「五摂家」となる。

幼い天皇の代理として政務を執る摂政と、成人した天皇の補佐をする関白にはそれぞれ、天皇の兄弟や子息である「親王」、天皇の姉妹や娘である「内親王」、そして三位以上の「公卿」と同様、政所（家政統括所）、文殿《ふみどの》（公文書や典籍の管理所）、蔵人所（秘書室）、侍所、随身所（近衛府の役人の詰め所）など家政をつかさどる役所があり、別当（長官）以下の家司（職員）が庶務・雑務を担っていた。

惟宗忠久は、五摂家の筆頭である近衛家に設けられた侍所の家司として仕え、その恩顧により官位を得ていた。侍所の業務は、官位や氏名などを記入した名簿《みょうぶ》（服従・奉仕の証として従者から主人に差し出す身分や氏名などを書いた名札）の管理（つまり人事管理）、家司の出仕状況の監視、各種行事・祭祀の運営、諸国に散在す近衛家領（荘園《しょうえん》）から送られてくる年貢の管理、邸の警固、近衛家の人々の供奉《ぐぶ》・身辺警護など多岐にわたっていた。

忠久は近衛家に勤務するかたわら、左兵衛尉として朝廷にも出仕している。そのため、同じ武士で

藤原氏略系図

藤原鎌足—不比等

- 武智麻呂（南家）
- 房前（北家）—（八代略）—道長—頼通—師実—師通—忠実
  - 頼長
  - 忠通
    - 基実（近衛家初代当主）—基通—家実
      - 兼経
      - 兼平（家実の四男。鷹司家初代当主）
    - 基房（松殿家初代当主）—師家
    - 兼実（九条家初代当主）—良経—道家
      - 教実
      - 良実（道家の次男。二条家初代当主）
      - 頼家（道家の三男三寅。初代摂家将軍）
      - 実経（道家の四男。一条家初代当主）
- 宇合（式家）
- 麻呂（京家）

も農民上がりの田舎武士とはことなり、宮廷のみやびな世界に関わる武官として、武芸（馬術や弓術など）はもちろん、詩歌管弦、蹴鞠《しゅうきく》、囲碁、双六などの教養を身につけ、かつ事務能力や統率力にも優れていた。忠久は文武両道を旨とする武官の、いわばリーダーとしての資質を有していたのである。

二　武士の台頭と島津氏

保元の乱

勃興しつつあった武士、その軍事力が発揮された最初の政変「保元の乱」から話は始まる。泰平の京を覆すこの流血の惨事は、惟宗忠久が生まれる七年前、また、その名が初めて世に登場する治承三年の春日祭より四半世紀ほど前の保元元年（一一五六）七月十一日未明に起こった。

乱勃発の背景には、崇徳《すとく》天皇と近衛天皇の御世に院政を敷き「治天の君」として君臨していた鳥羽法皇の存在がある。院政とは、天皇の実父あるいは実祖父が上皇（正式には太政天皇）・法皇（出家した上皇）として、天皇に代わって国政を直接おこなうことをいう。

保元の乱が勃発する一年ほど前の久寿二年（一一五五）七月二十三日、近衛天皇（鳥羽の九宮。生母は鳥羽の皇后美福門院得子《なりこ》）が十七歳で早世する。このとき上皇の座にあった崇徳は、一宮重仁親王をその後継にと考えていたが、実際には「即位の器量にあらず」として皇位継承から除外されていた、自身の同母弟雅仁《まさひと》親王（鳥羽の四宮。生母は鳥羽の中宮待賢門院璋子《たいけんもんいんたまこ》〈十一年前の久安《きゅうあん》元年に崩御〉）

が、翌二十四日に後白河天皇として即位し、崇徳の期待を打ち砕いてしまう（弟では院政は不可能）。鳥羽とその皇后美福門院、関白藤原忠通、鳥羽の近臣で後白河の乳父《めのと》（乳母藤原朝子の夫）であった信西《しんぜい》入道（少納言藤原通憲）の策謀が功を奏したのだ（ただし後白河は、自身の一宮で美福門院の養子守仁親王が皇位を継ぐまでの中継ぎ役）。この陰湿な措置に対して崇徳は、父鳥羽や美福門院、忠通、信西（および後白河も）に強い恨《うら》みを抱くとともに、両者は対立関係に入る。

ところがその鳥羽が、鳥羽安楽寿院（京都市伏見区竹田中内畑町）で、後白河即位後一年足らずの翌保元元年（四月二十七日に久寿から保元に改元）七月二日に五十四歳で病没してしまったのである。崇徳の脳裏に、後白河を廃して重仁を即位させ、自身が院政を敷くチャンスが到来したとの思いがきざしたにちがいない。

一方藤原摂関家では、前関白忠実（師通の嫡男）の嫡男で関白の藤原忠通と次男で左大臣の頼長（二人は二十三歳という父子ほどの年齢差がある異母兄弟）のあいだで摂関および藤氏長者《とうしのちょうじゃ》（藤原氏一族全体の統率者）の座をめぐる陰湿な対立が続いていた。忠通は鳥羽方の美福門院や信西と結び、頼長は崇徳および忠実と不仲の父忠実を後ろ盾としていた。こうした複雑に絡む皇位継承問題と摂関家の内紛、さらにそれらを取り巻く近臣公卿らの思惑が交じり合った末に破裂してしまうのである。

敵対勢力をつぶすには、抑圧と挑発を繰り返して謀反に追い込み、圧倒的な武力をもって一気に葬り去るのが手っ取り早い。後白河方が崇徳方に先んじてこれを実行したことが、この骨肉相食む騒乱の直接の原因となる。

すでに後白河方による抑圧と陰湿な挑発はネチネチと始められていた。崇徳が鳥羽を見舞うため、その臨終直前に鳥羽安楽寿院を訪れたが対面を拒まれ、葬儀がおこなわれた崩御翌日の三日にも拒否された。鳥羽の遺命による対面拒否ではあったが、この無慈悲な仕打ちが崇徳を憤慨させ、積もった恨みに火をつける。

乱の推移

後白河方の参謀信西はこの七月五日以降、勅命をもって源義朝とその一門の足利義康（足利氏初代当主・義朝と同じく河内源氏三代棟梁八幡太郎〈通称〉源義家の孫）らの軍兵を招集、内裏高松殿《たかまつどの》（中京区津軽町）を警護させる。と同時に、崇徳方に対する挑発をあからさまにする。洛中の辻々に検非違使を配置し、藤原忠実・頼長父子に対し、軍兵召集を禁ずる綸旨《りんじ》（天皇の命令書）を発する。そのうえで「崇徳上皇と頼長が謀反を起こす軍兵を動員している」と虚偽の噂を流す。

さらに信西は八日、頼長が所有する藤原摂関家の本邸東三条殿（忠実が忠通から取り上げて頼長に与えていた。中京区押小路通釜座《かまんざ》）を没官《もっかん》（重罪を犯した者の所領や財産などを朝廷が没収すること）し、さらに謀反の証拠を捏造して「頼長を流罪に処す」と威嚇。追い詰められた頼長は、座して配流に従うか、挙兵して退勢を挽回するか、どちらかを選ぶしかなくなってしまったのである。謀反人の烙印を押された頼長は十日、軍勢を率いて宇治小松殿（宇治市宇治戸ノ内）を発ち、鳥羽田中殿（伏見区竹田田中殿町）から白河北殿（左京区東竹屋町）に入った崇徳と合流する。

後白河方は、崇徳と頼長が結託して軍兵を招集、思惑通りに謀反を起こすにちがいないと判断。後白河方は翌十一日午前四時、信西の裁可により、総大将源義朝、足利義康、同じく総大将の平清盛（伊勢平氏）がそれぞれ軍兵を率い白河北殿に急行、さらに、第二陣として源頼政（宜秋門院丹後の伯父）らの軍勢も加わり、後白河方の総勢は一千五百騎となった。

六百余騎の一陣は、義朝の父で崇徳方の総大将源為義、その八男で鎮西八郎と称された為朝、清盛の叔父で同じく総大将の平忠正や家弘らの一千余騎とともに崇徳と頼長が籠もる白河北殿を包囲して火を放つ。すると崇徳方の軍兵は浮足立って四散。崇徳や頼長のみならず、ほぼすべての将兵が刃を交えることなく逃げ去った。残敵掃討を終えた源義朝や足利義康、平清盛らは出陣から半日も経たない正午には帰参する。

おそらく七月五日以降であろう。島津氏の始祖となる惟宗忠久の祖父忠友と父忠康は、後白河に従って高松殿にあった関白忠通・権中納言近衛基実父子に近侍し、その警護に就いていたと思われる。崇徳方に走った源為義らの源氏勢と平忠正は摂関家に仕えていたため、忠友・忠康父子とは互いに知己であったと推察できる。また、後白河方に馳せ参じた平清盛配下の武士だけでなく、源義朝とその郎党（血縁関係のない家臣。ちなみに家子《いえのこ》は血縁関係のある家臣）の鎌田政清、義朝の指揮下にあった佐々木秀義、大庭景義・景親兄弟、熊谷直実、河越重頼、上総広常、千葉常胤、八田知家ら東国の武士とも顔見知りとなり、もしくはすでに知り合いであった可能性もある。また、乱後に彼らと親交をもったとも考えられる。このつながりがのちに、忠久が鎌倉御家人になる際に有利に働き、かつ彼らに容易に受け入れられる土台になっているのかもしれない。

首に流れ矢を負った頼長は七月十四日に絶命し、頼長の後ろ盾の父忠実は洛北の知足院（北区）に幽閉の身となり、六年後の応保二年に失意の中で世を去る。崇徳は讃岐国坂出（香川県坂出市）に流刑、八年後の長寛二年にその地で死没し、嫡男重仁は出家させられ、父崇徳に先立って忠実と同じ応保二年に病死する。

京を震撼させた保元の乱は、朝廷に仕える公家ら権門勢家《けんもんせいか》が奴婢同然に扱ってきた武士たちの武力による戦闘でわずか半日程度で鎮圧された。ところがその影響力は、公家たちに対して無言の圧力、いわば「荒々しい武者（武士）の世になりにける」と、尋常一様ならざる衝撃を与えたのである。

暗雲ふたたび

天皇家と摂関家のみならず、結果として源平両氏それぞれをも分断した保元の乱のあと信西入道は、藤原頼長らの所領を没官して摂関家を弱体化させただけでなく、膨大な摂関家領（荘園）を武力によって管理・運営してきた源為義一族を一掃したことで、白河（院政の創始者。鳥羽の祖父）・鳥羽両院政下で軍事・経済面で貢献してきた平家と結び、利用しようと考えていた。

それは合戦の恩賞にもよくあらわれている。平清盛は叔父の忠正とその子息を、家弘とその子弟を処刑したが、もっとも戦功が大きく、父の為義をはじめ自身の弟頼賢《よりかた》、頼仲、為宗、為成《ためしげ》、為仲ばかりか、合戦とは無関係の幼い乙若、亀若、鶴若、天王らまで斬った義朝が、右馬助（左馬寮とともに朝廷の軍馬を統括する右馬寮の次官）から左馬頭（左馬寮の長官）に昇任し、足利義康とともに昇殿を許されはしたものの下野守にとどまった。しかも、為義らの所領・所職《しょしき》（地位）は没官され、河内源氏全体の勢力は大きく落ち込んでいた。なお、為朝はその武勇を惜しまれて伊豆大島（東京都大島町）に配流され、その地で没することになる。

対照的に、乱後に信西と結んだ平清盛は、安芸守から公卿に昇進できる受領《ずりょう》の最高峰播磨守に栄転したのに加え、九州全域を統轄する大宰大弐《だざいのだいに》（大宰府〈福岡県太宰府市〉の長官大宰帥《そち》と副長官の権帥《ごんのそち》が赴任しないため実質は長官）も兼ねることになった。さしたる働きのなかった弟や子息たちも昇進して新たな知行国を得るなど、一門が着実に勢力を伸ばした。

とくに、清盛が大宰大弐に就任したのは大きい。九州のみならず東南アジアの特産物を筑前国博多にもたらす、父忠盛から引き継いだ日宋貿易の利権を掌中に収めて独占しただけでなく、大宰府の実務を担当する府官を家臣として九州九カ国二島（筑前〈福岡県西部〉・筑後〈南部〉・豊前〈東部・大分県北西部〉・豊後〈大分県〉・肥前〈佐賀・長崎両県〉・肥後〈熊本県〉・日向〈宮崎県〉・薩摩〈鹿児島県西部〉・大隅〈東部〉・壱岐・対馬）を支配することができることになったからだ。おそらく信西は、東国の田舎育ちで公家社会の慣習や作法に疎い無骨な義朝を嫌い、細やかな気遣いを見せるとともに経済にも通じている京育ちの清盛を好んだのであろう。だが、こうした処遇が、父為義や弟らを処刑させられて悲嘆に暮れる義朝の神経を逆なでしたのは言うまでもない。

新たな軋轢

保元三年（一一五八）八月十一日、後白河天皇は在位三年余で東宮守仁親王（二条天皇・生母は後白河が雅仁親王時代の妃懿子《よしこ》。美福門院の養子。乳母は清盛の継室時子）に譲位して上皇となる。いかに後白河即位時の既定路線、つまり中継ぎの天皇だったとはいえ、美福門院と信西の二人だけで決められたことによって（二人とも出家していたので「仏と仏の評定」という）、天皇補佐の関白であるにもかかわらず、疎外された藤原忠通は憤慨、へそを曲げて十六歳の嫡男近衛基実（二条天皇と同年齢）に関白職と藤氏長者の座を譲って引退してしまう。しかし、それは信西の思うツボだった。宮中儀礼に疎い若輩の関白などたやすく操れるため、天下の政治の実権は信西の手に握られることになった。

信西は、白河・鳥羽両天皇時代に見棄てられ荒廃していた大内裏諸殿舎の修造を実行、その威容を昔日のごとく回復させただけでなく、後白河の背後にあって、齢八十を過ぎた控えめな右大臣藤原宗《むね》輔《すけ》を太政大臣（太政官のトップいわば内閣総理大臣。ただし実権はない）に据えるなど、朝廷の人事および宮中の諸行事までをも掌握する。信西の勢いはとどまるところをしらず、朝廷の要職に就いた嫡男俊憲、三男成範（八月十日に清盛から播磨守を継ぐ）をはじめとする一族はつねに院御所となった高松殿に出入りし、その勢威を誇示するようになった。

しかし、独断的で無慈悲、他を受け入れぬ気位の高い信西は、二条天皇の近臣のみならず、後白河の近臣からも反発と敵意を買い、政敵をつくりだして次第に孤立。当代無双の秀才信西の目には、権力者に媚びへつらうだけの公卿・殿上人など、口先ばかりの愚昧の衆にしか映っていなかっただろうが、その他者を見下すような態度や物言いはやがて命取りになる。

また、後白河には信西のほかにも藤原信頼という近臣がいた。後白河の特別な寵を受けた信頼は、弱冠二十六歳で正三位権中納言に任じられて公卿となり、後白河の親衛隊長ともいえる院御厩別当《いんのみまやのべっとう》（長官）や検非違使の別当に就任するなど破格の出世を遂げていた。そのため、後白河院政を権力基盤とする信頼と信西が反目するのは火を見るよりも明らかだった。

信頼は大納言からさらに大臣に昇り、武官の最高職である近衛府の大将の地位さえも狙っていたが、官位推挙権を握る信西にことごとく拒絶される。そのため信頼は、信西への怨恨と憎悪をくすぶらせる源義朝と結託、さらに、二条天皇親政派とも手を組んで信西の失脚を謀った。

ちなみに、公卿とは朝廷に仕える三位以上の上級貴族で、摂政、関白、太政・左・右・内大臣、大・中納言および四位の参議、殿上人とは五位以上および六位の蔵人で、公卿・殿上人ともに天皇の日常生活の場である内裏清涼殿への昇殿を許されていた（許されない官人は地下人《じげにん》と呼ばれた）。

平治の乱

平治元年（一一五九）十二月九日深夜、信西が武力と恃む平清盛が熊野参詣に出立した隙を突き、藤原信頼と源義朝らは数百騎を率い、新たな院御所三条東殿（中京区湯之町）に伺候《しこう》しているはずの信西を襲った。

ところが信西はいなかった。そこで信頼と義朝は、後白河上皇と皇后美福門院得子、上西門院統子《むねこ》（崇徳の同母妹・後白河の同母姉）を連れ去って内裏東側の一本御書所に押し込め、寝所にいた二条天皇も歴代天皇の位牌を収める黒戸御所に軟禁する。さらに三条東殿に火を放ったあと、その西方の信西の邸（宮木町）に押し寄せてここにも火を放つ。

不吉な予兆を察知していた信西はこの九日朝、西光《さいこう》（藤原師光）ら数人の侍者をともなって近江国境に近い自領田原荘（宇治田原町）に逃れていた。だが、息子らが捕縛されたことを知って絶望、みずから胸に短刀を突き立てた。

内裏では、天皇と上皇を擁して得意絶頂の信頼が、勅命と称して臨時の叙位（位階の授与）・除目《じもく》（諸官職の任命）をおこない、左馬頭義朝を従四位下に叙すとともに成範から播磨守を奪って与え、初陣を飾った子息頼朝を従五位下右兵衛権佐《うひょうえごんのすけ》に任じた。そして、拘留していた信西の子息俊憲や成範らを僧俗に関わらず東国や鎮西（九州）に流す（乱後に赦免）。

だが信頼は、信西にまさる新たな施策を打ち出すことができなかった。信望を失った信頼は、その独断専行を嫌った二条天皇親政派の公卿から、「信西がいないとなれば信頼と手を組む必要はない」とばかりに離反されることになる。

他方、信頼と義朝らによる院御所焼討ちを紀伊国田辺（和歌山県田辺市）で知らされた清盛は、熊野参詣をとりやめ、西国各地から呼び寄せた平家ゆかりの武将を加えながら十七日に密かに帰洛する。

清盛が六波羅の自邸に入ったことを知った二条天皇の叔父大炊御門経宗《おおいみかどつねむね》（懿子の同母弟）や同じく側近の藤原惟方は信頼を見限り、十二月二十六日の未明、二条天皇を女装させ、三種の神器（天皇が皇位の証として受け継ぐ宝物）とともに六波羅の清盛邸へと向かった。これを知った後白河も、美福門院・上西門院とともに仁和寺（右京区）に逃げ落ちる。

二条天皇を清盛邸に迎えた平家一門の喜びはすこぶる大きく、公卿・殿上人や在京の将兵らも先を争って参上した。このとき関白近衛基実やその父の忠通も駆けつけていることからすると、二人に扈《こ》従《しょう》する惟宗忠久の祖父忠友と父忠康も清盛邸にいたものと思われる。

六波羅合戦

十二月二十六日午前十時、官軍となった平家軍が動き出す。藤原信頼・源義朝追討の勅命を受けた平清盛が、嫡男重盛や異母弟教盛（清盛の父忠盛の四男）、頼盛（五男）らの率いる兵を、賊軍に成り下がった義朝の源氏軍が立て籠もる内裏に向けて出陣させたのである。

平家軍は内裏が戦場となるのを防ぐため、源氏軍をおびき出し、その隙に平家の別動隊が内裏を奪った。

源氏軍が生き延びるには二条天皇を奪い返すしかない。だが、当初信頼や義朝らと行動をともにしていた源頼政は、自身が美福門院に、娘が二条天皇に仕えていることもあり、逆賊となった二人をこの日を境に見限って清盛方に寝返った。決戦は六条河原で繰り広げられた。勇猛で知られた源氏軍ではあったが、ついに力尽き、東国に向けて敗走した（六波羅合戦）。

信頼は捕縛されて斬首、義朝の次男朝長は東国に落ちる途中で落命。義朝自身も翌平治二年（一一六〇）正月に尾張国野間内海荘（愛知県美浜町）で殺され、庶長子義平も処刑された。十四歳の三男頼朝は清盛の継母池禅尼らの嘆願によって、伊豆国（静岡県東南部の伊豆半島）へ配流され、国衙《こくが》（所在地を国府という。三島市）の在庁官人伊東祐親そして北条時政の監視下に置かれることになる。

また、頼朝（生母は義朝の正室で熱田大宮司藤原季範の娘由良御前。三月一日に病没）の同母弟希義（五男）は土佐国（高知県）に、異母弟の今若（全成・七男。生母は常盤御前）・乙若（円成・八男）・乳飲子の牛若（義経・九男）らはそれぞれ醍醐寺（京都市伏見区）・園城寺（三井寺・滋賀県大津市）・鞍馬寺（左京区鞍馬本町）に預けられた。また、遠江国（静岡県西部）にあった異母弟の範頼（六男・

生母は遠江国池田宿〈磐田市〉の長者の娘）は後白河の側近藤原範季に、同母妹の坊門姫は後藤実基（義朝の郎党）に引き取られて養われることになった（のちに坊門姫は後藤実基が仕える一条能保の正室となる）。

平治の乱の勝者となった平家は、総大将の重盛が伊予守、三男宗盛（継室時子の子としては長男）は遠江守、清盛の異母弟経盛（忠盛の三男）と教盛、頼盛がそれぞれ伊賀（三重県北西部）・越中（富山県）・尾張（愛知県西部）の国司に任じられ、知行権（支配権）を有する国は八カ国に増えた。しかも、源氏のみならず源氏に従っていた武士らも、「背に腹は代えられぬ」とばかりに、こぞって平家の傘下に入ったため、その軍事力は強大なものとなる。

また、信西や信頼らの近臣を失い政治力を失った後白河上皇は、清盛を正三位参議《さんぎ》とする（武士として初めての公卿）など、衰勢の源氏に代えて平家の軍事力・経済力を利用することにする。ほかの皇族や公家も、私領である荘園の維持・管理のためには平家の武力が欠かせなくなってしまったのだ。

近衛家を蚕食し始める清盛

永暦《えいりゃく》二年（一一六一）四月十三日、院御所法住寺殿（東山区）が洛東の地に竣工、後白河上皇が寵妃建春門院平滋子（清盛の継室時子の妹）、皇太后藤原忻子《よしこ》とともに入った。ここは東国や西国へ通じる街道に接し、北側の六波羅には、後白河が恃みとする平家一門の三千余棟の邸宅群が壮麗な景観をなしていた。ただし、この地は平治の乱で後白河が結果的にではあれ死に追いやった信西、その妻朝子の邸跡であり、また、斬首された藤原信頼の邸を移築、さらに増築を重ねたものである。何やら不吉ではある。

九月三日、その建春門院が後白河の七宮憲仁親王（のちの高倉天皇）を出産。翌四日、疱瘡の流行を断ち切るべく応保と改元したものの願いはかなわず、一年半後の三月二十九日に再び改元されて長寛元年（一一六三）となる。島津氏の始祖となる惟宗忠久《ただひさ》が生を享《う》けたのはこの年であろうと思われる。以後、忠久とその子孫による一大叙事詩が刻まれていくことになる。

翌長寛二年二月十九日、大殿藤原忠通が没すると、平清盛は四月十日、その嫡男で二十二歳の近衛基実に、自身の四女で九歳の盛子を正室として嫁がせる。この婚姻によって清盛は、摂関家に公然と触手を伸ばす好機を得たことになる。また、源氏という支えを失った近衛家にすれば、新たな、しかもより強力な後ろ盾を獲得したといえる。

清盛はさっそく、摂関家筆頭の近衛家を積極的に支援・庇護するという名目で、その政所の家司として三男宗盛や五男重衡を送り込み、近衛家の家産機構（財産と統治構造）を蚕食し始めた。そうした中で、忠久の祖父忠友や父忠康の周囲には平家の公達や武士が増え、つながりが深まっていったのではないかと思われる。

その頃の清盛は、祖父正盛・父忠盛から受け継いだ伊勢平氏（平家）の棟梁の地位と膨大な財産を背景として、日宋貿易の拠点とするための摂津国大輪田泊（のちの兵庫湊・神戸港）の修築、一門が信仰する安芸の厳島神社（広島県廿日市市）の整備と造営、同神社に奉納する平家の繁栄祈願を込めた「平家納経」を同時に手掛けていた。

清盛による摂関家領の横領

永万元年（一一六五）六月二十五日、病床にあった二条天皇が二歳（満七カ月）の順仁《のぶひと》親王（六条天皇）に譲位し、翌七月に崩御。一年後の永万二年七月二十六日には、摂政近衛基実が二十四歳で急逝したため、基実の異母弟松殿基房が新たな摂政となった。

平清盛は、基実の死を契機に、その遺領である「摂関家領」の横領をくわだてる。基房には、摂関家領のうち摂関の地位に付属する「殿下渡領《でんかのわたりりょう》」と呼ばれるわずかばかりの荘園を与え、十一歳で後家の身となった盛子には、基実の嫡男で七歳の基通を養子とさせたうえで、日本最大の荘園「島津荘（詳細は後述）」をはじめ、藤原氏の嫡流が受け継ぐ大多数の荘園「氏の長者領」や摂関家の正殿東三条殿、宝物、代々の日記などを相続させ、盛子を後見する自身の管理下に置いた。

平家にとり、莫大な富を生み続ける摂関家領すなわち近衛家領を易々と手放せるはずはなく、幼い基通にしても、栄達への道を駆けのぼる平家の軍事力が膨大な荘園の運営に必要不可欠だった。さらに、抜け目のない清盛は、四年後の嘉応《かおう》二年に十一歳で元服する基通に六女完子《さだこ》を嫁がせ、将来についても布石を打つ。

近衛家当主の基実が若くして亡くなったことで、惟宗忠久の祖父忠友や父忠康は落胆したにちがいないが、清盛による近衛家領に対する措置についてはどのように受け止めたのか。おそらく、平家の武威と権勢を頼もしく感じ、好意的に捉えていたのではないだろうか。摂関家領の分割案を清盛に提案した藤原邦綱は、藤原忠通・近衛基実父子の家司を長く務め、忠友・忠康父子ともよく見知った間柄であったと思われるからでもある。

島津荘が清盛の管轄下に置かれて間もなくであろうか、忠久の祖父忠友が島津荘の一部を成す日向国諸県《もろがた》郡島津院（宮崎県都城市郡元町から三股町西部付近）の地頭（現地管理者である荘官。後述する源頼朝によって任命される地頭とはことなる）に補任されたらしい。とはいえ、九州南部の広大な島津荘が、不思議な縁によって、将来、忠久の本願地（名字の地・一族発祥の地）となり、一族の礎になろうとは、このとき、忠友も忠康も想像し得なかったにちがいない。

栄華を極める平家

仁安二年（一一六七）二月十一日、内大臣に就任してまだ三カ月の平清盛が、人臣最高位の太政大臣に任じられた。しかし清盛は、三カ月後の五月十七日、実権のないその高位を辞す。これ以降、嫡男重盛が平家の惣領（宗家）となり、表向きは一門の統率者として六波羅でその指揮を執る。

大病を患った清盛は翌仁安三年二月十一日に出家する（法名は浄海）。清盛の病状が政情不安をもたらすことを危惧した後白河上皇は、病に臥せる清盛と諮って四歳の孫六条天皇を譲位させ（歴代最年少の上皇）、三月二十日に八歳の実子憲仁皇太子を高倉天皇とし、自身の院政基盤を強化する。仁安四年（一一六九）四月八日、高倉の即位により、嘉応に改元。ふた月後の六月十七日、後白河は出家して法皇となる（法名は行真）。

清盛は嘉応二年（一一七〇）九月二十日、宋船が大輪田泊に初めて来航したため、福原の別荘に後白河を招いて宋人（南宋の商人）と面会させた。これを伝え聞いた後白河とウマが合わない右大臣の九条兼実は、自身の日記『玉葉』に「天魔の所為か」と罵っているが、頓着しない後白河はご満悦だったようである。嘉応三年四月二十一日、承安に改元。

清盛は翌承安二年（一一七二）三月、後白河とその寵妃建春門院滋子を福原に招き、千僧供養をおこなう。千僧供養とは文字どおり一千人の僧侶を集め祈願をしてもらい食事をふるまうことである。その功徳は絶大だとされているが、このときは、元服した高倉の守護ならびに天下安穏を祈願させた。毎年春と秋の二回、和田浜（大輪田泊から西方の和田岬にかけての砂浜）でおこなう千僧供養の費用は巨額で、それだけに権勢を誇示する効果は絶大であった。

後白河と清盛の間は表向き穏やかに推移していた。ところが安元二年（一一七六）七月八日、後白河の寵愛を一身に集め、二人の間を取り持っていた建春門院が三十四歳で世を去ると、それまで抑えられていた両者の対立が表面化し始める。その原因の一つには、日宋貿易の莫大な利益に加え、荘園からの貢納によって平家一門が隆盛をきわめる、朝政を専断する清盛とその一門の驕慢な態度が公卿・殿上人に嫌われるようになっていた事情もある。

延暦寺衆徒の強訴

安元三年三月二十二日、京は「南都（奈良興福寺）北嶺（比叡山延暦寺）」と恐れられる延暦寺衆徒（僧兵）の強訴（抗議デモ）によって騒然となった。強訴の原因は、後白河法皇の「第一の近臣」となった父西光（自刃した信西の侍者）の威光を笠に着た加賀守藤原師高《もろかた》と目代（国司が派遣した現地の私的代理人）師経《もろつね》兄弟が、延暦寺の末寺（本寺の支配下寺院）の一つ白山鵜川涌泉寺《ゆうせんじ》（石川県小松市）を焼き払ったことにある。

院宣を下された平重盛の軍勢が守る高倉天皇の里内裏（仮御所・藤原氏の邸宅）閑院殿（中京区古城町）に、武装した延暦寺と加賀の衆徒や神人《じにん》（下級の神職）一千余が、日吉《ひえ》神社や白山権現の神輿七基を先頭に振り立て薙刀をきらめかせながら押し寄せた。重盛の軍勢は僧兵や神人を射殺し、畏れ多くも神霊が宿る神輿にも矢を射込む。思いもよらぬ反撃にあわてた衆徒らは、神輿を二条大路に放置したまま比叡山に逃げのぼった（安元の強訴）。

再起の機会をうかがう僧兵らを抑えるため、後白河は師高・師経兄弟を配流・投獄し、神輿に矢を射た重盛配下の武士も禁獄・流罪に処した。そのさなかの四月二十八日、京で空前の大火が発生、信西が精根を傾けて再建した大内裏も被害を被るほど左京は焼け野原となる（安元の大火）。その中心部にあった摂政松殿基房の邸も焼亡したが、左京南東の九条兼実邸、北東の近衛基通邸は火災をまぬがれた。

しかし、燃え盛る火炎の中を逃げ惑う人々の混乱に乗じた略奪や強盗が横行、他人の不幸を食い物にする僧兵も跋扈し、惟宗忠康と見習い家司として近衛家に出仕し始めたであろう若き忠久は、薙刀・弓箭を携えて基通の邸を守護していたのではなかろうか。「血」や「死」といった〝ケガレ〟を不吉として徹底的に忌み嫌う公家の中の公家九条兼実でさえ弓矢を手にするほど洛中の治安は極度に悪化していたからである。

鹿ケ谷の陰謀

二人の息子師高と師経が処罰された西光は、腹立ちまぎれに「強訴の真因は、加賀国（石川県南部）

にある天台座主明雲の荘園を師高に没収されたことを逆恨みし、延暦寺の悪僧（僧兵の中でもとくに武勇に秀でた荒法師のこと）に命じて蜂起させたもの」と後白河法皇に讒訴《ざんそ》した。

その言葉を真に受けた後白河は激昂し、明雲を捕えて伊豆国への配流という重罪に処す。ところが、前代未聞のこの処罰に怒った延暦寺の僧兵が近江国粟津（滋賀県大津市）で明雲を奪い返し、さらに、法住寺殿に押し寄せる気配を見せた。

怒り心頭に発した後白河は、僧兵らを院宣破りの逆賊とみなし、平清盛を福原から呼び寄せて延暦寺攻めを強引に承諾させる。だが、延暦寺との争いを嫌う清盛はその命をかわすため、鹿ケ谷（京都市左京区）の山荘で後白河とその近臣の俊寛や西光、藤原成親、藤原成経、平康頼らが平家討滅を密かに画策していたことを利用する。

六月一日、捕縛された西光は手ひどい拷問を受けた末、密謀の全容を白状させられ、すぐさま斬首。師高、師経も首を刎ねられた。西光の義兄で密謀の首魁とされた院別当の藤原成親を配流先の備前国（岡山県南東部）で餓死させ、また俊寛・藤原成経・平康頼を鬼界ヶ島（硫黄島・鹿児島県三島村）に配流するなど、密謀に関わった者は全員厳しく罰せられる。ただ、さすがの清盛も、その真の中心人物後白河には手を下さなかった。八月四日、安元の大火により改元されて治承元年となる。

三　天下騒乱

後白河の巻き返しと敗北

治承二年（一一七八）十一月十二日、建礼門院徳子（清盛の三女）が高倉天皇の一宮言仁《ときひと》親王を産む。平家一門の喜びはひとしおで、ひと月後には早くも皇太子（東宮）に立てられた。一方、近臣をことごとく失った後白河法皇だったが、徐々に勢力を回復し、平清盛を無視したかのごとき叙位・除目を次々とおこなって自身のまわりを固め、巻き返しのチャンスを虎視眈々と狙っていた。

翌治承三年二月八日は「左衛門尉忠久」が春日祭使に供奉したと『山槐記』に記され、武官としてのキャリアを歩み出した日である。また、月日不明ながら忠久の父惟宗忠康が亡くなったとされる年でもある。なお、忠久の祖父忠友の没年も不明。

六月十七日、故近衛基実の正室盛子（清盛の四女）が二十四歳で世を去る。後白河は、平家に敵意を抱く関白松殿基房と諮り、盛子が相続し平家の支配下にあった島津荘を含む膨大な近衛家領すべてを召し上げて院領とした。さらに閏七月、平家の惣領重盛が四十二歳で亡くなると、知行国の越前国（福井県北部）を清盛に無断で没収、重盛の嫡男でその国司の任にあった平通盛も解任し、院分国（後白河の知行国）としてしまう。後白河によるこうした挑発行為は、老境に入ってから愛娘と後継者に先立たれ、悲嘆に暮れている清盛の神経を逆なでする。

辛抱の尽きた清盛は十一月十四日、福原から入洛し法住寺殿を数千の軍兵で囲み、鹿ケ谷での密謀などなかったかのように振る舞う後白河を恫喝する。朝廷の実権を全面的に掌握した清盛は、関白松殿基房を備前国への配流に処し、後白河が任命した太政大臣藤原師長（頼長の次男。保元の乱後に配流されたが、罪を許されて後白河の側近になっていた）以下の反平家公卿ら三十九人を解官、左遷や流罪に処した。また、二十歳の近衛基通を内大臣兼高倉の関白に据え、九条兼実の十三歳の嫡男良通を権中納言右大将に任じるなど、平家一門と親平家公卿で官職を独占する。

これにより、日本六十六カ国のうち、平家一門の知行国は十七から三十二カ国にほぼ倍増、荘園は五百余カ所におよび、公卿十六人、殿上人三十余人をかかえる平家は全盛期を迎えることになった。

平清盛のクーデターによる武家政権の創始

天下に怖いものなしの治天の君、ツラの皮の厚いさすがの後白河法皇も、平清盛の激しい怒りを恐れ、清盛と親しい法勝寺執行静賢《じょうけん》（平治の乱で自害した信西の子）を遣わして「これからは政務に口を出さぬ」と弁明させたが、なだめることはできなかった。それどころか、清盛は十一月二十日、次の矢を放つ。後白河を洛南の鳥羽殿（鳥羽離宮または城南離宮ともいう）に幽閉し、院政の停止およびその復活を阻止したのである（治承三年の政変）。

このクーデターによって清盛は、それまでの「公家政権」を覆し、平家主導による日本初の「武家政権（平氏政権・軍事貴族政権）」を京に樹立したことになる。

だが、かつての繊細な配慮と寛容な態度を失った清盛は、それまで清盛に好意を寄せていた京の公家たちから孤立し、武家の棟梁としての清盛に期待を寄せていた地方の武士からも見放されてしまうのだ。

その理由は、平家一門の知行国が倍増したことにより、諸国に派遣される平家の受領や目代らと国衛の在庁官人（郡司・郷司・保司《ほうし》など）との間に利害の対立が生じ、平家に対する憤懣が日増しに強まるからである。それが「以仁王《もちひとおう》の令旨（命令書）」をきっかけとして蜂起した東国の源氏、とくに源頼朝のもとに集約される要因となった。

一方、強引に朝政の中枢に据えられた近衛基通はまだ若輩で、有職故実《ゆうそくこじつ》に長けた叔父の九条兼実をなにかにつけ頼る。有職故実とは、代々受け継がれてきた朝廷儀礼やその際のこまごまとした所作・作法を記録・研究することをいう。

基通の質問に兼実は懇切に答えた。天下人清盛から「婿殿をよろしく」と頼まれていたこともある。兼実は、年初の小朝拝《こちょうはい》（関白以下の殿上人が清涼殿の東庭に参集して天皇に拝賀する儀式）、節会《せちえ》（紫宸殿における宴）、叙位・除目から、こまかな立ち居振る舞いにいたるまで、それこそ手取り足取りしながら基通に教え込んだという。基通に供奉していたと思われる惟宗忠久は、どのような想いで二人を眺めていたのであろうか。

以仁王の令旨

翌治承四年（一一八〇）二月二十一日、高倉天皇が三歳の言仁親王（安徳天皇）に譲位する。天皇の外祖父となった平清盛は、それまで高倉の関白を務めていた娘婿の近衛基通を幼い安徳の摂政に転任させた。高倉は上皇として院政を開始したが、この高倉院政は清盛の傀儡政権にすぎなかった。

ところが四月九日、八条院暲子《あきこ》に仕える源頼政とその嫡男仲綱の支援を受けた以仁王が、最勝親王と自称し「法皇を幽閉し、王位を簒奪する輩を追討せよ」という令旨を密かに発する。もちろん「輩」とは清盛とその一族一門のことだ。

以仁は後白河法皇の三宮《さんのみや》であったが、一宮が二条天皇、七宮が高倉天皇（二宮・四宮・五宮・六宮は出家）となったにもかかわらず、皇位に即《つ》けないどころか憲仁親王（高倉）の生母建春門院滋子に妨害されて親王宣下もされずにいた。そのため、崇徳上皇と後白河の異母妹で、平家でさえも敬意を払う八条院の猶子となり、皇位への希望をかろうじてつないではいたものの、安徳天皇が誕生したことで、その望みも完全に断たれてしまう。しかも清盛によって所領を没収されてしまい、平家に対する怨みは以仁の骨髄に達していた。

八条院は、忠盛・清盛父子が仕えた父鳥羽法皇と生母美福門院得子が、近衛天皇の崩御後、今様（当時の流行歌）などの芸能にうつつを抜かす暗愚な雅仁親王（後白河）ではなく、女帝に据えようと大真面目に考えたほど有能な女性だった。八条院は甥にあたる二条天皇の准母（天皇の生母と同等の地位）として、その実父で異母兄でもある後白河の後ろ盾的存在となる。生涯未婚を貫いた八条院は、鳥羽と美福門院の遺領を受け継いで二百二十カ所もの荘園を支配下に置く日本一の大富豪であり、その管理・運営にあたる武士の数も圧倒的に多い。どの時代でも、経済力は即政治力である。八条院の周辺にはさまざまな思惑を秘めた人々が群がり、隠然たる勢力をふるっていた。

また、頼政は清盛の推挙によって、清和源氏（河内・摂津・近江・大和・尾張・三河・甲斐・信濃など十四氏）の中では最高位の従三位に昇り公卿に列していた。摂津源氏の頼政は、平治の乱で河内源氏（義朝・頼朝）が没落して以降、他の源氏同様に平家と協調してきたというよりはその傘下に入り、長老として一族を率いながら、平家には遠くおよばないものの京ではそれなりに栄えていたのである。

その源三位《げんざんみ》頼政の推挙によって八条院の蔵人、いわば秘書官という肩書を得た源行家（保元の乱で処刑された為義の十男で頼朝の叔父。乱後においても熊野新宮〈和歌山県新宮市〉で同母姉鳥居禅尼の庇護下にあったことで平家の探索から逃れていた。いわば隠し球）が山伏姿に変装し、以仁の令旨を東海・東山・北陸道諸国で時機到来をいまや遅しと渇望していた諸源氏に伝える。平治の乱後に伊豆国に流されていた源頼朝のもとにそれがとどいたのは四月二十七日。その背後では、平家の所業を不快に思っていた恐い者なしの八条院や失地回復を狙う幽閉中の〝寝業師〟後白河が密かに糸を引いていたにちがいない。

福原遷都

とはいえ、京はまだ平穏を保っており、五月六日には北野天満宮東側（御前通）の馬場で「右近《うこの》衛真手結《えのまてつがい》（右近衛府の武官がおこなう流鏑馬、笠懸、犬追物〈騎射三物《きしゃみつもの》〉のこと）」がおこなわれた。惟宗忠久はその日、権大納言右近衛大将九条良通と従五位上に叙された良経兄弟や皇嘉門院《こうかもんいん》（亡き崇徳上皇の中宮。良通・良経兄弟の伯母）の乗る牛車の供をしている。馬場とその周辺には見物の牛車や老若男女の群衆がひしめいていた。

ところが十五日、福原にいた平清盛は、東国における源行家の暗躍を熊野別当（和歌山県南部の本宮・速玉《はやたま》・那智三大社の統括職）湛増《たんぞう》から知らされ、京の宗盛に命じて以仁王捕縛のために追討軍をその居所である高倉御所（中京区曇華院前町《どんげいんまえちょう》）に向かわせた。危機を察した以仁王はいち早く園城寺に逃げ、その後、合流した源三位頼政率いる五十騎とともに奈良興福寺（奈良市登大路町）の僧兵力を頼って脱出。追討軍三千騎に追いつかれた頼政は二十六日、平等院（京都府宇治市）に本陣を構え、宇治川をはさんで戦ったが、奮戦むなしく嫡男仲綱や養子の兼綱（忠久の生母宜秋門院丹後の兄）らとともに自害するか討死。そのさなかに脱した以仁も興福寺に逃げ落ちる途上の加幡《かばた》河原（木津川市山城町）で射殺された。以仁からの協力要請を受けて木津川の畔に到着していた興福寺の僧兵らは、その死を知って奈良に引き返した。

清盛は、園城寺と興福寺にはさまれた京に幼帝をとどめ置く危険を避けるため、長年勢力を扶植してきた西国諸国との海上交通の要地、大輪田泊を見下ろす福原への遷都を決め、六月二日、安徳天皇をはじめ高倉上皇、中宮徳子、幽閉中の後白河法皇を連れて京を離れる。宗盛や重衡、平時忠（清盛の継室時子の同母弟）らの平家一門に加え、摂政近衛基通や権大納言藤原邦綱（清盛に摂関家領の分割案を提案）らの公卿、官人らおよそ五十人、平家の騎馬武者数千騎もそれに従った。

惟宗忠久とおそらく実弟の忠季も、基通に供奉して福原に向かったと思われる。ただ、福原にはこれほどの大人数を収容できる建物がなく、従者らは路上に溢れる状況となってしまった。忠久・忠季兄弟も、基通が落ち着いた安楽寺（神戸市灘区浜田町）の僧房か近くの民家にでも分宿、あるいは仮屋を建てて仮寓できればよいほうだったのではなかろうか。しかも、七月に入ると疫病が流行り、高倉や基通ら多くが罹病している。忠久・忠季兄弟も同じ病を患ったか、まぬがれたとしても、基通の病気回復に心を砕く日々を送っていたのかもしれない。

頼朝の決起

平清盛が新都福原（福原京）の造営と首都機能の移転に忙殺されているさなかの八月十七日。遠く離れた伊豆国では、源頼朝が北条時政（頼朝の監視人であり正室政子の父）と宗時・義時兄弟、土肥実平、岡崎義実、天野遠景、佐々木定綱・経高・盛綱・高綱四兄弟（保元・平治の両乱に参加した秀義の子）らを率いて急遽決起。平家の目代山木兼隆とその後見堤信遠《のぶとお》を討ち取って源氏再興の狼煙を上げる。

頼朝はそれよりふた月前の六月十九日、以仁王と源三位頼政の敗死、ならびに「源氏追討令」が下されたことを三善康信の弟康清から知らされていた。平家と協調してきた頼政までもが蜂起したことに激怒した清盛が、以仁王の令旨を受け取った源氏の皆殺しを画策しているというのである。朝廷の下級官吏だった康信は、母が頼朝の乳母の妹という縁で、頼朝が流人となってからは律儀にも月に三度、京の情報を伝えていた。

さらに頼朝は、源氏累代の郎党を招集するため関東各地に派遣していた安達盛長から、三浦半島の大豪族三浦義澄やその一族の和田義盛に加え、房総半島からも大軍が駆けつけてくることを知った。以仁の令旨が頼朝決起のきっかけになったわけだが、この源氏追討令こそが頼朝側の勢力を予期していた以上に大きくしたのである。清盛が平家の権勢に奢っていたのか、「伊豆の流人風情が」と舐めていたのか、単に判断力が衰えただけなのかわからないが、結果からみれば、清盛自身が平家滅亡に至る墓穴を掘ってしまったことになる。

武士にとって土地は命、先祖代々骸《むくろ》を埋めてきた「一所懸命の地」である。平治の乱後は源氏でさえも平家の庇護下に入らねば、おのれの拓いた土地を守りきれなかった。しかし平家は、武士の庇護者としての自覚を失ってしまう。かつての摂関家同様、一門一族こぞって公卿・殿上人に昇って栄華をきわめ、息のかかった国司や目代を諸国に配して徴税と労役を強化するなどしたため、武士の期待を根本から裏切ることになった。頼朝は二十年にもおよぶ流人暮らしの中で、平家に対する武士の憤懣が爆発寸前に達していることや、頼るべき新たな柱石と朝廷の干渉を排除した「自主独立政権」を渇望する東国武士の心情を見抜いていたのである。つまり〝平清盛と同じ轍は踏まず〟ということだ。

だが、三浦義澄やその一族の和田義盛らと合流する直前の八月二十三日夜、三百騎にまで増えた頼朝軍ではあったが、雨が叩きつける石橋山（神奈川県小田原市南西部）で、平治の乱以後平家に従っていた大庭景親と伊東祐親率いる三千三百の軍勢に惨敗（石橋山の合戦）。箱根山中に潜んでいた頼朝は、その探索を続けていた敵将の一人梶原景時（のちに頼朝の無二の忠臣となる）が、見て見ぬふりをしたことによって救われた。だが、北条時政の嫡男宗時らが合戦後の混乱の中で討死。窮地を脱した頼朝は二十八日、土肥実平ら数人とともに真鶴岬（神奈川県真鶴町）から小舟で安房国（千葉県南部）へと向かい、翌二十九日には、先着していた三浦義澄や和田義盛らの出迎えを受けた。

九月中旬になると、北上する頼朝のもとに、平家の圧政に耐えかねた下総国（千葉県北部・茨城県南西部）の千葉常胤、上総国（千葉県中部）の上総広常らが加わる。さらに、十月に入ると武蔵国（東京都・埼玉県・神奈川県の一部）の足立遠元《あだちとおもと》（安達盛長の甥）、河越重頼、江戸重長、畠山重忠、下野国（栃木県）の結城朝光《ゆうきともみつ》（小山政光〈小山氏初代当主・継室の寒河尼は頼朝の乳母〉の三男。父政光と兄の朝政《ともまさ》は大番役で滞京中）らが馳せ参じた。三万騎にまでふくれ上がった軍勢を従えた頼朝は、関東南部の平家方所領を掌握・没収しながら、畠山重忠を先頭に源氏とゆかりの深い相模国〈神奈川県〉鎌倉へと向かう。なお頼朝は、醍醐寺を抜け出して駆けつけてきた異母弟の全成《ぜんじょう》（今若）と十月一日に対面している（全成はのちに北条時政の娘阿波局《あわのつぼね》を正室に迎え、駿河国阿野荘〈静岡県沼津市〉を与えられて阿野を名字とする）。

頼朝の鎌倉入り

十月七日、三方を山に囲まれて南は海（相模湾）に面する要害の地鎌倉に入った源頼朝は、何よりもまず由比ガ浜寄りの鶴岡若宮（鎌倉市材木座）を遙拝する。十一日には、伊豆山神社（静岡県熱海市）に避難していた政子と再会している。

この鶴岡若宮は、清和源氏四代源頼義（河内源氏二代棟梁）が、永承六年（一〇五一）に陸奥で起こった「前九年合戦」に臨み、源氏の守護神である京の石清水八幡宮（京都府八幡市）の八幡大菩薩に戦勝祈願を籠め、前九年合戦勝利後の康平六年（一〇六三）の秋にその八幡大菩薩を勧請（分霊を遷す）したのが始まりで、頼義の嫡男八幡太郎義家（三代棟梁）が「後三年合戦」の始まる二年前の永保元年（一〇八一）二月に修復した古社である。

頼義から五代目の孫（来孫）にあたる頼朝は、清和源氏の正嫡であることを天下に誇示するため、その鶴岡若宮を山寄りの小林郷北山の地（雪ノ下）に遷し、新社殿の造営に取り掛かった。これが鶴岡八幡宮である。

ほぼ同時に頼朝は、その東側に「大倉御所（のちの鎌倉幕府政庁）」の建築を開始。御家人らもその周辺に屋敷を構え、さらには、京の朱雀大路を模して、由比ガ浜から鶴岡八幡宮にいたるメインストリート「若宮大路」を造営。鎌倉は武家の都にして東国の首都へと発展していくことになる。

頼朝同様、以仁王の令旨を錦の御旗に掲げる甲斐源氏の武田信義（武田氏の祖・戦国時代の武田信玄は子孫にあたる）、安田義定は甲斐国（山梨県）のみならず、平宗盛の知行国駿河国（静岡県中部・北東部）を掌中に収め、西隣の遠江国にまで進出。また、信濃源氏の木曽義仲（頼朝の従弟）も信濃国（長野県）を平定して上野国《こうずけのくに》（群馬県）に軍勢を進めていた。

鎌倉殿頼朝

頼朝軍の壊滅に安心していた平清盛ではあったが、その後のこうした相次ぐ東国の反乱に加え、容易ならざる勢力にまで成長した源頼朝に手をこまねいているわけにはいかなかった。九月二十九日に嫡孫の平維盛（重盛の嫡男）を総大将、異母弟忠度《ただのり》（清盛の異母弟）と知度《とものり》（清盛の七男）を侍大将とする東国追討軍を福原から進発させた。

これに備えるため頼朝は、大軍を率いて鎌倉を出陣し、十月十八日に伊豆国と駿河国の国境にある黄瀬川（静岡県沼津市）に着陣する。このとき石橋山での惨敗後に甲斐国に逃げ落ちていた北条時政・義時父子が合流。頼朝軍は二十日に富士川の東方二キロの賀島《かじま》（富士市加島町）に軍勢を進めた。その頃、武田・安田連合軍が富士川東岸に、東国追討軍は富士川西岸に着陣、川をはさんで対峙していた。ところがその夜、武田信義率いる軍勢が東国追討軍の背後にまわろうとしたことで、富士沼（浮島ヶ原）に群棲する水鳥がいっせいに飛び立った。東国追討軍はその水鳥の羽音を敵の夜襲と勘違いし、戦いもせずに遁走する（戦いはなかったが富士川の戦いという）。

頼朝は逃げ散る維盛らの追撃を命じたが、上総広常や千葉常胤、三浦義澄らの諫言を入れて思いとどまったとされる。もともと追い討ちをかけるつもりなどなかった頼朝は、関東武士の肚を探るため、追撃を命じてみせたのではなかろうか。ともあれ頼朝は、相模国府（神奈川県大磯町国府本郷）で最初の勲功を賞して忠誠を誓った麾下の武士の所領・所職を安堵（本領安堵・保障すること）する。さらに、平家から没収した所領を与え（新恩給与）、捕らえた大庭景親を処刑した（伊東祐親はのちに自害）。

その後、頼朝軍は背後を脅かす佐竹一族を討伐するため、反転して常陸国（茨城県）に向かい、十一月四日にその佐竹一族を奥州（東北）へと討ち払う（金砂《かなさ》城の戦い）。十七日に凱旋して以後の頼朝は、鎌倉からまったく動かず、急激にふくれ上がった御家人を管理・統制するため、家政機関の「侍所」を設置し、和田義盛を初代別当に任命するなど、草創期にある政権基盤の充実と強化に全力をそそぐ。実効支配している関東（東国・坂東）の自主独立を成し遂げるためであった。これ以降、頼朝は鎌倉の盟主「鎌倉殿」と呼ばれるようになる。

なお、富士川の戦い後に頼朝が黄瀬川に戻っていた二十一日、鞍馬寺を出奔して奥州の覇者藤原秀衡（奥州藤原氏三代当主）の庇護下にあった義経が、その秀衡の制止を振り切り頼朝のもとに駆けつけていた。また、安田義定と行動をともにしていたと思われる範頼も、時期ははっきりしないが義経に遅れて頼朝と対面している（のちに北条時政の娘阿波局を正室に迎える）。だが、同母弟の希義は、頼朝の挙兵を伝え聞いて配流先の土佐国介良荘《けらの》（高知県高知市）で蜂起する直前に平重盛の家人に討ち取られていた。

園城寺は壊滅、奈良も焼け野原

東国の源氏だけでなく、地方武士による反乱や蜂起は国内全土に広がっていた。平家の根拠地の一つ九州でさえも反乱や蜂起が続出。こうした内乱は平家方の荘園に対してだけでなく、公領である国《こく》衙領《がりょう》にも波及していたため、天下はすでに大動乱の様相を呈していた。

そうしたなか、平清盛は十一月二十三日、不本意ながらも京への還都を決めて福原を出発。天然の良港大輪田泊を日宋貿易の拠点とし、福原を平氏政権の新都とする夢は崩れ去った。清盛の威信は一気に低下、武士の平家離れが一段と進む。

孤立を深めた清盛は、京に帰るやいなや、後白河法皇の幽閉を解き（前関白松殿基房も赦されて京に帰還）、近郊の反乱勢力掃討に全力を投入。以仁王をかくまった園城寺には近江国の源氏勢が立て籠もっていたが、十二月十一日、平知盛の軍勢一万余に攻め込まれて壊滅。知盛は伊賀から北上してきた平資盛《すけもり》（重盛の次男）らと合流し、園城寺から敗走した源氏勢を近江国から駆逐し、さらに東進して美濃国（岐阜県南部）をも鎮圧平定する。

園城寺と同様に、武装した衆徒（僧兵）を擁して平家に盾突いていたのが東大寺・興福寺である。十二月二十八日、平重衡率いる四万騎が、この二カ寺の衆徒を壊滅させるべく、奈良の寺社を焼き尽くすという挙に出る。東大寺の大仏が熔解するなど、このとき、ほぼすべての堂塔伽藍、経典、仏像群が焼滅した。衆徒のみならず高僧や寺人《じにん》、女や子どもら数千人が斬り殺されるか焼死し、他の多くの寺院も甚大な被害をこうむった。

なかでも、遠祖不比等が一族の繁栄を願って創建した興福寺が灰燼に帰した藤原一族の嘆きはこのうえないもので、一族すべてが天を仰いで泣き濡れ、地に伏して慟哭したという。京からも奈良の夜空が紅く染まるのが見えたという。文官・武官として代々藤原摂関家に仕えてきた惟宗一族の一人、忠久もその悪夢のような光景に深い哀しみと抑えがたい怒りに襲われていたにちがいない。行事・祭祀が催されるたび近衛基通に供奉しながら訪れていた興福寺である。それも当然だろう。

翌治承五年（一一八一）正月、藤原氏の公卿は誰一人参内せず、恒例の宮中行事は取り止めとなった。十四日、高倉上皇がわずか二十一歳で崩御。十七日、その死によって、停止されていた後白河の院政が復活。清盛は高倉の遺勅《いちょく》と称して宗盛を「惣官《そうかん》（五畿内および伊賀・伊勢・近江・丹波九カ国の軍事指揮権を掌握する）」に任じ、内乱の鎮圧体制を強化した。ところが閏二月四日、日本初の武家政権を打ち立てた一世の雄・平清盛が側近の平盛国邸（下京区東之町）で熱病により絶命。享年六十四。燃え上がる反乱の嵐に追い立てられるかのようなその死を、人々は奈良を焼亡させた罪だと噂し合った。ちなみに、五畿内というのは大和国（奈良県）・山城国（京都府南部）・摂津国（大阪府北中部・兵庫県南東部）・河内国（大阪府東部）・和泉国（大阪府南西部）のこと。

頼朝の密奏

東国では、天下大乱の火つけ役源行家が三河国（愛知県中・東部）から尾張国（西部）に進出、平知盛に蹴散らされた近江・美濃両国の源氏を糾合し、日増しに勢力を増していた。清盛の跡を継いで平家の新棟梁となった惣官宗盛は、その鎮圧のために重衡と維盛を総大将とする追討軍一万三千余騎を進発させる。清盛が亡くなったいま、この一戦に敗れることにでもなれば、平家の命運は尽きてしまう。決死の覚悟の追討軍は三月十日、烏合の衆ともいえるその源氏軍五千騎を美濃と尾張の国境墨俣川（長良川・岐阜県大垣市）で撃破（墨俣川の戦い）。鎌倉殿頼朝の異母弟で義円と名乗っていた円成（乙若・園城寺の僧）を討ち取られた行家は鎌倉に逃げ落ちたが、弟を死に追いやられた頼朝に「どのツラ下げて」と冷遇されたことで、信濃の木曽義仲のもとに転がり込んだ。この敗戦によって東海・東山両道方面の反平家勢力は影をひそめたが、勝利を得て尾張国以西を回復した追討軍も、兵糧が尽きて頼朝の勢力圏に足を踏み入れずに引き返した。

後白河法皇は七月十四日、元号を治承から養和に改める。高倉上皇の崩御と清盛の他界、相次ぐ兵乱と天変地異による暗鬱で殺伐とした世相を一新するためであった。

後白河が頼朝から密奏を受けたのもその頃だ。内容は「自分には後白河院に対する謀反の心はまったくなく、ひとえに院の敵を討ち、朝廷を護持するためであります。もし、平家討滅が不可であるならば、以前のように源平両氏を相並べて召し使い、東国は源氏、西国は平氏の分治とし、国司も朝廷が任命したうえで、国家に反逆する者の討伐は両氏に仰せつけてはいかがでしょうか」という、平家との和睦案とも受け取れるものであった。

以仁王の令旨を奉じてはいても、後白河から直接その地位を承認され、謀反人・賊徒の汚名を取り除かねばならなかったのである。そのため頼朝は、東国独立志向から「対朝廷協調路線」に舵を切る。かたや、後白河からこの和平案に対する意向を尋ねられた惣官宗盛は、墨俣川における大勝利もあって断固拒否。いずれ東国の反乱を鎮圧できると踏んでいた。

焼亡した奈良はといえば、東大寺では造《ぞう》東大寺大勧進職《だいかんじんしき》に俊乗房重源《しゅんじょうぼうちょうげん》が、興福寺でも座主大僧都《だいそうず》の信円が抜擢され、復興の緒につく。信円は弱冠二十九歳、右大臣九条兼実と天台座主慈円《じえん》の異母弟である。

各地で戦いが続くなか、大飢饉（養和の大飢饉）によって多くの農民が田畑を放棄した。翌養和二年（一一八二）の春には洛中に数万人もの餓死者が溢れ、さらに疫病が蔓延する。死臭が漂う中を強盗や夜盗が出没、近衛家に仕える惟宗忠久と忠季は昼夜を分かたず邸の警固にあたっていたのではないだろうか。五月二十七日、後白河の願いもむなしく、わずか八カ月で再び改元されて寿永元年となる。

その七月、後白河の孫であり以仁の一宮北陸宮《ほくろくのみや》（八条院に養育されていた）が京から脱出し、父以仁の使者であった源行家（八条院蔵人）と行動をともにしている木曽義仲の庇護下に入った。北陸宮を奉じた義仲は、ほぼ同時に蜂起した、以仁の令旨のみを錦の御旗に掲げるだけの諸源氏からは抜きんでた存在となったのである。

平家の都落ち

養和の大飢饉によって源平の戦いは墨俣川の戦い以降二年ほどは鎮まっていた。しかし、東大寺盧《る》舎那《しゃな》大仏の鋳造が終わろうとしている寿永二年（一一八三）四月、京の食糧供給源である北陸道諸国（若狭〈福井県南部〉・越前・加賀・能登〈石川県北部〉・越中・越後〈新潟県〉・佐渡〈佐渡市〉）を荒らしまわる木曽義仲らの反乱軍を鎮圧するため、平維盛率いる約四万の追討軍が京を出陣する。だが、平家の総力を結集したその北陸追討軍は五月十一日、加賀と越中の国境砺波山《となみやま》の倶利伽羅峠（富山県小矢部市）で木曽義仲軍の奇襲を受けて一敗地にまみれ（倶利伽羅峠の戦い）、追撃された加賀国篠原（加賀市）でも大敗北を喫してしまう。

義仲軍はほうほうの体で京に逃げ戻る維盛ら平家の敗残兵を追い、沿道諸国の軍兵を糾合しながら北陸道を進んで近江国坂本（滋賀県大津市）に到着。そこへさらに延暦寺の僧兵三千も加わった。武闘派の平知盛や重衡らは京での決戦を主張したが、すでに腰が引けていた宗盛は「籠城に適さぬ」として、安徳天皇と後白河法皇を擁し九州への下向を決断する。だが、それを嗅ぎつけた後白河は七月二十四日の夜半、側近数人とともに法住寺殿から比叡山へこっそり逃げのぼった。

後白河に袖にされ、迫りくる義仲軍を阻止する手だても見い出せぬ平家は、翌二十五日早朝、三種の神器と六歳の安徳天皇を奉じ、その生母建礼門院徳子をはじめ、親平家の公卿、女官、一族郎党とともに急ぎ西へ向かう。六波羅に建ち並ぶ一門の邸三千余棟、さらに、一夜を明かした旧都福原の別邸にも火を放ち、海路大宰府へと急いだ。しかし、平家に反旗を翻した豊後の在地武士緒方惟栄《これよし》らによって大宰府を追われ、讃岐国屋島（香川県高松市）に本拠を移すことになる。

摂政近衛基通も当初その一行に加わっていたが、混乱に紛れて途中から京に引き返し（正室の清盛の六女平完子は一門とともに西走）、洛北の知足院で隠棲している自身の乳父であり後見役の平信範（藤原忠実・忠通・近衛基実・基通の家司ならびに政所別当）のもとに逃れ、さらに後白河のいる比叡山にのぼった。基通と行動をともにしていたであろう忠久と忠季は、平家があわただしく京を離れる際、夏の陽射しをさえぎるほどの火炎、黒煙が充満する、まさに阿鼻叫喚の中を逃げまどう人々の姿を目の当たりにしていたにちがいない。また、知足院から比叡山に向かう際には、基通を護りながら、間もなく入洛するであろう義仲軍の動向にも注意深く目を配っていたのではなかろうか。

後鳥羽の即位

七月二十七日、近江源氏を先頭に、延暦寺に逃げのぼっていた後白河法皇、その足下に参集していた前関白松殿基房や摂政近衛基通らの公卿・殿上人が、さらに翌二十八日には五万騎を率いた木曽義仲が北から、源行家が南から入洛。後白河はこの日、いまや東国の盟主となった源頼朝の即時入洛を促すため、使者中原康定を鎌倉に密かに遣わし、義仲と行家には平家追討の院宣を与えた。

後白河は二十九日、平家追い落としの恩賞を発表、「勲功の第一は頼朝、第二が義仲、第三は行家である」として、得意の絶頂にある義仲を牽制するとともに、八月には、平家一門一党二百余人の官位を剥奪し、知行国三十余カ国を没収。その官位と知行国の国主・国司を近臣に交代させて自身の地位強化を図る。また、無位無官の義仲を従五位下左馬頭ならびに伊予守に、行家を従五位下備前守に任じ、平家没官領五百余カ所のうち義仲に百四十カ所を、行家には九十カ所を与えた。また、上洛できない頼朝は追って申請する旨を伝えていた。

事の初めからやりたい放題に振る舞っていた義仲だが、皇位継承問題にまで口をはさむようになる。義仲は「平家追い落としの最大の功労者は亡き以仁王である」とし、十七歳の北陸宮の即位にこだわり、その実現のため、平家追討の院宣を無視し、京から一歩も動かなかった。

かたや後白河は、安徳天皇と三種の神器を京に取り戻し、故高倉天皇の四宮尊成《たかひら》親王への皇位禅譲(平和裏に譲渡)をたくらんでいた。恩賞問題や政務の停滞を解消するには、早急に新天皇を擁立する必要があったからだ。

八月二十日、後白河は安徳を廃し、四歳になったばかりの尊成を、三種の神器を欠いたままという前例のない状況の中で践祚《せんそ》（三種の神器を受け継いで皇位に即くこと。皇位に即いたことを内外に公表することを即位という。即位式は翌元暦元年七月二十八日）させる。後鳥羽天皇である。その結果、安徳と後鳥羽という二人の幼帝が並び立つ異常事態に陥ってしまったのである。のみならず、後白河と義仲の間も完全に冷え切ってしまう。

入洛と同時に始まった義仲軍の目にあまる狼藉・略奪・押領は、九月に入っても収まるどころか、ますます悪化・深刻化していた。

もともと勝ち戦の勢いに乗じ、欲に目がくらんで寄り集まってきただけの烏合の衆であるため、義仲や行家らもその暴虐非道を止めることができなかったのだ。

たまりかねた後白河は、獰猛な義仲軍を京から遠ざけるため、平家追討を強要する。その義仲に新たな難題が発生した。「頼朝の上洛が近い」という真実味を帯びた噂である。京から離れたくても離れられずにいる義仲だったが、後白河みずから断を下すに至り、入洛しておよそふた月後の九月二十日、しぶしぶ山陽道に軍馬を進めた。

四　忠久・忠季兄弟が御家人となる

後白河と頼朝の提携

十月一日、木曽義仲と入れ替わるように鎌倉殿頼朝の側近中原親能《ちかよし》（養父広季は藤原忠通の家司）が入洛、㈠平家一門などに押領された寺社領を元の寺社に戻す、㈡国衙領・荘園を元の国司・領主に戻す、㈢平家に従った奸悪な武士でも、帰順した場合は斬罪に処さない、という頼朝の意向を後白河法皇に上奏する。

この三カ条のほかに、頼朝の身分の回復、それも高位を望んでいないことなども伝えられたと思われる。そして九日、頼朝は本位の従五位下右兵衛権佐に復任し、流罪人の身から正式に解放された。平治の乱で敗れて官位を剝奪されてから二十四年ぶりの復活だった。

十三日には、頼朝の即時入洛を促すため鎌倉に出向いていた後白河の密使中原康定が、砂金や駿馬、絹などの土産を山ほど携えて帰洛。その康定は「東海・東山・北陸道諸国の国衙領・荘園の管理・沙汰権を与えていただけるのであれば、頼朝は責任をもって官物や年貢を送ることを約束しました。ただ、即時上洛という件については、背後の奥州藤原氏の脅威と西国の飢饉による鎌倉軍の入洛後の混乱を考慮して延期させていただきたい」と報告した。

以仁王の令旨を契機とする内乱の勃発以降、頼朝の支配下にある東海道・東山道、義仲の勢力下にある北陸道ならびに掌握されつつある山陰道、平家の支配する山陽道・南海道（紀伊国・淡路島・四国）・西海道（九州）各方面からの貢納が絶え、飢えきっていた京の公家らは頼朝の提案に涙を流さんばかりに感激する。後白河は、そうした公家の心を巧みに捉える一方で、着実に勢力を蓄える頼朝に不気味さを感じていたが、最終的には頼朝と妥協する道を選んだ。

翌十月十四日、頼朝の要請を入れた宣旨が下され、この宣旨に従わないものは頼朝によって処罰されることになる。ただし、北陸道諸国の国衙領・荘園の管理・沙汰権については、何をしでかすかわからない義仲の神経を逆なでするのを恐れて除外された。

身分の回復に続いてこの「寿永二年十月宣旨」を得たことにより、反乱軍の頭目の一人とみなされていた頼朝は、東国の支配権を朝廷から公認（というより追認）されただけでなく、東海・東山両道諸国の国衙政庁に対し、軍事物資の供給や在地の軍兵を指揮下に置く強大な権限を握ったことになる。これによって頼朝は、対朝廷協調路線をより強めるとともに、日本の軍事主導権の実質的な掌握をめざす。そのため、東国の独立に固執してその誇りを失わずにいる上総広常・能常《よしつね》父子は誅殺されることになる。

寿永二年十月宣旨を受け取った頼朝は、その周知と施行のため、義経に五百騎を与えるとともに、朝廷との交渉役として側近の中原親能を京に向けて派遣する。

義仲の法住寺殿攻め

一方、山陽道における義仲軍の戦況はかんばしくなかった。屋島に本拠を定め勢力を盛り返し始めた平家軍に各地で負け続け、さらに、閏十月一日の備中水島（岡山県倉敷市）の海戦でも、重衡麾下の平家軍に惨敗。日ごとに兵が減り、苛立ちを募らせる木曽義仲のもとに、「後白河法皇と源頼朝が手を握り、頼朝の弟が数万の軍兵を率いて上洛中」という急報がとどく。驚いた義仲は閏十月十五日、駆けに駆け続けて京に引き返し、自身の本拠信濃国が含まれている、頼朝に与えた寿永二年十月宣旨の取り消しと頼朝追討の院宣を求めたが、義仲をすでに見捨てていた後白河は歯牙にもかけなかった。

入洛するまでは、後白河をはじめ公卿・殿上人や頼朝、延暦寺、園城寺らが味方だった。〝朝日将軍〟とまで讃えられた。だが、いまでは公家衆から庶民、義仲に服していた源氏諸将さえもが敵にまわり、その身の凋落を待ち望んでいるのである。変わり身の早い源行家は「落ち目の義仲と共倒れになるいわれはない」とばかりに、平家追討と称して京から去っていった。

窮地に追い込まれた義仲は後白河を奉じて北陸への逃避をたくらむ。そうした動きを察した後白河は、法住寺殿に柵や堀をめぐらせ、北面の武士に加えて延暦寺や園城寺の僧兵を招集。洛中からも武士らを募って義仲の謀略に備えた。堪忍袋の緒が切れた義仲は開き直り、後白河を敵とみなして最後の賭けに出る。十一月十九日、義仲は直属軍三千で法住寺殿を囲み、鬨《とき》の声を上げた。

この乱戦の中で、法住寺殿に伺候していた後白河の四宮円恵法親王および天台座主明雲が射殺《いころ》されたのみならず、後白河方の武士や僧兵、公家ら六百余が討ち取られ、百余という生首が見せしめとして五条河原に晒された（法住寺合戦）。その酸鼻きわまるさまに公家らは魂が消し飛んで顔色を失ったというが、忠久・忠季兄弟もその晒し首の惨いさまを目の当たりにし、武官とはいえども肝をつぶし、みずからが未開の荒野と格闘してきた坂東武者の、その剝き出しの残忍さに思い知らされたのではなかろうか。だが、みやびな宮廷で成長した二人が近い将来、揃ってその坂東武者の仲間入りし、生きていかねばならぬ運命にあることなど想像さえし得なかったであろう。

義仲死す

法皇と天皇に刃を向けた木曽義仲に対する怨嗟はいやが上にも高まった。義仲は京の人々に見限られただけでなく、摂政近衛基通の五条東洞院殿（下京区五条東洞院）に幽閉された後白河法皇と閑院内裏（中京区押小路通小川）に人質状態に置かれた後鳥羽天皇の救出という大義名分を鎌倉殿頼朝に与えてしまう結果となり、義仲の立場はさらに悪化する。

ところが、不遇をかこっていた前関白松殿基房は、この混乱を権力掌握の好機と捉え、十七歳の娘伊子《いし》を義仲の正室に差し出し、さらに摂政近衛基通を失脚させ、伊子の弟で十二歳の嫡男師家を内大臣ならびに後鳥羽の摂政、藤氏長者に据えるのである。

鎌倉の源頼朝は、法住寺殿焼き討ちの急報を受け、十二月末に範頼率いる三万の軍勢を出陣させ、翌寿永三年（一一八四）早々には、伊勢国に駐留していた義経の軍勢を義仲追討軍に改めて進発させた。その義経軍は範頼軍と尾張国でいったん合流する。

かたや、下り坂を転がり落ちる義仲の戦力は、減ることはあっても増すことはなかった。平家を西海に追い落とした軍勢は数千に、院御所を焼滅させた直属軍にいたっては、二千にも満たない数に激減し、義仲の孤立は深まるばかりだった。

義仲は十一日、頼朝を追討するための「征東大将軍」に就任したものの、二十日早朝には、範頼軍が京の東方瀬田（琵琶湖最南端の瀬田川流出口一帯・滋賀県大津市）で義仲の瀬田守備軍への攻撃を開始、義経軍も京の南方宇治（京都府宇治市）に馳せ向かった。ところが義経は、範頼軍との同時入洛が待ちきれず、義仲の宇治川守備軍を一蹴、京に駆け入って新たな院御所六条殿（下京区）に向かった。

あわてふためいた義仲は、瀬田の守備軍を頼ることに決し、半年前に五万騎を従えて攻めのぼった同じ道を、わずか七騎で落ちていった。琵琶湖南西岸の近江国粟津まで逃げ落ちた木曽義仲ではあったが、三浦一族の石田為久の放った矢で顔面を射抜かれ、あっけない最期を遂げた。三十一歳であった。

生田の森・一ノ谷の合戦

木曽義仲が敗死した六日後の正月二十六日、院政を復活させて再び政治の実権を握った後白河法皇は、平家追討と平家に持ち去られた三種の神器の奪還を命じる宣旨を源頼朝に下す。と同時に、平家の本拠六波羅をはじめその一門から没官した所領五百余カ所の支配権を一括して与えた。

三日後の二十九日、京を平定した範頼・義経兄弟の鎌倉軍五万六千騎は、休む間もなく平家追討のために京を出陣。すでに、松殿師家に替わって近衛基通が摂政と藤氏長者に返り咲いていた。

備中水島の海戦に勝利した平家はというと、京で惨劇が繰り広げられている隙に西国の源氏支流を駆逐、瀬戸内海一円の制海権をも掌中に収め、安徳天皇を奉じてわずかの間に数万騎を結集、本拠を屋島から旧都福原に移し、京を奪還する気配を示していた。福原は北は断崖を成す山、南は海、東は生田の森（神戸市中央区）、西は一ノ谷（須磨区）を木戸口とする要害の地である。堀をうがって二重三重に垣盾《かいだて》を築き、櫓《やぐら》を構えて城塞化し、海上には無数の軍船を浮かべて鎌倉軍を待ち受けていた。

京の後白河をはじめ公家らは平家追討使（鎌倉軍）を派遣しながらも、三種の神器の無事帰還を願っていた。そのため、後白河から「和平交渉をおこなうため軍勢を動かさぬように、鎌倉軍にもそのように伝えてある」という内報がとどく。それを真に受けていた平家だったが、朝議が平家追討に一転し、二月七日の明け方、和平交渉の使者到来どころか、鎌倉軍の不意打ちを受けてしまう。大手の大将範頼が生田の森から、搦手の大将義経が一ノ谷からいっせいに福原に総攻撃を仕掛けたのだ。平家軍は混乱に陥り、戦意を砕かれて海上の軍船に向かって逃走。この〝天下分け目の合戦〟に鎌倉軍は大勝し、大敗した平家軍は屋島に舞い戻った。

出し抜かれた平家軍は、平重衡が捕えられたのをはじめ、平家第一の勇士盛俊、忠度、通盛（清盛の異母弟教盛の嫡男）、教経（教盛の次男）、業盛《なりもり》（教盛の三男）、知章《ともあきら》（知盛の嫡男）、経俊（清盛の異母弟経盛の子）、敦盛（経俊の弟）などの将兵一千余を一時に失うなど、この戦いでこうむった打撃は大きかった（生田森・一ノ谷の合戦）。戦いの結果からみれば、後白河は平家を騙し討ちにしたことになる。

義経解任

京に凱旋した総大将源範頼と鎌倉軍は、捕虜の平重衡を引き連れて鎌倉に帰ったが、義経は鎌倉殿頼朝の代官として畿内近国の在地武士（在地領主・荘官や在庁官人。在庁官人の多くは荘官を兼ねる）の掌握を図る。また頼朝は、土肥実平や梶原景時らを総追捕使（後述）に任じて山陽道諸国に派遣し、在地武士の懐柔と四国の屋島に逃れた平家追討の準備にあたらせた。

頼朝は三月二十七日、従五位下から六段階上の正四位下に昇叙され、四月十六日には寿永から元暦に改元される。それからふた月後の六月、生田森・一ノ谷の合戦の恩賞として、頼朝の推挙を受けた範頼は三河守に任じられたが、一ノ谷を撃破して鎌倉軍の勝利に大きく貢献した義経にはなんの推挙もなかった。頼朝の頭には義経を増長させたくないとの思いがあったからだ。だが、人一倍功名心の強い義経はこれを屈辱と受け取り、それが頼朝に対する義経の怒りの発火点となる。

清盛亡きあと平家の惣領は宗盛だったが、軍事面での全権は知盛が握っていた。その知盛によって、屋島に逃げ帰った平家は徐々に勢力を盛り返し、東は淡路島、西は壇ノ浦の彦島（山口県下関市）を押さえて瀬戸内海の制海権を握り、安徳天皇や宗盛らは屋島に、知盛は彦島に軍営を築いて防備を固めていた。

八月八日正午、総大将の範頼以下、東国の有力御家人のほとんどが鎌倉を出陣する。総勢三万騎。目的は、山陽道を経て九州を平定し、平家を瀬戸内海に封じ込めることである。全国支配を見据えていた頼朝は、これを契機に、平家に帰属していた西国の在地武士層を御家人として抱き込み、その組織化を図ろうとしていた。

源氏軍が東海道を京に向かっているさなかの八月十七日、頼朝のもとに、伊勢国で平家の残党を掃討中の義経が、八月六日に後白河法皇から左衛門尉・検非違使に任じられたという知らせがとどく。これに頼朝は激怒。「頼朝の推挙なしに朝廷から直接、官位や褒美を受けるべからず。受けた場合は、与えた領地を没収し、謀反人とみなす」と諸将に厳命（自由任官の禁止）し、朝廷に対しても、「御家人の勲功褒賞は、鎌倉で精査し頼朝自身が推挙した場合のみに限る」と強く申し入れていたからである。

頼朝の推挙のない勝手な任官を許せば、御家人に対する統制は形骸化し、誕生したばかりで基盤が脆弱な武家政権の崩壊を招きかねない。頼朝は「御恩と奉公」による武家政権を不動のものとするためには、朝廷への過度の接近を避けねばならないと考えていた。当時は複数の主君に仕える兼参や仕える主人を替えるのは当たり前だった。しかし、平氏政権に替わる新たな武家政権確立のためには、鎌倉殿頼朝の御家人でありながら天皇や法皇の臣下になることを容認してはならないのだ。頼朝は義経を平家追討軍からはずし、疲弊した京の治安回復に専念させる。懲罰人事である。

忠久・忠季兄弟、在京の鎌倉御家人となる

半年ほど前の生田森・一ノ谷の合戦のあった二月、寿永二年十月宣旨によって東海・東山両道諸国の管理・沙汰権を得ていた鎌倉殿頼朝は、木曽義仲の追討を成し遂げたこともあり、後白河法皇に進言し、義仲や平家与党の支配下にあった北陸道諸国に「鎌倉殿勘農使（守護の前身）」を派遣していた。繰り返された戦いによって荒廃した北陸道諸国に年貢を納めさせるためである。それには、㈠逃散した農民を在地に定着させて米などの農作物の栽培を奨励し、㈡その輸送路の安全を確保し、㈢さらに国衙領・荘園に対する武士の狼藉を取り締まることであった。いわば戦後処理である。

鎌倉殿勘農使には京下りの御家人比企朝宗（比企尼の子ではなくその夫遠宗の子とされる）が任命され、比企能員（比企尼の甥であり猶子）は補佐役だった。その一団に加わっていた惟宗忠久の実弟忠季は、朝宗が任務を終えて鎌倉に戻った七月以降、おそらく九月頃であろうか、頼朝から恩賞（新恩給与）として若狭国遠敷郡玉置荘《おにゅうぐんたまきの》津々見保《つつみのほ》（福井県若狭町）の地頭職（後述）に補任され、以後「津々見忠季」と名乗る。忠季はすでに名簿を捧げて頼朝と主従関係を結び、御家人となっていたのであろうか。ならば兄の忠久も同様ではないかと推察してもよさそうだ。しかも、忠季が新恩給与を得たと

いうことは、忠久も何らかの手柄を立てれば近い将来、新恩給与を与えられる可能性も大きい。

また頼朝は、急激に支配領域が広がったことで、幕府機構の大規模化に迫られていた。と同時に内乱終結後を見据え、多種多様な行政業務を遂行できる優れた実務処理能力と豊富な学識を備えた文官ならびに在地武士団を掌握できる指導層を取り込むことも考えていた。すでに侍所別当に和田義盛が、その補佐の所司には梶原景時が就任していたが、十月には「公文所（のちに政所と改称。公文書の管理ならびに政務・財政を担当）」と「問注所（訴訟・裁判を担当）」を設置し、公文所別当に京下りの大江広元（中原広季の養子。親能の義兄弟）を、問注所執事（長官）には、同じく京下りの三善康信（配流中の頼朝に京の情勢を月に三度伝えていた）が就任した。

そうした中にあってとくに急を要していたのは、朝廷（摂関家をはじめとする公卿）との交渉・連絡役を任せられる、いわば〝聖なるネットワーク〟の中枢に食い込むための新たな在京御家人である。忠久・忠季兄弟は、比企朝宗や能員、あるいは、京都大番役を務めたことのある有力御家人の千葉常胤、三浦義澄、北条時政、小山政光、近衛家や九条家と親密な京下りの御家人中原親能らの推挙があったとも考えられるが、藤氏長者で主家でもある摂政近衛基通もしくは右大臣九条兼実（忠久・忠季兄弟の生母は九条家に仕える宜秋門院丹後）の推挙を受け、当初は近衛家の家司のまま御家人となり、頼朝政権に出仕したのではないだろうか。

ただ頼朝は、「義仲の軍勢のごとき狼藉を働いた者は、誰であろうと一命はもとより所領を取り上げ、その罪は眷属《けんぞく》（親族や従者）にまでおよぶと心得よ」という厳しい軍規を徹底させるなど、洛中の平穏を取り戻すことに躍起となっていた。そのため、忠久・忠季兄弟もただちに鎌倉に移ることはなく、洛中の治安維持に専念していたと思われる。

いずれにしても、頼朝にとっての忠久・忠季兄弟は、公家の頂点に立つ近衛家や九条家と鎌倉をつなぐ御家人として、また、それまで後ろ盾だった平家が凋落した近衛家としては、いまや日の出の勢いの頼朝とのつながりを深め、自己勢力の伸張・強化を図るのに都合のよい存在だったことに間違いはない。

義経の再出陣で屋島奇襲に成功

鎌倉に公文・問注両所が新設されるひと月ほど前の九月一日、平家追討の太政官符を受けた範頼の源氏軍が京を出陣し、播磨国（兵庫県南西部）・美作国（岡山県北東部）・備前国（南東部）・備中国（西部）・備後国（広島県東部）・安芸国（西部）の在地武士の帰順を受け入れ、組織化しながら軍勢を進めていた。しかしその間に、屋島から出撃した平家軍によって背後の備前国児島（倉敷市）を制圧され、糧道を断たれてしまう。

源氏軍は引き返し、十二月に児島の平家軍を屋島に追い払ったものの（藤戸の戦い）、年が明けて元暦二年（一一八五）を迎えても兵糧不足・軍船不足という窮状は続いていた。飢餓状態で戦意を失った軍中では、侍所別当の和田義盛さえもが自身の立場もわきまえず、軍兵の先頭に立って「鎌倉に帰ろう」と願い出るほど情けない有様であった。

業を煮やした鎌倉殿頼朝は合戦好きの義経を再度起用し、四国の屋島攻略に向かわせる。源氏軍の糧道を再び断たれるといった愚を犯さないためである。ただし、「戦勝よりも安徳天皇や建礼門院徳子、尼時子らの身の安全と三種の神器の確保を最優先せよ」と釘を刺す。頼朝は前々から同様の命を源氏軍諸将に下していたが、ともすれば父義朝の仇敵である平家の追討や、合戦に勝つことばかりにこだわる義経に不安といらだちを感じていたからである。京で鬱屈していた義経はこの頼朝の命に喜んで応じ、新たに一隊を編成して摂津国に向かう。

正月二十六日、眼前の彦島に軍営を置く平知盛に行く手を阻まれ、長門国赤間関（山口県下関市安岡町）で立ち往生していた源氏軍に豊後国の在地武士臼杵惟隆・緒方惟栄兄弟が八十二艘の兵船とともに加わり、周防国の宇佐那木遠隆からは兵糧米が献上された。軍船を得て腹も満たされた源氏軍は二月一日、筑前国葦屋浦（福岡県芦屋町）に上陸、太宰少弐原田種直の一族を討滅する。と同時に、彦島にある平知盛の退路を断って孤立させることにも成功した。

摂津国の義経隊は二月十八日未明、渡辺津（旧淀川河口左岸）から船出。暴風雨の中を急ぎ、わずか一日で阿波国勝浦（徳島県田野町）に到達する。騎馬とともにである。義経隊はひと息入れる間もなく、翌日早朝には、平家の本拠屋島を背後から奇襲。あわてふためいた宗盛は安徳天皇らとともに彦島に向けて海上を遁走した。

平家の滅亡

それからひと月余り経った三月二十四日、行き場を失った平家の軍船五百余艘と熊野・伊予両水軍を加えた源氏の軍船八百余艘が壇ノ浦で対峙していた。正午に始まった大海戦は当初、潮流の関係で平家軍が優位に立っていたが、流れが変わるとそれが逆転、義経の率いる源氏軍が前面から迫る。そこへさらに、背後と側面から、範頼の源氏軍と平家を見限って源氏に寝返った九州・四国・山陽道諸国の在地武士が雨あられと矢を射かけた。

午後四時、平家の命運が尽きたことを知った尼時子は腰に神剣を差し、安徳天皇を抱きかかえた女官とともにひときわ豪華な御座船から海中に身を投じた。すると、平経盛・教盛兄弟（清盛の異母弟）や資盛（重盛の次男）、有盛（重盛の四男）、行盛（清盛の次男基盛の嫡男）らが入水。総指揮官知盛も、「すべて見届けた。思い残すことはない」と海中へと消えた。故高倉天皇の后建礼門院徳子や近衛基実の正室完子、総帥宗盛、その嫡男の清宗らは、海上に漂っているところを引き上げられて虜囚の身となった（壇ノ浦の戦い）。

ちなみに、瓊瓊杵尊《ににぎのみこと》が高天原から降臨する際に天照大神から授けられ、歴代天皇が代々継承してきた三種の神器のうち、神鏡の八咫鏡《やたのかがみ》と神璽の八尺瓊勾玉《やさかにのまがたま》はすくい上げられたが、尼時子が腰に差した神剣の天叢雲剣《あめのむらくものつるぎ》（草薙剣ともいう）は海底に沈み、何度も探索が試みられることになるが、発見されることはないのである。

平家の栄耀栄華は頼朝の挙兵から四年半、天下人清盛の死から四年で西海に吹き消え、平氏政権も幻のごとく潰《つい》え去ったのである。「治承・寿永の乱」または「源平合戦」とも呼ばれる内戦は平家の滅亡によって終結し「鎌倉時代」が始まる。

五　鎌倉幕府のスタートと忠久の出世

忠久、地頭となる

鎌倉にあった源頼朝が平家滅亡の知らせを義経から受けたのは、およそ二十日後の元暦二年（一一八五）四月十一日、おりしも父義朝の菩提を弔うための勝長寿院（鎌倉市雪ノ下）の立柱儀式のさなかであった。頼朝は鶴岡八幡宮に向かって座し、まったく言葉を発しなかったという。

頼朝は翌十二日、範頼にしばらく九州にとどまって神剣の探索と平家没官領をはじめとする戦後処置を命じ（鎌倉帰還は十月二十日）、義経には平宗盛・清宗父子以下の平家の捕虜をともなって上洛するように指示した。二十四日深夜、三種の神器のうち神鏡と神璽は義経が供奉して大内裏の朝所《あいたんどころ》に安置され、二十六日には、源氏軍が白旗をなびかせながら意気揚々と凱旋する。

翌二十七日、頼朝は平家追討の功として従二位に叙され公卿となる。だが翌二十八日、義経もまた、後白河法皇からその親衛隊長ともいえる院御厩《いんのみまや》別当に任じられた。またもや頼朝に無断である。頼朝はシメシをつけるため、またはヤキを入れるため、自身に許可なく官位を手にしていた御家人に対し、尾張・美濃両国の境となる墨俣川以東への下向を禁じ、「下向する者は本領を没収して断罪に処す」という厳しい沙汰を下す。それを押して平家の捕虜を率い、鎌倉に向かった義経は鎌倉入りを許されず、頼朝に派遣されてきた北条時政に捕虜を渡したあとは酒匂宿《さかわのしゅく》（神奈川県小田原市）に留め置かれた。

六月九日、頼朝から「宗盛・清宗父子を連れてただちに帰洛せよ」との命が義経に下る。義経は頼朝の無情な措置に腹を立て、「鎌倉殿に不満のある者は、わしについてまいれ！」と叫んだという。

それを伝え聞いた頼朝は十三日、前年八月に伊勢国の平家残党を掃討した軍功として義経に与えた没官領二十四カ所を没収、政所初代別当大江広元と祐筆の藤原俊兼《としかね》に再配分を命じる。なお、前年から鎌倉に留置されていた平重衡も在京御家人の源頼兼(源三位頼政の次男)に引き渡されて京に向かった。

頼朝の再配分命令から二日後の十五日、忠久は、伊勢国の伊勢神宮領波出御厨《はでのみくりや》(三重県津市一志町)と近衛家領須可荘《すかの》(松阪市嬉野)の地頭職に補任された。御厨というのは神への供物である神饌《しんせん》を貢納する神社の荘園という意味。なお、地頭職への補任というのは、荘園の土地そのものを所領(領地)として与えるということではなく、荘園の管理・支配権を認めるということである。

推測ではあるが、この頃であろうか、二十三歳の忠久は、比企能員の娘(もしくは妹。通説では畠山重忠の娘通称貞嶽《ていがん》夫人)と婚約、もしくは正室として迎えたのではないかと思われる。そういった縁もあって忠久は、能員の手勢として総大将範頼の配下に加わり、山陽道諸国や九州の制圧、壇ノ浦の戦いで平家軍と戦い、その壇ノ浦の戦い後に鎌倉に戻っていた能員の推挙を受け、恩賞として両荘が与えられたのではないだろうか。だが、二十四カ所の所領を没収された仕打ちに義経は、頼朝に対する反発心を増す。

二十一日、義経が護送していた平宗盛は近江国篠原(滋賀県野洲市)で、清宗は野路(草津市)で処刑され、翌二十三日には、奈良焼亡の調本人重衡が木津川で首を刎ねられた。すでに建礼門院徳子は、我が子安徳天皇や亡くなった平家一門の菩提を弔うために落飾、寂光院(左京区)に隠棲していた。

忠久、島津荘惣地頭に任じられる

京を中心とする大地震の影響で、文治と改元された三日後の八月十七日、鎌倉殿頼朝の近衛家への強い働きかけにより、ふた月前に波出・須可両荘の地頭に任命されたばかりの惟宗忠久が、近衛家領島津荘の下司職（荘官）に任じられ、十一月十八日付でその下文《くだしぶみ》（任命書）が発給される。その後間もなく忠久は、頼朝から同荘の惣地頭職を与えられた。下司職は荘園を所有する公家の近衛家が派遣する管理官、惣地頭職は武家の頼朝が任命する荘園の地方行政官で、両職とも荘民の安堵・勧農・年貢の徴収ならびに警察権を行使しての治安維持がおもな職務である。公武両制度の両職を兼帯したことで、忠久は職務の遂行がしやすくなった。

この島津荘は万寿年間（一〇二四〜二八）、平清盛と祖先を同じくする桓武平氏の流れをくむ大宰大監《だいげん》平季基《すえもと》が弟の良宗《よしむね》とともに、日向国南部の「無主荒野の地」とされる諸県郡《もろかた》にあった島津院一帯（宮崎県都城市郡元町から三股町西部付近一帯）を開墾し、関白藤原頼通（藤原氏の全盛期を築き上げた道長の嫡男で平等院鳳凰堂の建立者）に荘園として寄進したことで成立したとされる。

季基はその後、娘婿伴《ともの》兼貞に家督を譲る（子の兼俊が長元九年〈一〇三六〉に大隅国南東部の高山《こうやま》〈鹿児島県肝付町〉に移住土着して肝付氏初代当主となる）。その一族が代々開墾を進め、頼通の曾孫藤原忠実（保元の乱で敗北して知足院に幽閉、その後死没）の時代には薩摩（鹿児島県西部）・大隅（東部）両国にまで散在しながら広がっていた。ただし、摂関家（近衛家）に引き継がれてきたものの、近衛家の家産機構を握った平清盛によって実質的に押領・支配されていた。薩隅日三カ国にまたがる島津荘の田積は、その三カ国の総田数一万五千町のうち八千余町を占めている。大隅一国の総田積を上回る、ほかに類のない巨大荘園だった。

忠久は、頼朝の信頼の厚い比企氏と縁戚関係にあったことに加え、その器量と温厚誠実な人柄と働きぶりが買われ、さらに、後鳥羽天皇・後白河法皇に直結する近衛家・九条家との結びつきを深めるためもあって、抜擢されたのではないだろうか。ほかにも理由はいくつかある。

すでに述べたように、忠久の祖父惟宗忠友が平家政権の時代に島津荘島津院の地頭だったことや忠久の養父惟宗広言の父基言が日向守に、広言の祖父孝言は日向国博士（国学の教授）に補任されていたこと、さらに、同じ一族と思われる惟宗基信が日向守に、惟宗国憲《くにのり》は薩摩守に、惟宗忠信と惟宗俊弘は大隅守に任じられていた。彼らの在任中に扶植した潜在勢力の存在が、忠久の島津荘総地頭職就任に有利に働いただけでなく、実際の荘園支配にも大いに役立つと期待されたのではないかと思われる。

なお、島津院や薩摩国山門院《やまとの》（鹿児島県出水市高野尾《たかのお》町・野田町一帯）など「院」の文字がつく地名は、租税の稲を蓄える倉庫があったことを示し、島津院には島津荘を管理する家政機関の政所（都城市）も置かれていたとされる。

島津荘内の田地は不輸不入の「一円荘」と半不輸の「寄郡《よせごおり》」からなっている。一円荘とは、一人の領主が荘園内の諸権利をすべて掌握している荘園のことで、田積は三千四百余町。寄郡は荘園（私領）と国衙領（公領）に両属しているという意味で、こちらは四千八百余町あった。また「不輸」は租税免除（不輸の権）を、「不入」は国司や在庁官人らの立ち入り禁止を意味し、いわば国家権力を排除した荘園のことである。

島津に改姓

惟宗忠久は京の武官であったが、その軍事力は脆弱で、鎌倉御家人のように、代々仕える家子・郎党といった生え抜きの武士団を有してはいなかった。そのため、島津荘の下司・惣地頭両職に任じられた忠久は、畠山重忠から支援を受け、その側近で源平合戦（治承・寿永の乱）を戦い抜いた歴戦の強者本田親恒（近常）・貞親父子や酒匂《さこう》朝景・景貞父子、鎌田政佐《まさすけ》・政重兄弟、猿渡実信ら数十人の鎌倉武士団を薩摩に派遣し、在地武士団の統制・懐柔・取り込みを図る。なお、総地頭代親恒（のちに畠山重忠のもとに戻る）以外の武士たちは、引き連れていたであろう自身の家族のみならず、従者や農民、鍛冶、大工、船大工、桶屋、紺屋、山伏らとその家族とともに薩摩国に土着、忠久の被官（家臣）として勢力の扶植に努める。

ただし島津荘内では、開発領主平季基の血を引く平姓の在地武士らが荘園支配の実権を握っていた。在地に広く深く根を張る彼らが新参小勢の東国御家人（西遷《せいせん》御家人）の支配に従うはずはない。

そのため親恒・貞親父子らは、在地武士らが牛耳る薩摩国衙の所在する国府（薩摩川内市御陵下町）までわずか三十キロ足らずの距離を南下できず、薩摩国の入口にあたる北西端の山門院に政庁（政所）となる木牟礼《きのむれ》城（出水市高野尾町江内）を築いて島津荘支配の拠点とし、また、日向国島津院政所など島津荘の諸所を統括する要地には代官を派遣するしかなかったようである（なお都城市郡元町には、忠久が館〈島津荘日向・大隈両方面を管理する新たな政庁であろうか〉を構えたとされる「祝吉御所跡《いわよし》」となら んで「島津氏発祥の地」の石碑が建立されている）。以降、戦国時代末期にいたるまで、その在地武士のみならず、新たに地頭職を得て移住土着する東国御家人との熾烈な抗争が何代にもわたって繰り返され、さらに島津惣領家（本宗家）は、分家（庶子家）との抗争にも苦しむことになる。

忠久はおそらく、武勇だけでなく都風の教養を持つ畠山重忠と意気投合し、重忠もまた、無骨な鎌倉の武士にはない有職故実の知識に恵まれているにもかかわらず、それをひけらかすことのない忠久に好感も持ち、互いに協力を惜しまない間柄だったのではないだろうか。

島津荘の惣地頭に任じられた忠久は、自身にとっての〝ニューフロンティア〟その島津荘を「本貫地（本籍地）」に定めるとともに、名字を惟宗から島津に改め「島津忠久」と名乗るようになる。「島津」という、のちに日本史に大きな足跡を残し、世界に雄飛するその一族を誕生させる大きな「決意の暁《とき》」であった。

鎌倉幕府の創始

惟宗（島津）忠久が島津荘下司職に任じられてから十日ほどのちの八月二十八日、奈良では大雨を押して東大寺盧舎那大仏の開眼供養がおこなわれた。五年前の治承四年に平重衡の南都焼討ちによって焼失した大仏の再興がようやく成ったのである。この文治改元の初めを祝う慶事は、滅亡した平家の鎮魂ならびに長い戦乱がもたらした社会秩序の回復、世の平穏への祈願が込められていた。

だが、その願いはたちまち打ち砕かれてしまう。十月十七日、鎌倉殿頼朝の放った刺客団を義経が返り討ちにしたのがきっかけとなり、再び戦乱の火の手が上がったのだ。翌十八日、後白河法皇から頼朝追討の宣旨を得た義経は、叔父の源行家とともに、畿内近国の源氏や頼朝に反感を持つ武士らに招集をかける。

それを知った頼朝は二十九日、義経と行家を討伐するため、みずから一千の兵を率いて鎌倉を出発。その途上の駿河国黄瀬川宿で逗留中の頼朝に「義経と行家は十一月三日に挙兵したが、畿内近国の武士の支持が得られず、軍兵も集まらぬため九州に落ちていった」という続報がとどく。

頼朝は鎌倉に引き返したが、同時に使者を京に派遣し、自身の怒りを後白河に伝えさせた。後白河はそれをかわそうと、義経に与えたすべての官職を解き、十一月十一日には義経・行家追討の院宣を畿内近国の国司に下す。さらに、近臣を鎌倉に差し向け、「宣旨を賜れないのなら宮中で自決すると義経に脅された。その難を避けるため奏上したが、院の叡慮（意向）に非ず」と、追討の宣旨を下した経緯を頼朝に弁明させた。しかし頼朝は「日本国第一の大天狗はそもそも誰だ」と、怒り心頭だった。

頼朝から初代「京都守護（職務は在京御家人の統制と洛中警固）」に任じられた北条時政率いる主力軍一千余騎は、二十五日に義経・行家を追って入洛。自前の軍事力を持たない朝廷を恫喝する。

弱みを握られた後白河は三日後の十一月二十八日、朝敵となった義経一味の追捕を名目とし、頼朝がすでに設置し始めていた「惣追捕使（のちの守護職）」と「地頭職」の諸国への設置とその任免権、またはその地頭が、国衙領・荘園を区別せずに（義経・行家との大規模戦に備えるための）兵糧米反別（三百坪ごとに）五升を年貢米から徴収する権利に同意させられた（文治の勅許）。

この「文治の勅許」によって頼朝の支配力がより拡大強化されたのはもちろん、朝廷と頼朝による二重支配の存在を朝廷がみずから公認したことをも意味する。「平氏政権」に替わる「源氏政権」いわゆる「鎌倉幕府」がまさしく始まったのだ。以降、天皇を頂点とする朝廷と軍事力を一手に握る武家政権の幕府が並立する、日本独特の「朝幕併存」という魔訶不思議な政治体制が紆余屈折はあるものの江戸時代最末期の大政奉還ならびに王政復古の大号令（下巻第十章・二）まで続くことになる。

頼朝、朝廷の人事に介入する

鎌倉殿頼朝は十月、戦後処理を終えた範頼を帰還させると、それと入れ替わるようにして天野遠景を九州惣追捕使（のちの鎮西奉行）」に任命し大宰府に派遣する。目的は、九州に向かった義経・行家（後述のように実際は九州に渡れていない）および平家残党の追捕、九州諸国の御家人の指揮・統制で、大宰府をもその管理下に置いた。また頼朝は、勲功のある多くの東国御家人を中国や九州各地の地頭に任じる。

京から去った義経と行家は十一月六日、九州をめざして大物浦《だいもつのうら》（兵庫県尼崎市）から船出したが、大嵐に見舞われて難破してしまう。一命をとりとめた義経はその後、弁慶や愛妾の静御前とともに天王寺（大阪市天王寺区南部と阿倍野区北部）から吉野山中（奈良県南部）へ逃亡、行家は和泉国に潜伏する。

京で後白河法皇と交渉中の京都守護北条時政は、頼朝追討の宣旨に関わり、義経に肩入れした公卿ら十二人を「天下を乱そうと謀った凶臣」として解官・追放させるとともに、後白河の専断を防ぐため、合議制の「議奏公卿」を任命させるなど、朝廷の人事に深く介入し始める。

十二月二十八日には、鎌倉寄りで頼朝追討の宣旨に終始反対していた九条兼実が内覧（天皇に奏上する文書にあらかじめ目を通して処置する、摂政・関白に準じる職）に任じられる。その後、義経を擁護したとして甥の近衛基通が摂政を解任されると、内覧就任時と同様に頼朝の推挙を受けた兼実がその後任ならびに藤氏長者に就いて朝廷の実権を握る。ただし後白河の命で、島津荘を含む藤氏長者領は基通がそのまま継承し、兼実は殿下渡領のみを継承することになった。

忠久・忠季兄弟も鎌倉に移り住む

島津忠久は文治二年（一一八六）正月八日、鎌倉殿頼朝から信濃国塩田荘（長野県上田市）の地頭に補任された。信濃守護の比企能員が、娘婿となった忠久に国府の所在する重要な荘の地頭職を与えたのではないかと思われる。三月には、京都守護が北条時政から一条能保《よしやす》（正室が頼朝の同母妹坊門姫）に交代し、能保は、かつて義経が住んでいた六条室町邸（下京区左女牛井《さめがい》町）に本営を置いた。

その頃、忠久・忠季兄弟は能保のもとで、北条時政の甥時定、土肥実平、梶原景時の弟朝景、後藤基清（坊門姫を養育した実基の養子）、比企朝宗らとともに、姿を消した義経・行家とその郎党の捜索・追討に奔走、または洛中警固に務めていたと思われる。

行家は五月十二日、和泉国近木《こぎ》郷（大阪府貝塚市）の隠れ家を北条時定に奇襲されてあっけない最期を遂げる。一方、前年十二月に捕えられ、三月に鎌倉に着いた静御前は、取り調べを受けたあと、頼朝の再三の要請を受け鶴岡八幡宮で白拍子（男装して今様を謡い舞う遊女）の舞を披露。その際に義経を慕って謡った今様に頼朝は激怒したが、政子のとりなしで事なきを得る。義経の子を懐妊していた静御前は閏七月二十九日に男児を出産したが、その男子は頼朝の命により由比ガ浜に沈められた。静御前のその後の消息はまったくわからない。また、隠れ場を失った義経は、京都守護一条能保以下の大捜索にもかかわらず、かつて庇護を受けていた藤原秀衡を頼って美濃・尾張から北陸路をたどり、奥州藤原氏の本拠奥州平泉（岩手県平泉町）へと落ちていった。

ところで、忠久・忠季兄弟が京から鎌倉に移り住んだのはいつ頃だろうか。まったくの憶測だが、おそらく忠久・忠季兄弟も加わっていたであろう義経の大捜索が終わり、洛中の騒ぎが落ち着きを見せ始めた翌文治三年（一一八七）春頃（義経が平泉に到着したのは三月五日）に、大倉御所（幕府政庁）南方の比企能員の屋敷（比企ヶ谷《やつ》・鎌倉市大町）近くに居を定めたのではないかと思われる。

義経の死と奥州合戦

奥州の覇者藤原秀衡は、源義経が逃れてきてから八カ月後の文治三年十月二十九日に平泉で病没する。秀衡は死に臨み、子息の泰衡や国衡らに対し、武略に優れた義経を総大将として仰ぎ、一致協力して頼朝の侵略に備えるよう遺言した。だが、庇護者の秀衡を失った義経の立場は危ういものだった。陸奥・出羽両国の武将すべてが秀衡のように義経を快く迎え入れ、東国のみならず西国へも支配の手を広げようとする鎌倉殿頼朝と刃を交える覚悟を持っているわけではなかったからである。

文治四年（一一八八）二月、義経が平泉に潜伏していることが発覚。それを知った頼朝は、義経追討の宣旨発給を何度も要求して泰衡に圧力をかけるとともに、奥州出兵の大規模な遠征計画を練り上げていく。

文治五年（一一八九）三月十一日、島津忠久・忠季兄弟の養父である、筑後守惟宗広言が五十八歳で世を去った。それは、名字を島津・津々見に変えた二人の将来に思いを馳せながらの死であったのではないだろうか。

閏四月三十日、頼朝の圧迫に屈した藤原泰衡（奥州藤原氏四代当主）が父秀衡の遺命を破り、衣《ころも》川館《がわのたち》（岩手県平泉町高館）に籠もる義経らを襲う。弁慶ら二十余人はことごとく討ち取られ、義経は妻の郷御前《さとごぜん》（河越重頼の娘。すでに重頼は誅殺されていた）と四歳の娘を殺害後、自害（衣川の戦い）。五年前に敗死した木曽義仲と同じ三十一歳だった。

だが義経追討は、頼朝にとって通過点でしかなかった。真の目的は、奥州藤原氏によって半独立国の様相を成していた陸奥と出羽を鎌倉幕府の体制下に組み入れ、国内全土を統一することにある。頼朝は「謀反人の義経をかくまった罪は、謀叛人以上に罪が重い」と主張、後白河法皇に泰衡追討の宣旨を要請するとともに、全国の武士に鎌倉への参陣を命じた。

頼朝は七月十九日、千葉常胤と八田知家の指揮する東海道軍、比企能員らが従える北陸道軍、みずからが率いる大手軍（先陣は畠山重忠）の三軍に分け、奥州に向けて進軍する。その数はおよそ二十数万騎という大軍勢であった。

忠久も島津荘から招集した荘官ら「武勇の輩」二百余を従えて参戦、畠山重忠の先陣に加わっていた。忠久が動員したのは、島津荘の地頭代（木牟礼城代）本田貞親や酒匂朝景らに命じて招集した、北郷《ほんごう》兼秀やその叔父兼房（討死）、縁戚筋と思われる薩摩執印氏初代惟宗康友らの武将である。惣地頭という立場からするとあまりに少ない感じもするが、これは、島津荘に勢力を張る非御家人肝付一族などが惣地頭忠久の下知に従わなかったからである。

なお、このとき貞親の父親恒も重忠の先陣に参加しているため、招集を受けて薩摩国から戻ったのであろう。

奥州平定と島津十文字

七月二十九日、白河関（福島県白河市）を越えた大手軍は北上を続け、八月十日には奥州軍を率いる藤原国衡を敗死させる。その後方に本陣を敷いていた泰衡は、大敗の知らせを受けて平泉に退却。その後平泉に火を放ち、さらに北をめざして逃亡した。鎌倉殿頼朝は十二日、多賀城の陸奥国府（多賀城市）で太平洋岸を進んできた東海道軍と合流、平泉に向かう。

平泉を占領した頼朝軍はさらに北進し、九月四日には出羽国を制圧した北陸道軍が合流。だがその二日後、比内郡贄柵《にえのさく》（秋田県大館市）に逃げ落ちていた泰衡が郎党の裏切りに遭って最期を遂げ、「奥州合戦」は終結する。陸奥・出羽両国の支配権を掌中に収めることに成功した頼朝が鎌倉に戻ったのは十月二十四日であった。

頼朝は天下の軍事権を一手に握ったのみならず、その国衙領・荘園の地頭に東国の有力御家人を送り込む（北遷《ほくせん》御家人）。京の後白河法皇はというと、頼朝からの後難を恐れて宣旨を下し、泰衡追討を追認。その宣旨の日付は頼朝が鎌倉を出立した七月十九日であった。

なお、島津家の紋章「轡《くつわ》十字」は奥州合戦に従軍しているさなかに忠久が頼朝から授かった幕紋と伝えられている。当初は丸のない筆書きの十字で、魔除けの効果があるとされていた。江戸時代に入ると家紋を丸で囲むのが一般的になり、島津家もこの風潮に倣った。ただし薩摩藩内の庶子家や支族などの各家は、嫡流である藩主に遠慮して十文字の形状を変えるようになる。

島津十文字（江戸時代以前）　島津本宗家　伊集院氏　北郷氏
樺山氏　町田氏　佐多氏（知覧氏）　喜入氏　豊州家　宮之城家

忠久、頼朝の随兵として上洛

翌文治六年（一一九〇）正月三日、後鳥羽天皇が十一歳で元服、摂政九条兼実が加冠の役を務めた。十一日には、後鳥羽に兼実の娘任子が入内。四月十一日、建久と改元。

十月十九日、後白河法皇が奈良に御幸して大仏殿の上棟式が執りおこなわれ、十一月七日には、奥州藤原氏を滅ぼした鎌倉殿頼朝が三万の東国武士を率いて上洛する。見る者を威圧するこの壮大かつ華麗な軍勢の先陣を畠山重忠、後陣を千葉常胤が務め、四十四歳になった頼朝は折烏帽子をかぶり、絹の紺青の水干に紅い衣を重ねて着け、丹《に》の袴に白い斑点のある行縢《むかばき》（袴の前面を覆う鹿皮）を履き、弓箭《ゆみや》を背に、赤皮の楚鞦《すわえしりがい》をかけ、水豹毛（アザラシの毛皮）の泥障《あおり》をつけた逸物の黒馬にまたがっていた。

島津忠久は、畠山重忠が務める先陣の随兵（三列縦隊で六十番・百八十騎で構成）が進む中の四十七番目の一人だった（忠久が二十八歳にして初めて『吾妻鏡』に「右衛門兵衛尉」として記される）。頼朝ほど豪華ではないもののほぼ同様のいでたちで、ほかの随兵と同様、甲冑姿に行縢を着けた替弓持一騎と征箭《そや》（実戦用の矢）を負った徒歩の舎人《とねり》の童《わらわ》（召使の少年）に先導されての入洛であった。

雨上がりの鴨河原には、牛車が所狭しと車輪を接しながらならんでいた。洛中ばかりでなく近隣諸国からも物見高い人々が押し寄せて沿道を埋め、流罪人から東国の支配者、日本唯一の武家の棟梁へと昇り詰めた頼朝と、公家が「東夷《あずまえびす》（東国に住む野蛮人）」と蔑み奴婢・番犬同然に扱ってきた武士たちの一挙手一投足を畏怖の目で見守っていた。

後白河は牛車の簾越しに、「ようやく坂東の大狐が来よったか」とでも言いたげに、捉えどころのない頼朝の容貌を見据えていた。一行は三条大路を西に進んで、鴨河原を南に下り夕刻にはひと足先に入洛していた大江広元や源邦業《くになり》（広元と同じく政所別当）、中原親能らが出迎える中を、焼け残った平頼盛邸（池殿）を改修して建てられた六波羅邸に入った。

二日後の十一月九日、頼朝は、木曽義仲によって焼け落ちた法住寺殿が再建されずにいるため、院御所に定められた六条殿（下京区）に参上し、後白河と二人だけで日暮れまで話し込み、退出後は閑院内裏に参内して後鳥羽に拝謁する。この日、頼朝は権大納言、十二月一日には右近衛大将に任命された。

滞京中の頼朝は、後白河からたびたび厚いもてなしを受けたが、望んでいた〝大将軍職〟はぬらりくらりとかわされて認められなかった。頼朝は九条兼実の邸を訪れ、それについて話し合った。後白河が六十四歳と老齢であることを承知している兼実と頼朝は、「ご万歳（後白河の死）の、その時期を待つ」ということで一致する。

在京中の忠久は他の御家人同様、六波羅の新邸や京の辻々の警固に忙しくしていたであろうが、近衛家や九条家などを訪ねては、惟宗一族や近衛・九条両家の家司らと旧交を温める一方で、京の政治状況の収集に務めていたと思われる。

入洛してひと月も経たない十二月三日、朝廷の組織に組み込まれることを嫌った頼朝は、右近衛大将と権大納言の両職をあっさり返上、日本の軍事を一手に握る武家政権の棟梁であることを天下に示し、十四日に鎌倉への帰途についた。

建久二年（一一九一）十二月十一日、頼朝は僧侶殺害の咎で救仁院《くにいん》の地頭平八成直《しげなお》を解任し、その日向国南端に位置する島津荘諸県郡内の救仁院九十町を忠久に与える。島津氏の最初の所領（直轄領）となる、のちの志布志郷（鹿児島県志布志市）である。

三カ月後の翌建久三年三月十三日、後白河法皇が六条殿内に建立した長講堂（持仏堂）で崩御する。天皇として三年、治天の君として二条・六条・高倉・安徳・後鳥羽の五天皇に三十四年、藤原信頼や平清盛、木曽義仲によって幽閉や院政停止に追い込まれながらもそのたびに復活し、暗愚どころか老獪な策士としての手腕を発揮、権謀術数の限りを尽くし、さらには楽しむだけ楽しんでその波乱に満ちた六十六歳の生涯を閉じた。

第二章　鎌倉幕府の隆盛と滅亡

一　薩隅日三カ国守護職

将軍頼朝の再上洛

健久三年（一一九二）七月十二日、鎌倉殿源頼朝が征夷大将軍に任じられた。後白河法皇崩御後の朝廷では、頼朝の大将軍職をめぐって四つの案が上がっていた。その四案のうち、木曽義仲が就任した「征東大将軍職」と平宗盛が任命された「惣官職」は不吉とされ「上将軍職」は日本では例がないとして除外、およそ三百七十年前の延暦二十年に蝦夷《えみし》（東北地方の先住民）征討で活躍した坂上田村麻呂を吉例として関白九条兼実が「征夷大将軍職（将軍）」に決定、後鳥羽天皇が勅許した。

十月二十二日、島津忠久は平家没官領のうち薩摩国中央部に広がる、谷山郡（鹿児島市南部一帯）、伊作郡（日置市吹上町）、日置郡（日置市の大部分・いちき串木野市・鹿児島市の一部）などの地頭に補任される。

忠久と南九州との関わりは七年前の文治元年八月、摂関家領島津荘の下司職に任じられたのが始まりで、まもなく惣地頭職にも就き、このたびの補任によってそのつながりはいっそう深まった。だが、頼朝によって間もなく驚くべき職に任命されることになる。

建久六年(一一九五)三月十二日、焼亡から十五年を経て、東大寺大仏殿の落慶供養がおこなわれた。後鳥羽天皇、皇族、関白九条兼実以下の公卿・殿上人が総出で参列、鎌倉幕府初代将軍頼朝も、御台所政子、長女大姫、嫡男頼家らと数万の将兵を率いて鎌倉から奈良にやってきた。

だが、頼朝にはもっと重要な目的があった。それは長女大姫の後鳥羽への入内である。頼朝に供奉して入洛した忠久は、その工作のため、頼朝からの贈り物を携えて近衛家や九条家を通じて関係各所間を奔走していたものと思われる。ただ、このときすでに九条兼実の娘中宮任子と権大納言土御門通親の養女在子はそれぞれ後鳥羽の子を宿しており、八月十三日、任子は昇子内親王を、また三カ月後の十一月二十五日には、在子が為仁親王(のちの土御門天皇)を産む。

忠久、薩隅日三カ国の守護となる

建久七年(一一九六)九月、将軍頼朝から若狭国遠敷郡玉置荘津々見保の地頭職に補任されていた津々見忠季(島津忠久の実弟)が、同国遠敷・三方両郡内二十五カ所の地頭に、と同時に若狭国守護職にも補任された。これを機に忠季は国名の若狭を名字とし、「若狭忠季」と名乗るようになる。

十一月二十三日、権大納言土御門通親らの画策によって中宮任子は内裏から(同時に忠久の生母宜秋門院丹後も)退去させられ、二十五日には、その父九条兼実が関白を罷免された(建久七年の政変)。翌建久八年七月十四日、頼朝の長女大姫が二十歳で病没。忠久の奔走も結局かなわなかったことになる。

しかし忠久は、十二月三日に薩摩・大隅両国の、さらにその後まもなく日向国の守護職にも補任される。忠久は、薩隅日《さつぐうにち》三カ国の御家人に対して「大犯《だいぼん》三箇条(大番催促・謀反人の逮捕・殺害人の逮捕)」

を行使できるのみならず、平時には御家人を統率し、乱時には御家人を招集する権限を握ることになった。おそらく、広大な島津荘の惣地頭としての手腕などが評価されたのだろう。忠久は十四日、薩摩国守護職として、明春から務める大番役を薩摩国の御家人二十四人に命じた。守護所はおそらく、島津荘の支配拠点としてその政庁を置いたと思われる木牟礼城に設置されたのではないだろうか。

ほぼ同じ頃、武蔵国の武藤資頼（平氏の家人だったが、一ノ谷の合戦の際に投降し、その後、頼朝の側近として重用された）が筑前・豊前・肥前三カ国と壱岐・対馬二島ならびに「鎮西西方奉行」に、相模国の大友能直（中原親能の猶子で大友氏初代当主）が豊後・筑後・肥後三カ国の守護職ならびに「鎮西東方奉行」にそれぞれ任じられた。以降、紆余曲折はあるものの、この東国出身（西遷御家人）の「九州三人衆」の血筋を引く一族が九州に下向して在地領主化していくことになる。なお武藤資頼は、朝廷から九州全域を統轄する大宰少弐にも任じられ、嫡男資能以降はその大宰少弐職を継承し、名字を「少弐」と称するようになる。

建久九年（一一九八）正月十一日、後鳥羽天皇が譲位して一宮為仁親王が土御門天皇となる。三種の神器のうち、失われた天叢雲剣（草薙剣）の代用として清涼殿の昼御座《ひのおまし》の御剣がもちいられた。また、その四歳の幼帝の摂政には、近衛基通が関白から転任する。上皇となった後鳥羽は、慣例に倣って院政を敷いたが、政務の実権は土御門の外祖父となった院別当土御門通親に握られていた。この正月三十日、忠久は頼朝の推挙と近衛基通の承認を得て、恒例の春の除目で左衛門尉（六位相当）に昇進している。

そして、翌二月二十二日の「関東御教書《みぎょうしょ》（関東下知条ともいう。将軍の意を受けて発給される文書）

案」で忠久は、初めて「島津左衛門尉」と称せられている。この頼朝が発給した文書に忠久の島津名字が使用されたことは、京の武官出身の忠久が、島津荘を本願地とする鎌倉御家人として、おおやけに認知されたことになる。

梶原景時抹殺

建久十年（一一九九）正月十三日、前年暮れに落馬して以降、臥せていた源頼朝が没し、十八歳の頼家が二代鎌倉殿となり、御台所の政子は髪を下ろして出家、尼御台と呼ばれるようになる。なお、頼朝の遺体は将軍（大倉）御所北側の自身の持仏堂（法華堂・鎌倉市西御門）に葬られた。

しかし三カ月もすると、横暴で杜撰な頼家に強大な権力が集中することを恐れた幕府重臣は、政子と諮り、四月十二に頼家が直接訴訟を聴断する独裁的な親裁を停止、北条時政・義時父子、大江広元、三好康信、中原親能、三浦義澄、八田知家、和田義盛、比企能員、安達盛長、足立遠元、梶原景時、二階堂行政の十三人による「合議制」によって訴訟を裁決する旨を頼家に申し渡した。

また十月二十八日には、鶴岡八幡宮に参集した三浦義澄・義村父子、畠山重忠、和田義盛、比企能員、安達盛長、結城朝光ら御家人六十六人が、梶原景時を訴える連署状に署名。若狭忠季もそこに加わっていたが、兄の忠久は留守だったのであろうか、それともなんらかの事情（他者を弾劾・貶めることが性に合わないなど）があったのか、また、なぜか北条時政・義時父子の名も連署状にはない。

その直接の原因は、景時が結城朝光に「謀反の心がある」と頼家に讒言したことにある。侍所所司として景時は、御家人の行動を監視し、その勤務評定や取り締まりもおこなっていたため、御家人たちにとっては煙たい存在であった。また、頼家の乳父として権勢を誇る態度も恨みと嫉みを買っていた。頼家を廃し実朝の将軍擁立を謀る時政が背後で画策し、御家人の景時に対するそうした心情に火をつけたのである。

しかし、頼朝・頼家に揺るぎなき忠誠心を持ち、京の公家の間でも「幕府第一の郎党」と信じられている御家人の中の御家人景時を罪科に問うのは尋常ではない。連署状を突きつけられた大江広元が困り果てた末にそれを頼家に見せたのは半月ほど経ち、和田義盛に脅されてからである。頼家から連署状を示された景時は、弁明も陳謝もせず、一族を引き連れ本領の相模国一之宮（神奈川県寒川町）に引き籠もった。だが、十二月十八日に鎌倉追放処分が下される。

その景時は翌正治二年（一二〇〇）正月二十日、子息らとともに一宮を密かに離れたが、これが謀反を起こすため京に向かったとみなされ、駿河国清見関（静岡市清水区）で、時政の密命を帯びた御家人らの襲撃を受けて一族は滅亡した（梶原景時の変）。北条一族による有力御家人の排除・粛清の始まりである。

後鳥羽上皇、自前の軍事力を強化する

島津忠久は二月二十六日、実弟の若狭忠季や大江広元、和田義盛、比企能員・宗員父子らとともに、源頼朝の喪が明けて最初の、鎌倉殿頼家による鶴岡八幡宮の参詣に御後衆二十人の中の一人として供奉している。

建仁二年（一二〇二）七月二十二日、二十歳の頼家が征夷大将軍に任じられた。三カ月後の十月二

十一日、朝廷の権力者土御門通親が急死する。ようやく政務の実権を握ることができた後鳥羽天皇は、大規模な叙位・除目をおこなって通親派を一掃する。それまで退けられていた九条一門をはじめ、陽の当たらなかった公卿らを復帰させ、公武融和を図って幕府との協調路線を採るようになった。だがそれは、幕府を朝廷の翼下に置こうとする野心へと変貌していく。

その一方で、後鳥羽は自己の軍事力増強を図る。院政を始めた白河法皇（後白河の曽祖父）が創設した北面の武士に加え、畿内近国の武士や在京御家人らを核とする西面の武士、いわば「治天の君の直属軍」を創設したのだ。これにより後鳥羽は、延暦寺などの僧兵が京の内外で巻き起こす強訴や騒擾狼藉に対し、容赦のない攻撃を加えるようになる。

なお、頼家が征夷大将軍に任じられたこの建仁二年、月日不明だが、忠久と正室（比企能員の娘）との間に嫡男忠時が生まれている。忠久は四十歳、待ち焦がれていた跡継ぎだったにちがいない。喜びに浸る忠久だったが、梶原景時を葬った北条時政の次の排除・粛清のターゲットが、義父の比企能員であることなど知る由もなかったであろう。

比企一族の滅亡

翌建仁三年（一二〇三）、御家人としてそれまで順調に身を処してきた島津忠久に暗雲が覆い始める。将軍頼家の実弟実朝を次期将軍に据えて幕府の実権を握ろうと謀る北条時政と、頼家の嫡男一幡《いちまん》（生母は比企能員の娘若狭局）を擁する比企一族との確執が表面化するのである。

後ろ盾の梶原景時を殺された頼家は六月二十三日、亡父頼朝の異母弟阿野全成に謀反の嫌疑をかけて殺し、七月十六日にはその三男頼全を殺害する。全成の正室は時政の娘阿波局（政子の異母妹）で、実朝の乳母でもあった。つまり、頼家による景時の敵討ち、時政への報復である。ところが、その後しばらくして頼家が突然発病、八月末には危篤に陥る。頼家は、娘婿の全成を葬られた報復として時政に毒を盛られた可能性がある。目には目を歯には歯をである。

そうしたなか、将軍権力の代行者となった尼御台政子は、父時政や同母弟義時、比企能員ら親族を集め、頼家の家督を二分して、六歳の一幡に「東国二十八カ国の地頭職」と「日本国惣守護職」を、十二歳の実朝には「西国三十八カ国の地頭職」を譲ることを決める。一幡の後ろ盾である比企一族に幕府を牛耳られるのを北条一族が恐れたからだ。

だが比企能員は、「実朝を擁する北条が、いずれ一幡から家督を奪うための一時の方便ではないか」と疑い、その決定に反発した。

時政は、頼家の病気平癒を願う薬師如来像の供養を名目とし、九月二日に名越《なごえ》（鎌倉市材木座）の自邸に能員を呼び寄せて殺害。能員の死を知った比企一族は、一幡の比企ヶ谷《やつ》の小御所に立て籠もった。これを謀反とみなした政子は比企討伐を宣言、鎌倉在住の御家人に襲撃させる。頼家の嫡男一幡やその母で頼家の正室若狭局、能員の嫡男余一郎、次男宗員、三男時員《ときかず》、さらに娘婿や能員の猶子らは討ち取られるか、もしくは自刃して果てた（比企能員の変。比企尼の生死は不明だがすでに死没していたのかもしれない）。ただ、一幡の弟妹の公暁・栄実・禅暁・竹御所鞠子《まりこ》は生き残り、のちに公暁は出家して園城寺に、栄実は尾張中務丞《なかつかさのじょう》に養育され、禅暁は出家して仁和寺に、竹御所鞠子は政子の庇護下に置かれる。比企能員の変決着と同時に政子や時政らは、将軍頼家が病死したとして実朝の将軍就任を要請するための使者を上洛させた。

ところが九月五日、時政らの思惑とは裏腹に頼家が回復してしまったのである。跡継ぎや妻を殺された頼家は激怒、時政追討を命じたが従う者はいなかった。九月七日、幕府の使者が京に到着し、朝廷から実朝に征夷大将軍職が宣下され、かたや後ろ盾をすべて失った頼家は出家させられたうえで修禅寺（静岡県伊豆市修善寺）に蟄居させられた。

鎌倉を離れていたのが幸いした忠久

比企能員の変が起きた九月、島津忠久は鎌倉を離れていた。笛の材料となる竹を朝廷に貢納する大隅国台明寺《だいみょうじ》（鹿児島県霧島市国分台明寺）の僧侶と竹の召物使（取立人）との間に起こった紛争を解決せよとの朝命を受け、守護として大隅国におもむいていたからである。おそらく初入国だったと思われる忠久は、木牟礼城代の本多貞親や酒匂朝景らを率い、祝吉御所を訪れた可能性もある。

任務を終え帰洛しようとしていた矢先のおそらく十月初旬、忠久は比企一族の滅亡を知らされたにちがいない。と同時に、薩隅日三カ国守護職と島津荘惣地頭職も解任（九月四日付）されて京都警固を命じられた。これは、忠久が比企能員の娘を正室にしていたことによる縁座（親族としての連帯責任）によるものである。そして、忠久の権益すべてが北条時政（十月九日に大江広元とならんで政所別当に、そして幕府初代執権《しっけん》〈将軍を補佐し政務を統轄する最高職〉に就任）の手に移り、以降、北条一族に継承されていく。

悲報に接した忠久の脳裏をよぎったのは鎌倉にいる妻子の安否ではなかろうか。遠く離れた地にいる忠久には、妻と二歳の嫡男忠時の無事を願うことしかできなかった。忠時は、忠久の実弟若狭忠季に引き取られたと推察できるが、妻は戦闘に巻き込まれて落命したようである。

しかし、鎌倉を不在にしていたのは忠久自身にとって不幸中の幸いだったのかもしれない。鎌倉にいれば、時政の差し向けた軍勢と戦わねばならず、殺されるか自決に追い込まれていたにちがいないからだ。忠久は十月十九日、台明寺に「無事に上洛できたならば、次に当地に来た際に三間四面の台明寺本堂を造立する」という願文を納めた。生命の危機（誅殺や暗殺）を感じていた忠久は、神仏に頼るしかなかったのであろう。

大隅国から京に着いた忠久は、京都守護のもとで勤仕していたと思われる。このときの京都守護は任命されたばかりの平賀朝雅《ともまさ》である。朝雅の母は比企尼の三女（前年の建仁二年に逝去）だが、時政の娘（生母は時政の継室牧の方）を正室としているため、比企一族討滅に参加していた。後ろ盾の比企能員や妻を失い、仇敵に仕えねばならぬ忠久の心中は複雑だったはずだ。

十二月二十二日には、若狭忠季が忠久の連座を受け（もしくは兄忠久の嫡男忠時の身柄の引き渡しを命を張って拒んだか）、若狭国守護職を始め諸地頭職を没収されている。

畠山重忠の自害と一族の滅亡

翌元久元年（一二〇四）七月十八日、伊豆修禅寺に幽閉されていた前将軍源頼家が暗殺された。下手人はわからない。だが、幼い将軍実朝を補佐し、幕政を握る執権時政と義時父子にとって、反北条勢力の旗頭となりかねない頼家は邪魔な存在であることから推しはかれば、時政と義時の放った刺客によって葬られたと考えるのが自然である。

ただし、頼家がいかに不肖の息子とはいえ、尼御台政子が事前にその計画を知っていたとすれば許すはずはない。そこで二人は、政子に気づかれぬよう巧妙に仕組んで実行し、また「頼家は実朝暗殺を謀っていた」というような釈明や偽の証拠も事前に用意していたにちがいない。そうしたことは謀略に富む時政にとって朝飯前なのだ。

それからひと月ほどのちの八月二十九日、若狭忠季は、前年暮れに没収された若狭国遠敷《おにゅう》・三方両郡内の今富荘・国富荘・前河荘など十六カ所の地頭職に復任する。理由はわからない。比企氏との関係が忠久ほど濃くはなかったからなのか、それともなんらかの功績、たとえば頼家暗殺の片棒をかついでいたのでもあろうか。

十二月末、後鳥羽上皇の叔父で前権大納言坊門信清の娘信子（十三歳）が、同じ歳の実朝の御台所となる。信子の姉坊門局は女房として後鳥羽との間に三人の子女（のちの道助入道親王・冷泉宮頼仁親王・嘉陽門院礼子《れいし》）をもうけていた。そのためこの婚姻によって実朝は後鳥羽と相婿の関係になる。信子の輿入れにあたり、京都守護平賀朝雅は朝廷や坊門家との交渉役を務めていたが、島津忠久もまた、在京御家人とともに朝廷や公家のあいだを奔走、その準備に追われていたと思われる。

元久二年（一二〇五）六月二十二日、忠久の盟友で「鎌倉御家人の鑑」と称えられていた畠山重忠が「謀反の心あり」という讒言の犠牲となる。時政から「鎌倉へ参上せよ」の命を受けた重忠の一行わずか百余騎を、武蔵国二俣川（横浜市旭区）で北条義時・和田義盛率いる数万騎の軍勢が襲ったのである。重忠は奮戦むなしく最期は自害、また、島津荘の総地頭代を務めたことのある本田親恒以下の郎党も一人残らず血祭りに上げられた。

忠久、薩摩国守護職に復帰

梶原景時に次いで比企能員、畠山重忠も亡き者とした執権時政は増長し、娘婿の京都守護平賀朝雅を新将軍に擁立するべく、あろことか実朝の暗殺をくわだてる。さすがに、それを知った尼御台政子は閏七月十九日、義時と諮り、父時政の執権職を取り上げて出家させ、継室の牧の方とともに伊豆の本領北条（静岡県伊豆の国市）に幽閉する。二代執権職と北条家の惣領には義時が就任したが、それから間もなく、義時の命を受けた在京御家人によって朝雅は誅殺された。

十月十日、朝雅亡きあとの京都守護として中原季時が上洛。季時の祖父広季（中原親能《ちかよし》と大江広元の養父）は藤原摂関家の家司を務め、季時の父親能も、近衛家や九条家などの公卿と親交が深かったため、島津忠久と季時は早くからの知り合いだったと思われる。

新たな京都守護季時のもとで忠久は同情・優遇されたであろう。また、比企能員の変を主導した父時政を排除した義時が執権に就いたことや、さらには比企尼の娘丹後内侍を生母とする安達景盛（丹後内侍を正室とする父長盛は五年前の正治二年四月に没）が縁座を受けていなかったこともあってであろうか、日付はわからないが忠久は縁座を解かれ、北条時政が守護を務めていた薩摩守護に復任する。季時が鎌倉からその守護職補任状を携えてきたのかもしれない。

忠久が薩摩守護を回復したこの元久二年、月日不明ながら忠久に次男忠綱が生まれている。のちの「越前家」の始祖である。生母は、通説では畠山重忠の娘で通称貞巌《ていがん》夫人とされている。だとすれば、忠久とは親子ほど歳の離れたうら若き継室ということになる。それに、なんといっても盟友重忠の忘れ形見である。忠久は愛おしむように愛したにちがいない。

だが、謀反人として誅殺された重忠の娘が継室だったとすれば、二年前の比企能員の変のときと同様、忠久は縁座を負わされ幕府から相当な咎めを受けたはずだが、そうした様子はない。重忠がもともと無実だったことや、重忠を陥れた時政が隠退させられたことで、うやむやにされたのかもしれない。いずれにしても忠久は、それほど遠くない時期に妻子をともなって鎌倉に帰参し、嫡男忠時と再会したであろう。重ねがさねめでたい。

承元四年（一二一〇）十一月二十五日、後鳥羽上皇は土御門天皇を譲位させて、三宮守成《もりなり》親王（土御門の異母弟）が践祚し順徳天皇となる。このときは神剣の代用として伊勢神宮から献上された剣がもちいられた。翌十二月二十九日には、故九条良経（九条家二代当主・四年前の元久三年三月七日没）の娘立子《たつこ》（生母は一条能保の娘）が順徳に入内し、翌承元五年正月に中宮となる。

島津荘薩摩方惣地頭に復任する

建暦三年（一二一三）二月二日、島津忠久は、執権義時に推挙され三代将軍実朝の学問所番十八人の一人となる。学問所番は義時の嫡男泰時や安達景盛、結城朝光ら「博学多芸」いわば文武両道に傑出した近臣で、実朝がふだんから慣れ親しんでいる側近から選ばれた。六人ずつ三番に分かれ、当番の日に将軍御所内の学問所で和漢の故事などを実朝に語り聞かせるのである。

ところが鎌倉がのどかな日々の中にあった二月十五日、信濃国で幕府に対する謀反が発覚、義時はそれに関わった二百人を捕縛し流罪に処す。さらに義時は、この混乱を利用し、侍所別当として長年威勢を張ってきた和田義盛とその一族の排除に乗り出す。

和田一族に謀反を起こさせるために義時は、義盛の甥胤長《たねなが》を謀反の首謀者として捕え、陸奥国への配流に処し、没収した胤長の屋敷や所領も一時は義盛に与えたが、ひと月もしないうちに再没収して挑発する。これによって義盛の面目は失墜し、和田一族の怒りが沸騰する。

五月二日、執権義時を排撃しようと、将軍御所西方の義盛の屋敷（鎌倉市雪ノ下）に兵が集結。ところが土壇場で、義盛に協力していた同族の三浦義村・胤義兄弟が義盛を裏切り、和田一族の挙兵を義時に密告してしまうのだ。それを知った義盛は急遽、手勢百五十騎のみを率いて将軍御所に火を放ちながら討ち入った。だが、将軍御所の危急を知って駆けつけた三浦義村らによって由比ガ浜への退却を余儀なくされてしまう。

翌三日午前四時、和田勢、幕府勢ともに援軍が加わり、若宮大路を中心に激戦が繰り広げられたが、和田義盛は憤死。その日の夕方には一族全員が討死するか自刃した（和田合戦）。尼御台政子と実朝、その御台所信子は、御所が焼け落ちる前に逃れていて無事だった。

実朝の学問所番忠久と近習の若狭忠季は、義時や大江広元らとともに実朝を守り、和田勢との戦いにも功績を上げたと思われる。その証拠に、和田合戦における恩賞が決定した五月七日、忠久は甲斐国都留《つる》郡波加利《はかりの》新荘（山梨県大月市初狩町）の地頭職を与えられ、七月十日には、島津荘薩摩方惣地頭職にも復任している。すでに薩摩国守護職には復帰していたから、忠久は再び薩摩国全体の支配権をより強化したことになる。

ただし、島津荘の大隅方と日向方の惣地頭職、また大隅・日向両国の守護職は北条氏が世襲し、島津氏が島津荘全域と三カ国守護職を回復するのは、北条氏の滅亡により鎌倉幕府が崩壊する百二十年後まで待たねばならない。

忠久は翌建保二年（一二一四）七月二十七日、将軍実朝が大慈寺（鎌倉市十二所）の落慶供養に臨席した際、執権義時や泰時（義時の嫡男）、時房（義時の異母弟）らの北条一族や大江広元らの有力御家人とともに供奉し、実弟の若狭忠季は武装した随兵の一人として加わった。大慈寺は、将軍実朝が父頼朝と後鳥羽上皇の恩に報い、その徳に感謝するために建立された大寺院である。建保三年四月一日、鶴岡八幡宮に実朝がお忍びで参宮した際、近臣中の近臣ともいえる忠季と宮内公氏だけが供をしている。建保四年七月、相模川の河口でおこなわれた天台密教の祈禱儀式に実朝が臨んだ折に、忠久は総勢一万余騎の先陣を務めている。

建保六年正月十三日、実朝は権大納言に、さらに三月六日には武官の最高位である左近衛大将を拝任。六月二十七日、忠久・忠季兄弟は実朝がその任官拝賀のために鶴岡八幡宮に参詣した際も供奉している。この頃の忠久や忠季をはじめ島津一族は平穏な鎌倉でつつがなく過ごしていたようである。その一方で、あまりにも早い昇進を憂える執権義時と大江広元の諫めにもかかわらず、実朝は十月九日に内大臣を、十二月二日には右大臣を拝命する。

二　後鳥羽上皇と幕府の対立

将軍実朝斬殺

建保七年（一二一九）正月二十七日午後六時、右大臣就任拝賀のため、将軍実朝が鶴岡八幡宮に参詣する。京から東下してきた権大納言坊門忠信（実朝の御台所信子の兄）をはじめ権中納言西園寺実氏、源頼茂《よりもち》（源三位頼政の次男頼兼の長男）、一条実雅（能保の三男）、実朝の教育係源仲章《なかあきら》らとともに、若狭忠季がこの行列の中の一人として加わっている。辺りは六十センチほどの雪で覆われていたが、鶴岡八幡宮の周囲には武装した軍兵が警固のために張り付いていた。

幕府を震撼させる大事件が起こったのはその夜のことである。式典を終えて本殿の石段を下りてきた将軍実朝が、亡き兄頼家の次男で自身の猶子でもある公暁に斬り殺されたのだ。享年二十八。同時に源仲章も斬り殺された。公暁は二年前の建保五年六月、政子の意向によって園城寺から鎌倉に呼び戻され、鶴岡八幡宮の別当に就任していた。

公暁は実朝の首を引っ下げて鶴岡八幡宮の東側にある乳父の三浦義村の屋敷に向かったが、義村の家人によってその日のうちに討ち取られてしまう。十九歳であった。実朝を斬りつけたときに公暁は「親の仇敵は、かく取るぞ」と叫んだというが、それは忠季らにも聞こえていたであろう。

それにしても、将軍実朝暗殺の背景にはいったい何があったのか。公暁ひとりの考えなのか、「父頼家の仇敵実朝を討ち取れば将軍になれる」と、どこかの黒幕に吹き込まれでもしたのか。

その黒幕は将軍実朝を廃し、頼朝直系の血脈を断って北条執権体制を確立しようとたくらむ、権謀術数に長けた執権義時なのか、その義時に替わって幕府の実権を握ろうとする三浦義村か。それとも二人の共同謀議だったのか。

あるいはまた、公武融和という名の、後鳥羽上皇による幕府支配に反発心を抱く御家人たちが、武家の棟梁であるにもかかわらず後鳥羽に忠節を尽くす将軍実朝、双方の間を取り持つ源仲章に不快の念を抱いてのことか。真相ははっきりしないが（おそらく御家人の暗黙の総意であろう）、陰謀の醜悪な臭いが漂っていることだけは間違いない。

いずれにせよ、将軍実朝の死によって頼朝の血を引く源氏将軍はわずか三代、二十七年で潰《つい》えることになった。また、実朝を通して武家を膝下に収め、そのうえに断固とした王権を樹立しようとしていた後鳥羽の夢が崩れ去ったことも確かである。と同時に、幕政を主導する執権義時と御家人に対する後鳥羽の反感と憎悪に火がついた。

根絶やしにされる源頼朝の血脈

亡き将軍実朝の葬儀は翌日の正月二十八日に勝長寿院でおこなわれ、実朝の御台所信子は落飾して本覚尼と称する。また、大江広元の長男親広や中原季時（親能の子）、安達景盛、二階堂行村（行政の子）ら実朝側近百余人も出家。そのため将軍御所はつるつるの坊主頭で溢れ、寺院と見まがうほどの景観を成す。島津忠久は実朝の学問所番の一人で若狭忠季も実朝の近習だった。二人は真っ先にスキンヘッドになったはずである。

幕政は尼御台政子が将軍職を代行し、執権義時がその補佐を務めることになった。幕府の最高指導者「尼将軍」の誕生である。

息子と孫を同時に喪った政子ではあったが、将軍後嗣として、後鳥羽上皇の四宮で順徳天皇の同母弟六条宮雅成親王か、同じく五宮で本覚尼の姉坊門局が産んだ冷泉宮頼仁親王のどちらかをと考えていた。二月十三日、新たな将軍後継を鎌倉に迎えるべく、宿老御家人が連署した上奏文を携えた政所執事二階堂行光（行村の弟）が上洛の途につき、十四日には、京の治安維持ならびに後鳥羽とその近臣の監視にあたらせるため、伊賀光季《みつすえ》（義時の継室伊賀方の兄）を京都守護として派遣する。

ところが翌十五日、阿野時元（将軍頼家に謀反の疑いで十六年前の建仁三年に誅殺された全成の四男であり、それに関連して誅殺された頼全は庶兄にあたる。また、生母が北条時政の娘阿波局〈政子の同母妹〉であるため時政の孫でもある）が将軍職を狙って城郭を構え、蜂起の準備をしていることが発覚。だが、七日後の二十二日、政子の命を受けた侍所所司金窪行親の奇襲を受けて敗北、自害した。

事件の背後に後鳥羽の影を感じた義時は十九日、伊賀光季に続いて大江親広をも京都守護として派遣し、後鳥羽周辺の監視と洛中の警固を強化する。

さらに義時は、将軍職の継承を狙う策動を封ずるため、頼朝の嫡流に連なる血縁者の一掃を謀る。園城寺にいた頼家の三男栄実《えいじつ》を自害に追い込み（承久元年〈一二一九〉十月六日）、仁和寺で修業中だった四男禅暁を京の東山で誅殺する（承久二年四月十四日）。残るのは出家した頼朝の三男貞暁のみとなったが、その貞暁は一年前の建保六年二月、高野山を訪ねた政子の前で、左目を抉り取って将軍職への野心のないことを証し、のちにその政子が帰依するため殺されることはなかった（ただし貞暁は、寛喜三年〈一二三一年〉二月に死没するため頼朝の男系男子は断絶する）。

忠久は頼朝の御落胤か？

「頼朝の男系男子」といえば、島津忠久にも「源頼朝落胤説」なるものがある。

その一つが、忠久は治承三年（一一七九）に頼朝と丹後内侍（比企尼の長女）との間に生まれたという説だ（これに従うと、寿永元年〈一一八二〉生まれの二代将軍頼家より三歳年長の異母兄となる）。身籠った丹後内侍は、政子の嫉妬を恐れて鎌倉から逃げ、摂津国住吉大社（大阪市住吉区）で雨の夜更けに狐火に守られながら男児を出産したという。

そのとき参詣に来ていた関白近衛基通が二人を連れて帰洛。三郎と名づけられたその子は近衛家の庇護を受け、丹後内侍はその家司惟宗広言に嫁いだ。広言の前室は畠山重忠の妹だったが、若くして没したため丹後内侍はその継室となり、三郎は広言の養子となった。頼朝は元暦元年（一一八五）、七歳になった三郎を鶴岡八幡宮に召し、畠山重忠を烏帽子親として元服させ、左衛門尉に任じ、伊勢国波出御厨および須可荘の地頭職に補任したというのである。このとき重忠の名前から「忠」の一字を受け、忠久と名乗ったとされる。

室町時代に成立した『酒匂安国寺申状』と『山田聖栄《しょうえい》自記』によって流布し、徳川時代末期の島津重豪《しげひで》（本宗家二十五代当主ならびに薩摩藩八代藩主）が完成させた『島津氏正統系図』や『島津国史』に記されているこの話が事実ならば、三代将軍実朝の死後すぐに、庶子とはいえ頼朝直系の男子として忠久が次期将軍に擁立されてもおかしくはない。もしくは、栄実や禅暁のように、将軍職継承の策動を封ずるため執権義時に討たれるか、自害に追い込まれるか、貞暁のごとく片目を抉り取らなければ命はなかったとしても不思議ではなかろう。ただ、そうした事実はなかったことから察すると、江戸時代に薩摩藩の公式見解（島津家の家伝）として藩主以下藩士領民までが信じ込み、そのバックボーンとなっていたからとはいえ源頼朝落胤説はやはり信憑性が薄い、無いと言わざるを得ない。

新将軍の選定をめぐる幕府と後鳥羽の対立

建保七年（一二一九）三月八日、将軍実朝の暗殺からふた月以上（閏二月があるため）、この間さまざまな策をめぐらせていた後鳥羽上皇は、ようやく内蔵頭《くらのかみ》藤原忠綱を弔問に遣わした。と同時に、朝廷に対する幕府のスタンスを探るため、「近い将来親王を次期将軍として鎌倉に送る見返りとして、寵姫伊賀局に与えた摂津国長江・倉橋両荘（大阪府豊中市）の地頭を罷免せよ」という宣旨を幕府に突きつける。

執権義時と侍所別当泰時、政所別当時房、宿老大江広元は尼将軍政子と評議し、「故将軍頼朝以来、御家人に与えた地頭職は、大罪を犯さぬ限り召し上げることはない」という大原則を盾に取り、後鳥羽の院宣を拒否。たしかに、源平合戦や奥州合戦で子や父、兄弟を討たれ、郎党を失いながらも今日の幕府を築いた御家人に恩賞として与えた地頭職を、何の落ち度もないのに罷免するなどできるはずがない。しかも、倉橋荘の地頭職は執権義時その人でもあったのである。

三月末、「親王将軍（皇族将軍・宮将軍）」下向の再要請と地頭職罷免に対する幕府の答使として、政所別当時房が一千騎を率いて入洛。これが血の気の多い後鳥羽の神経を逆なでにする。院宣をあっさり拒否されたうえに、武力による威嚇まで受けた後鳥羽は、執権義時誅伐の意思を固める。と同時に「頼朝の正嫡が絶えたからには幕府の求心力も弱まるはず」と考え、幕府内部からの自壊を誘発しようとさらなる揺さぶりをかける。四月十二日、承久と改元。

親王将軍の下向をという幕府からの再要請を、「将来この日本国を二分する原因になる」として後鳥羽は拒否する。その心底には、「汚れきった武士の巣窟幕府に人質として差し出すようなもの」「新将軍に反対する御家人らに殺害される恐れもある」との思いがあったにちがいない。

そこで政子は親王将軍をあきらめ、左大臣九条道家（九条家三代当主）の三男三寅《みとら》を次期将軍に決める。これがのちの「摂家将軍」である。頼朝の同母妹坊門姫は一条能保の正室となって二人の娘を産んだ。一人は親幕派の巨頭九条兼実の次男良経（兄良通の早世にともない九条家二代当主となる）に嫁いで道家を産み、もう一人は同じ親幕派の西園寺公経《きんつね》（将軍実朝が斬殺された際にその現場に居合わせた実氏の父。西園寺家四代当主）の妻となって掄子《りんし》を産んだ。その道家と掄子が従兄妹どうしで結婚、生まれたのが三寅である。

御家人の中で摂関家ともっとも縁の深い島津忠久は、このとき時房に付き従い上洛していた。九条家や西園寺家、幕府（京都守護）との連絡・調整のために奔走する一方で、後鳥羽の思惑や策謀に長けたその近臣らの動向にも注意を払わねばならず、さんざん苦労したと思われる。

三寅の東下

尼将軍政子や執権義時の周到な計算と駆け引きの前に、後鳥羽上皇はわずか二歳の九条三寅の東下を容認せざるを得なくなる。しかもこの間、後鳥羽が密かに期待していた幕府の自壊は、その気配すらなかった。義時によるみごとなまでの統制力が発揮されていたからである。

奈良の藤原氏の氏社春日社に参詣を終えた三寅は六月二十五日、補佐役の一条実雅（能保の子）らとともに鎌倉へ向けて出立、七月十九日に到着する。後陣随兵として供奉していた島津忠久は鎌倉に着いたとき、骨の折れる大仕事を無事に終えたことで胸をなで下ろしたであろう。

一方、後鳥羽とその近臣、北面・西面の武士たちの幕府に対する反感と憎悪は日増しに強まり、執権義時誅伐の空気が漲《みなぎ》り始める。といっても、この頃はまだ気配や噂の域にとどまっており、幕府もその証拠をつかめずにいた。ところが、三寅が東下しているさなか、内裏守護の源頼茂が後鳥羽による鎌倉調伏、おそらく執権義時を呪い殺すための祈願文に気づいたのである。

三寅が鎌倉に到着する六日前の七月十三日、後鳥羽の命を受けた西面の武士がその口を封じようと頼茂を攻撃。頼茂は内裏中央の仁寿殿《じじゅうでん》に籠もって奮戦したものの、みずから腹を掻き切って果てた。

後鳥羽は「頼茂が将軍になろうと謀反を起こしたので勅命によって追討した」と幕府に言いつくろった。もちろん、そんな見え透いた弁明を幕府が信じるはずはない。だが、三寅を迎えたこともあり、事を荒立てることはしなかった。

翌承久二年（一二二〇）、若狭忠季は若狭国遠敷郡内の太良荘《たらのしょう》・瓜生荘《うりゅうのしょう》など九カ所の地頭職と、おそらく若狭国守護職にも復任、十七年ぶりに同国における勢威を取り戻したようである。

大乱前夜

源頼茂が殺されてから一年ほどは、京、鎌倉ともに穏やかであった。しかし、承久三年（一二二一）に入ると、後鳥羽上皇の院御所高陽院《かやのいん》（中京区）や寺社などで鎌倉調伏の祈禱が相次ぐなど、重苦しい空気に包まれた洛中の人々は落ち着きを失い始める。

後鳥羽は、有力御家人とその一族を相次いで滅ぼしたうえに、源頼朝の嫡流を根絶やしにし、それに取って代わった北条一族に反感を抱いている御家人が思いのほか多いことを知る。後鳥羽が「執権義時を討って北条一族を排除すれば幕府を掌中に収めることができる」と考えるようになるのは、当然の流れであった。

後鳥羽の命により、近臣の藤原光親、一条信能《のぶよし》（実雅の異母兄）、坊門忠信、高倉範茂《のりもち》、僧尊長《そんちょう》（信能の異母弟）、対幕府強硬派の北面の武士藤原秀康らが中心となって義時追討の挙兵計画を練り上げる。四月二十日、順徳天皇が四歳の三宮懐成《かねなり》親王に譲位して上皇となったのも、身軽になって父の後鳥羽を補佐するためである。と同時に、後鳥羽の挙兵に終始反対していた近衛家実（基通の嫡男。近衛家三代当主）は関白を罷免され、新天皇の外戚九条道家（三寅の父。姉の立子は順徳の中宮で懐成の生母）が摂政となる。

島津忠久は五月八日、信濃国太田荘（長野市）の地頭に、十三日には、九条家領の越前国足羽《あすわ》郡東郷荘（福井市東郷二ケ町）の地頭に補任された。後鳥羽との衝突は不可避として、軍費調達の意味もあるのだろうか。または、太田荘は近衛家領であるため、後鳥羽に没官されるのを恐れた近衛家実が、幕府に働きかけて忠久を現地の責任者として配したのかもしれない。

尼将軍政子、御家人たちを前に一席ぶつ

京では五月十五日、藤原秀康らに率いられたおよそ一千騎が、不穏な空気を察して後鳥羽上皇の招きを拒み続ける、京都守護伊賀光季とその嫡男光綱が立て籠もる宿館（下京区）を襲って二人を自害させ、配下の武士およそ三十人も討ち取った。のちに「承久の乱」と呼ばれる兵乱の幕開けである。

幸先の良いこの勝利の直後、後鳥羽は執権義時追討の宣旨・院宣を五畿七道の御家人宛に下す。さらに、鎌倉在住の有力御家人を自陣に引き入れて幕府の分裂を図るべく、藤原秀康の所従（下人）押松に各御家人に宛てた院宣を持たせ、密かに鎌倉に遣わした。

五月十九日、京都守護伊賀光季（自害直前に託したのであろう）の飛脚に続き、後鳥羽に幽閉された西園寺公経（三寅の外祖父）の家司三善長衡《ながひら》が発した飛脚が鎌倉に到着し、後鳥羽の挙兵と密使の潜入を知った幕府は、ただちに鎌倉中を捜索。鎌倉を南北に流れる滑川の東側葛西ケ谷《やつ》で押松を召し取り、所持していた義時追討の院宣と添状、上皇方に加わった御家人の交名《こうみょう》注進状（名簿）を没収する。

政子のもとに急遽参集した執権義時、政所別当時房、侍所別当泰時、宿老大江広元、筆頭御家人足利義氏（義兼の嫡男。正室が北条泰時の娘。足利氏三代当主）らの前でそれらが公開された。その交名注進状には、幕府の重鎮三浦義村の同母弟胤義をはじめ、流人時代から頼朝に仕えていた佐々木四兄弟の一人経高やその甥の広綱、または幕府から守護に任命された大内惟信（京で誅殺された平賀朝賀の甥）・後藤基清（坊門姫〈一条能保の正室〉を養育した実基の養子）らの名も書かれていた。京都守護伊賀光季は後鳥羽に逆らって殺されたが、もう一人の京都守護大江親広までもが寝返ったことが判明。すでに、幕府が一刻の猶予も許されない危機的状況下にあることを思い知らされる。

尼将軍政子は参集した御家人を前に、宿老安達景盛を介して次のように語りかけた。

「皆心を一つにし奉るべし。これが最後の言葉なり。故右大将（頼朝）が朝敵（木曽義仲や平家）を征罰《せいばつ》し、関東（鎌倉幕府）を草創してより以降、官位と云い、俸禄（地頭職）と云い、その恩義は山岳よりも高く、溟渤《めいぼつ》（大海）よりも深し。その志が浅いはずはなかろう。しかるにいま逆臣の讒り《そし》によって、非義の綸旨（ならびに後鳥羽の院宣）を下さる。名を惜しむ一族は早急に秀康、胤義らを討ち取り、三代にわたる将軍の遺蹟（所領・所職）をまっとうすべし。ただし、上皇方に参らんと欲する者は、ただいま申し切るべし」

執権義時を討って北条一族を排除し、幕府を膝下に収めようという後鳥羽のくわだては成功するかにみえた。至高の存在である天皇・上皇に刃を向けることをためらう御家人もいたからである。だがその義時追討令は、政子の鮮やかな弁舌によって、㈠義時が追討される正当な理由はまったくないこと、㈡幕府を守ることは我が身の利益を守ること、㈢敗北すれば命よりも重い土地を失うこと、㈣討つべき敵は後鳥羽に讒言した「君側の奸（主君を操る悪臣）」藤原秀康や三浦胤義らであること、と切り返され、幕府を丸ごと敵にまわす結果となってしまったのである。このとき参集した御家人の中に島津忠久と忠時・忠綱兄弟、若狭忠季もいたと思われる。そして、他の御家人同様に胸を熱くしていたにちがいない。

承久の乱

押松を捕らえてからわずか三日後、五月二十二日から翌二十三日にかけ、朝敵とされた執権義時の命により、侍所別当泰時や政所別当時房を総大将とする東海道軍十万騎、甲斐源氏の武田信光（頼朝とともに挙兵した信義の五男）と小笠原長清の率いる東山道軍五万騎、義時の次男名越朝時（祖父時政の名越邸を継承したため名越氏を称する）らを主将とする北陸道軍四万騎すなわち「幕府軍」が京をめざし馳せのぼった。島津忠久・忠時父子と若狭忠季は、泰時率いる東海道軍の一員として、泰時の嫡男時氏や足利義氏、三浦義村、千葉胤綱（常胤の曾孫）らとともに参軍している。

東山道軍と東海道軍は美濃・尾張の国境を流れる木曽川東岸で合流、六月五日から六日にかけ、その西岸に布陣する「上皇軍」を、圧倒的な軍容をもって蹴散らし、敗走させた。上皇軍によって歴史上初めて掲げられた官軍の象徴「錦の御旗（錦旗）」は、眼中にないかのごとく幕府軍によって踏み潰された。越中と加賀の境砺波山《となみやま》ですでに上皇軍を撃破していた北陸道軍四万騎も、京に向けて進んでいた。時房を総大将とする幕府軍は京の東方瀬田に、同じく総大将泰時の幕府軍は南方の宇治に進軍する。

六月八日、木曽川から敗走した藤原秀康らが御所高陽院に上皇軍の敗報を告げた。それを聞いた公卿近臣らの脳裏には、木曽義仲とその配下の武士らが餓狼のごとく京を荒らしまわった恐怖や、後白河法皇の法住寺殿が焼き払われ、百余の首級が六条河原に晒された酷い光景がまざまざとよみがえったのか、「諸人顔色を変ず」状態だった。心中をお察ししたい。

騎虎の勢いの幕府軍に圧倒され、三上皇と幼帝、二皇子は、延暦寺の僧兵力を恃んで比叡山籠城を決める。しかし比叡山に着いたその一行は、「誠に畏れ多いことなれど、微力なわが僧兵勢力では坂東武者の強威を防ぎ切れませぬ」と暗黙の拒絶に会い、高陽院に戻らざるを得なかった。実際は、後鳥羽が、延暦寺の衆徒に対して再三再四強行姿勢を取ってきたことに加え、木曽川の合戦で上皇軍がふがいない敗北を喫したことで、延暦寺が「上皇軍の完敗は必至」とみて、見棄てたのである。

六月十四日、連日の雨によって濁流渦巻く宇治川を幕府軍は馬筏を組んで強硬渡河し、上皇軍の防衛線を突破する。だがその渡河中に若狭忠季は、雨のごとく降りそそぐ矢に射られたのか、無念、他の幕府軍将士百騎とともに溺死する。無事に渡り終えた島津忠時は、激烈をきわめたその戦いで上皇軍の武士七人を討ち取り、二人を捕虜にした。ちなみに、これは宇治川の合戦におけるもっとも優れた戦績とされる。二十歳の忠時は、父忠久も自慢したくなるほど勇猛果敢な若武者に成長していたのである。

なお、この乱で忠時が使用した太刀は「綱切」と号され、忠久が着用した「赤糸威の大鎧」とともに、島津本宗家当主の「重宝」として、その後長く相伝されていく。

忠時の武士としてのほれぼれするほどの成長ぶりはわかった。ところで、忠時の父忠久の戦ぶりはどうであったかを考えてみたい。忠久はこの承久の乱の年には五十九歳、みずから抜刀して戦うことはなかったであろう。だが、京の警固や源平合戦に参戦して軍功を挙げていた若武者時代の忠久はどうだったか。命のやり取り、つまり戦を生業《なりわい》とする武士にもかかわらず、島津氏の始祖となる忠久は、おのれ自身の手で敵（他人）を殺めることはなかったのではないだろうか。腰抜けとかいうのでは決してなく、また、何の根拠もないが、そう思えてならない。どうだろう。

後鳥羽方の流刑

総大将泰時と時房が六波羅邸に入ったのは宇治川の合戦二日後の承久三年六月十六日。後鳥羽上皇は小槻国宗《おつぎくにむね》を勅使として幕府軍の総大将泰時のもとに遣わし、「このたびの合戦は、院の叡慮に非ず。

謀臣らが勝手に起こしたもの」と弁明させた。と同時に、執権義時追討の宣旨・院宣を撤回、乱を引き起こした謀臣として自身の公卿近臣や武将らの逮捕を命じる新たな院宣を下す。

泰時は敗残兵の追捕・掃討をただちに開始。藤原秀康・秀澄兄弟、佐々木経高、佐々木広綱、後藤基清、三浦胤義・重連《しげつら》父子、山田重弘らはことごとく斬首に処されるか自害し（大内惟信は十年後に捕縛されたが、出家していたこともあって流罪）、大江親広は隠棲の身となる。

藤原光親や一条信能らの近臣公卿は、乱を引き起こした張本人として死罪（尊長は各地を逃げていたため数年後に死罪）。ほかの関係者も容赦なく処罰された。ただ、坊門忠信だけは、妹の本覚尼の必死の嘆願が功を奏し、尼将軍政子によって死を許され、越後国に遠流の身となった（のちに赦免）。

そして、後鳥羽自身は隠岐島、順徳は佐渡島、乱とは無関係の土御門も自分だけが京に居られないとして土佐国（のちに阿波国）に配流。順徳の四宮懐成親王子は践祚はしていたものの即位式を挙げぬまま、在位わずか七十八日で廃帝となった（明治になって仲恭天皇の諡号が贈られる）。さらに幕府は、後鳥羽の後裔は一人残らず配流・出家・臣籍降下させ、その系統による皇位の継承を認めない方針を採った。

後鳥羽は出家し法皇となってから隠岐島に旅立った。山陽道を下り、勝山（岡山県真庭市）からは出雲道を北上して中国山地を縦断、出雲の大浜湊（島根県美保関）から船で北方に浮かぶ隠岐の島諸島の一つ中ノ島へ、上陸後は陸路で行在所《あんざいしょ》（仮御所）の源福寺（海士町海士《あまちょう》）に到着する。一行にはおよそ五百騎の御家人らが随従していたが、その中に島津忠久も加わっていた。

また、治天の君直属の西面の武士は解体、北面の武士も縮小のうえで御所の警備隊に格下げとなり、後鳥羽の武力組織は壊滅する。京の朝廷と鎌倉の幕府による二元政治は続くものの、頼朝が創始した武家政権が朝廷の公家政権より優位に立つ構造が決定的となる。朝廷は幕府の規制と監視下に置かれ、天皇の即位についても幕府の了承が必要となった。

さらに幕府は、京都守護を改組して朝廷の監視や洛中警固、西国の所領訴訟を管轄するとともに西国御家人の統制を担う幕府直轄の「六波羅探題」いわば占領軍総司令部を六波羅邸南側の旧清盛邸（泉殿）跡地に設置し、初代の六波羅北方探題に泰時を、南方探題には時房を任命した。

なお、乱後の処罰により、後鳥羽の男子係累は、行助《ぎょうじょ》入道親王（守貞親王・後鳥羽の同母兄）の三男茂仁《ゆたひと》王ただ一人となってしまった。そこで幕府は、茂仁を即位（後堀河天皇）させるとともに、不在となった治天の君として、その父行助に太上天皇号を奉って後高倉法皇とし、院政を敷かせることにした。後鳥羽の血を引く皇族男子を一掃した幕府にとってこれ以外の選択肢はなかったのである。

島津一族への恩賞

上皇方の所領三千余カ所は没収されて（ちなみに平家没官領は五百余カ所）幕府方の御家人に分配、守護・地頭（承久の乱以前の本補地頭に対し新補地頭）が多数補任されたが、忠久は七月十二日、越前国守護職に（薩摩国守護職と島津荘薩摩方惣地頭職を兼ねる）、十七歳の次男忠綱は同国守護代に（忠綱は越前国丹生郡に居住して厨城山《くりやじょうざん》〈福井県越前町〉に城を構え、越前家初代当主となる）、二十歳の嫡男忠時は戦死した叔父若狭忠季に替わって若狭国守護職に補任され、遠敷・三方両郡内の今富荘や国富荘、前河荘など十六カ所の地頭織も与えられた。また、忠季の嫡男忠清《ただきよ》も、遠敷郡内の太良荘・瓜生荘など九カ所の地頭職に任じられている。

さらに忠時は、八月二十五日に越前国足羽郡《あすわ》（福井市南東部）の生部荘《いけぶの》ならびに久安保《ひさやすのほ》、重富保の地頭職を、閏十月十五日には、伊賀国長田郷（三重県伊賀市）の地頭職を、二年後の貞応《じょうおう》三年九月には讃岐国櫛梨保（香川県琴平町）の地頭職を勲功賞として与えられることになる。いずれも、宇治川の合戦における抜きん出た戦いぶりを総大将泰時が幕府に注進したことによるものだ。

なお、忠久が三十五年前の文治二年に頼朝から信濃国塩田荘（長野県上田市）の地頭職を、三カ月ほど前の五月八日に信濃国太田荘の地頭職を与えられていた（七月十八日に安堵）ことで、次男忠綱や三男島津忠直（生誕年不詳）らの子孫は同国に移住土着して「信濃島津氏」となる（忠綱系の子孫は信濃赤沼城を、忠直系の子孫は信濃長沼城を居城〈ともに長野市〉とし、忠直系の子孫は戦国時代・織豊時代に甲斐の武田信玄や越後の上杉謙信に仕える）。

承久の乱後の島津氏は、東シナ海の海上交通の要衝薩摩国を本拠とし、日本海の海上交通の最重要地である北陸道西部の越前・若狭両国および伊勢・伊賀・甲斐・信濃・讃岐地方などを勢力基盤とすることになった。

とくに越前国敦賀津や若狭国小浜津《おばまのつ》（福井県小浜市）など、日本海と京をつなぐ要港を手にしたのは大きい。これらの港は奥羽地方の海産物や北陸道諸国の年貢の集積地というだけでなく、いわゆる唐物《からもの》（中国大陸・朝鮮半島などからの輸入品）といわれる絹織物や陶磁器、薬種、宋銭が輸入され、京からは刀剣や漆器、陸奥の砂金を輸出する窓口で、それらを琵琶湖経由で京へ、そして京から輸送して津料（港に停泊する船舶から徴収する税）や輸送料を得ることができ、しかも、みずからが私貿

島津氏略系図（二）

①忠久┬②忠時（忠久の嫡男）
├忠綱（忠久の次男。「越前家」初代当主）
│└忠行（忠綱の嫡男。播磨国下揖保荘の地頭職を譲られて播磨国に移住し「播磨家」とも称されるようになる。また、一部の子孫が信濃国に移住土着して「信濃島津氏」となる）
└忠直（忠久の三男。一部の子孫が信濃国に移住土着して「信濃島津氏」となる）

忠季（忠久の実弟。「若狭家」初代当主）─忠清─忠兼（若狭国遠敷郡内の太良荘・瓜生荘など十四カ所を没収される）
└季兼─季村（島津姓を名乗る）

易をおこなって莫大な富を得ることもできるからである。

忠時、将軍の近習番役に抜擢される

島津忠久とその一族は、幕府の中で力を発揮し、徐々に地歩を固めてきた。その中でも武芸に秀でた忠久の嫡男忠時はその力を遺憾なく発揮する。

承久四年（一二二二）二月、将軍御所の南庭で犬追物が催された。犬追物は五歳の三寅がとくに喜ぶ騎射競技だった。四方を囲った馬場内に二十匹の犬を放ち、小山朝長（朝政の嫡男）、三浦泰村（義村の次男）ら四人の射手が馬上から射たが、検見役（検査役）の三浦義村が各自の射ち方や馬の扱い方、矢の当たり外れなどを確認。その結果を鎌倉殿三寅に伝える役を務めていたのが忠時である。

七月三日、三寅の側近で執権義時の婿でもある一条実雅の屋敷で百日連続の小笠懸（十二センチ四方の的を馬上から射る競技）が始まった。初日の射手は、結城朝広（朝光の嫡男）や三浦泰村・家村兄弟、小笠原時長（東山道軍の大将の一人長清の子）、佐々木重綱（宇治川の戦いに参加）ら騎射に秀でた若者十三人だったが、忠時もその中の一人として加わっていた。

また、翌貞応二年（一二二三）正月五日、恒例の「椀飯《おうばん》（主従関係の再確認とそれをより強固にするため、将軍に対して太刀や馬、弓矢などとともに饗応する重要な儀式の一つ）」のあとに武家の事始としておこなわれた除魔神事の御弓始では、忠時が三番目の射手として矢を放っている。

四月十三日には、三寅が将軍御所の南庭で手鞠の会を催したが、その際おこなわれた相撲の行司役を忠時が務めた。

十月十三日、北条重時（義時の三男。泰時と名越朝時の弟）が奉行となって、三寅の近習番が選ばれた。一番から六番まで三人ずつ計十八人から成る近習番は北条一族と三浦一族が多くを占めるなか、二十二歳の忠時も、六番の中の一人に選ばれている。

三　元の襲来と九州の御家人

忠久、検非違使に補任される

貞応三年（一二二四）六月十三日、尼御台政子の生涯の片腕ともいえる実弟の執権北条義時が六十二歳で急逝する。政子の命により六波羅北方探題の泰時と南方探題の時房は急遽鎌倉に戻り、二十八日には、泰時が三代執権（政所・侍所の両別当職を兼帯）に就いた。

その泰時は八歳上の叔父時房を初代連署《れんしょ》に任命する。連署は幕府の公文書に執権と並んで署名する重要な役職で、いわば副執権である。政子は翌二十九日、泰時の嫡男時氏を六波羅北方探題に、時房の嫡男時盛を南方探題に補任し上洛させた。なお、泰時以降、北条氏の嫡流家は「得宗家（得宗とは義時の別称でその法名ともされている。初代は遡って義時の父時政）」と呼ばれ、数ある北条一門の最上位にランクされ、あらゆる権力がその得宗家の当主に集中するようになる。

島津忠久は十月十六日、天変異変・干戈騒乱（戦争）が起こらぬよう天に祈りを捧げる祭祀の奉行となってその費用を負担、十二月十二日には、摂津国難波津《なにわつ》（大阪府中央区）でおこなわれる重要行事「八十島祭」に派遣された祭使（勅使）の随兵を務めた。八十島祭は大嘗祭と同じく天皇一代に一度の重要な祭儀。承久の乱後に即位した後堀河天皇のために斎行される即位儀礼であったが、父の後高倉法皇が前年五月に崩御したため遅れていた（このとき以降、おこなわれなくなった）。

元仁二年（一二二五）正月二十四日、下野守に任じられた小山朝政の後任として、忠久が御家人の名誉とされる伝統的な朝廷の武官職「検非違使」に補任された。朝政は頼朝挙兵以来の功臣で、幕府の信望の厚い宿老の一人。検非違使は将軍家の行列の供奉や放生会（功徳を得るために鳥獣や魚を放つ供養行事）の馬場警固、寺社警固などには欠かせない重職である。忠久も朝政と肩を並べるほど朝廷・幕府双方から信頼される御家人だったのであろう。しかも、八十島祭の随兵をまっとうした功により、朝政でさえ叙されることのなかった従五位下（大夫判官・最高位の検非違使）に叙された。

忠久の初孫、久経

四月十九日（翌二十日、嘉禄《かろく》に改元）、島津忠久は京の三勅祭の一つ賀茂祭（葵祭）の祭主として奉仕し、その後間もなく鎌倉に戻って八月十五日に営まれる鶴岡八幡宮の放生会の警固に備えていた。

ところが六月十日、鎌倉幕府創設に貢献（たとえば守護・地頭制度を確立）し、頼朝没後も政子に忠誠を尽くして武家政権の発展をもたらした宿老の大江広元が七十八歳で病没し、翌七月十一日には、実質の四代将軍として君臨していた〝鉄の女〟政子もその波乱に富んだ六十九年の生涯を閉じる。そのため放生会は十一月二十一日に延期、簡素化されたこともあって、忠久の鎌倉における検非違使としての出番は実現しなかった。

また、広元と政子という後ろ盾を失った執権泰時は、その執権を中心とする集団指導体制いわば合議的な幕政運営への転換を図るため、十一人の「評定衆（現代の大臣のような役職）」を置き、幕府政庁も大倉御所から若宮大路の東側、泰時の屋敷に隣接する宇都宮辻子《ずし》御所（鎌倉市小町）に移す。源頼朝の鎌倉入りから四十五年が経っていた。

十二月二十日、検非違使としての出番はないと思われていた忠久ではあったが、三寅が辻子御所に移る際の行列に、その責任者として御後供奉人《ごごぐぶにん》（将軍背後の警護）の最後尾に列して検非違使としての任務を果たした。この日、執権泰時と連署時房、評定衆は「鎌倉大番役」を制度化し、遠江国以東十五カ国の御家人が一年ごとに順次将軍御所などの警固にあたることになった。二十九日、八歳の三寅が元服し頼経と名乗る。

なお、政子と大江広元が没したこの嘉禄元年、月日不明ながら嫡男島津忠時と常陸入道念西《ねんさい》（伊達氏初代当主朝宗。戦国時代の独眼竜伊達政宗は十七代目の孫にあたる）の妹得台夫人《とくだい》（尼忍西《にんせい》）との間に嫡男久経が生れている。忠久にとっては初孫で、のちの島津本宗家三代当主である。

始祖忠久、病没する

嘉禄二年（一二二六）正月二十四日、島津忠久は豊後守に任じられ、検非違使を辞す。三日後の二十七日、九歳になったばかりの鎌倉殿頼経が四代将軍に就任。翌嘉禄三年四月二十九日、頼経の病気平癒のため、陰陽師《おんみょうじ》安倍泰貞が将軍御所の南門で「鬼気祭《きけのまつり》」を斎行した。その際の費用を忠久は負担。四年前の承久四年三月八日には、体調不良の三寅の息災を願い、将軍御所の南庭で月曜祭（陰陽道の九曜祭の一つ）がおこなわれたが、祭祀祈禱の道にも通じていた忠久が陰陽師安倍泰貞とともに取り仕切った。北条家は執権政治の権威を高めるため、陰陽道を積極的に取り込んでいた。もとはといえば平安時代の公家社会で発展した陰陽道だが、忠久の出自を考えればそれと縁が深く、しかも年を重ねるごとにより深めてきたことは十分想像できる。

安貞元年（一二二七）六月十八日午前八時、日頃から脚気に悩まされていたところへ赤痢に罹った島津忠久が病没する。享年六十五。法名は得仏《とくぶつ》、受領名（非公式な官名）は豊後守。官位は従五位下。遺体は、頼朝の墓所法華堂の北東にある、鶴岡二十五坊の一つ相承院に葬られたが、墓碑は薩隅日三カ国鎮定の願望を込めて自身の創建した薩摩国北西端の感応寺《かんのうじ》（木牟礼城南方二キロ。鹿児島県出水《いずみ》市野田町）と鹿児島の本立寺《ほんりゅうじ》（五道院《ごどういん》・鹿児島市清水町）に建てられた。

忠久は、生まれも育ちもまったくことなる、当初は無位無官の一般の鎌倉御家人の中にあって、陰《いん》に陽に羨望とその裏返しの嫉妬の眼差しを受けていたであろう。時には耐えかねることにも耐え、忍従の日々の中で他の御家人と打ち解ける努力を怠らず、島津氏の始祖に相応しい人格者いわば〝厳しくも味わい深い好々爺〟に成長し、生き切ったのではなかろうか。少し大げさかもしれないが、忠久はその死の瞬間に島津氏七百年の未知なる未来への光明が見えたのかもしれない。

忠時の失脚

父忠久から越前・薩摩両国の守護職などを譲られた若狭守護の嫡男忠時は、島津本宗家二代当主となり、島津荘薩摩方総地頭職も受け継いで若狭・越前・薩摩三カ国に（おそらく甲斐・信濃・伊賀・

伊勢・讃岐などの荘園にも）守護代や地頭代を派遣する。自身は鎌倉に在住し、将軍頼経の近習番役や昼番衆、供奉随兵役を務めることになる。

ところが忠時は、翌安貞二年（一二二八）五月に越前国守護職を将軍頼経の側近後藤基綱（承久の乱で後鳥羽上皇方の父基清を幕命により自身の手で斬首）に改替させられてしまう。理由は不明。そのため、忠時の弟で越前国厨城山に城をかまえて居住していた忠綱（越前家初代当主）もその守護代を辞し、鎌倉に戻ったようである。

安貞三年三月五日、飢饉により寛喜と改元。この寛喜元年、忠時が若狭国の御家人や荘園領主らからその統治の不行き届きを責められ、守護職を取り上げられて失脚。その後、遠敷・三方両郡内十六カ所の地頭職も没収されてしまう。承久の乱後に現地に派遣した地頭代の統治が苛烈をきわめたのであろうか。

翌寛喜二年（一二三〇）十二月九日、二十九歳の竹御所鞠子（二代将軍頼家の娘。生母は比企能員の娘若狭局）が十三歳の将軍頼経に嫁ぐ。頼朝の血を継ぐ鞠子は、政子没後その実質的な後継者となり、幕権の象徴として御家人からも尊崇されていた。

貞永元年（一二三二）八月十日、執権泰時により、御家人の規範となる鎌倉幕府の基本法「御成敗式目（貞永式目）」が制定・発布された。五十一カ条から成る日本初の武家法典である。十月四日、二歳の秀仁《みつひと》親王が即位して四条天皇となる。

天福二年（一二三四）七月二十七日、懐妊していた竹御所鞠子が、難産の末に男児を死産。さらに三十三歳の鞠子自身も亡くなってしまう。鞠子の死によって源頼朝と政子直系の子孫は断絶。北条一族の期待を一身に背負った鞠子は、当時としては高齢での懐妊・出産に無理をしたのであろう。

執権泰時は嘉禎二年（一二三六）八月四日、幕府政庁を宇都宮辻子御所からその北側に新造された若宮大路御所（若宮大路幕府・鎌倉市雪ノ下）に移す。このとき、越前家忠綱が直垂《ひたたれ》姿で将軍頼経の供奉人の一人として加わっている。延応元年（一二三九）二月二十日、承久の乱の敗北によって隠岐島に流されて十九年、後鳥羽法皇が崩御する。六十歳であった。十一月二十一日には、頼経と大宮殿（権大納言藤原親能の娘）との間に頼継が生まれている。のちの鎌倉幕府五代将軍である。

深まる執権派と将軍派の対立

仁治三年（一二四二）正月九日、不慮の事故が原因で十二歳の四条天皇が崩御すると、皇位継承問題が浮上。執権泰時と六波羅北方探題重時（病没した時氏の後任。泰時の異母弟）は、承久の乱において討幕に積極的だった順徳上皇の五宮忠成王（仲恭天皇の異母弟）を退け、それに関与していなかった土御門上皇の一宮邦仁王を即位させて後嵯峨天皇とする。

六月十五日には、名執権と謳われた泰時が六十歳で病没。長男時氏と次男時実は早世していたため、故時氏の嫡男で十九歳の経時が四代執権に就いた。

寛元二年（一二四四）四月、二十七歳の将軍頼経が、わずか六歳の嫡男頼嗣に将軍職を譲る。頼経は成長するにつれ、名越朝時を核とする反執権勢力と結び、幕府内における自身の基盤を着々と固めつつあった。それを目障りに感じていた執権経時が引きずり下ろしたのである。それでも頼経は「大殿」と称され、幕府内になおも隠然たる勢力をたもっていた。

寛元三年七月二十六日、七歳の将軍頼嗣が執権経時の同母妹で十六歳の檜皮姫《ひわだ》を御台所に迎えた。これにより、竹御所鞠子の死によって失った将軍外戚という北条氏の立場こそ取り戻しはしたものの、執権派（得宗派）と将軍派（大殿派）の対立はより深刻化する。

寛元四年（一二四六）三月二十三日、危篤に陥った執権経時（閏四月一日に二十三歳で早世）に替わり、同母弟で十九歳の時頼が急遽、五代執権の座に就いた。その直後から大殿頼経は、名越朝時（四月六日に死没）・光時父子や近臣の後藤基綱、千葉秀胤（胤綱と同じく常胤の曾孫）、三善康持（初代問注所執事康信の孫）、狩野為佐《ためすけ》らと新執権時頼の失脚を密かに謀る。

しかし、これを察知した時頼は、鎌倉に手勢を集めて辻々を固め、光時ら名越一族を制圧。時頼は光時を出家させて伊豆国江間に流し、その弟で反得宗強硬派の名越時幸（朝時の四男）を自害させ、後藤基綱と千葉秀胤、三善康持、狩野為佐を評定衆から放逐し、七月には大殿頼経を京に送還した（名越の変・宮騒動）。二十七年前に二歳で尼将軍政子や執権義時、御家人ことごとくに祝福され、迎い入れられた三寅、その二十九歳になった頼経はあえなくご用済みとされてしまったのである。

島津忠時は三浦光村（義村の四男）らとともに頼経の護送警護の任に就く。ところが光村は、京から鎌倉に戻る際、「かならずや、いま一度鎌倉にお迎えします」と涙を流しながら大殿頼経の鎌倉復帰を誓う。清廉・硬骨漢の忠時が密告するはずはなかろうが、これが時頼に伝わり、以後光村は、反得宗の急先鋒として危険視され、将軍派と執権派の確執はさらに激化していく。

三浦と千葉、両一族の滅亡

鎌倉に戻った三浦光村と同母兄の泰村は千葉秀胤ら将軍派を結集、大殿頼経の鎌倉帰還を画策していた。そのさなかの宝治元年（一二四七）五月十三日、将軍御台所の檜皮姫が病没する。しかし、その死からひと月も経たない六月五日、執権時頼は同母弟の北条時定を総大将とし、打倒三浦の最強硬派で義父の安達景盛（政子の死後、高野山でその菩提を弔っていたが、時頼と三浦氏の対立を知って急遽鎌倉に下向）、その嫡男義景や嫡孫泰盛に命じ、三浦泰村の屋敷（鎌倉市雪ノ下）を襲撃させる。翌六日、泰村・光村兄弟とその一族、将軍派の毛利季光《すえみつ》（泰村の妹婿。大江広元の四男）ら五百余人は、頼朝の墓所法華堂に逃げ込んで自害した。

三浦一族を滅ぼした時頼は二日後の七日、三浦義村の娘を正室とする上総国玉崎荘の千葉秀胤を急襲。追い詰められた秀胤は、居館大柳館（千葉県睦沢町）にみずから火を放ち、一族郎党百六十余人とともに自害した（宝治合戦）。初代執権時政の時代に梶原氏や比企氏、畠山氏ら、二代執権義時の時代には和田氏らが粛清されたが、幕府草創以来の有力御家人でここまで生き残ってきた三浦一族と千葉一族が揃って滅んだことにより、三代執権泰時が創始した評定衆による集団指導体制は有名無実となり、幕政は「得宗政治（北条氏嫡流家がおこなう独裁政治）」へと変質していくことになる。

なお、この宝治合戦が起ったとき、越後国佐橋荘（新潟県柏崎市）にいた季光の四男毛利経光は、父季光が祖父大江広元から受け継いだ相模国毛利荘（神奈川県厚木市）を召し上げられたものの、佐橋荘と安芸国吉田荘（広島県安芸吉田市）の地頭職は安堵されていた。経光は吉田荘を四男の時親に譲り、この時親の子孫がのちに安芸国に下向し、中国地方を制覇する戦国大名毛利元就らの祖となる。

待望の皇族将軍

翌宝治二年（一二四八）正月三日、連署北条重時（義時の三男）の沙汰による椀飯後に将軍の御行《みゆき》始《はじめ》（外出始）の儀があり、将軍頼嗣が執権時頼の邸に入御したが、その行列に島津忠時（本宗家二代当主）が供奉している。また、八月十五日に鶴岡八幡宮で放生会が催された際には、参宮する頼嗣の後陣随兵十一人のうちの一人として忠時の実弟の越前家忠綱が供奉した。その忠綱は十月、将軍頼嗣に高麗《コリョ》（朝鮮）の真っ白な山雀《やまがら》二羽を献上。日本では見られない珍しい鳥の美しさに十歳の頼嗣は大喜びだったという。越前国守護代を辞して鎌倉在住となっていたとはいえ、忠綱は高麗から輸入するルートを保持していたのであろう。

建長三年（一二五一）五月十五日、執権時頼の嫡男として、のちに二度にわたる元寇を退けて名執権と称えられる時宗《ときむね》が生れた。この時宗誕生の年、月日不明ながら忠時の嫡男久経と正室浄温《じょうおん》夫人（千葉常胤の曾孫で相馬氏三代当主胤綱《たねつな》の三女尼妙智）との間に嫡男が生れている。のちの島津本宗家四代当主忠宗《ただむね》である。

十二月二十六日、宝治合戦に縁座して滅ぼされた千葉氏に連なる了行法師、同じく三浦氏の残党矢作常氏、長久連《ちょうひさつら》らが謀反の嫌疑で捕縛された。時頼は翌建長四年二月、この事件に関与したとして五代将軍頼嗣を廃し、新将軍を迎えることを決める。

十四歳の頼嗣は生母の大宮殿とともに京に送還、替わって後嵯峨上皇の一宮で十一歳の宗尊《むねたか》親王が鎌倉入りし、六月に六代将軍に任命された。尼御台政子が生前強く望み、北条一族の宿願ともなっていた「皇族将軍」の誕生である。といっても、幕府の実権を握っているのは執権時頼であり、天皇の血を引く将軍もその傀儡すなわち操り人形でしかない。

十一月二十二日、赤痢に罹った時頼は、執権職を北条一門で義兄の赤橋長時（時頼の継室葛西殿の兄で連署重時の嫡男。初代赤橋流の祖）に譲る。とはいえ、時頼の嫡男で幼少の時宗が成長して執権に就くまでの中継ぎにすぎず、幕府の実権は依然として前執権時頼の手中にあった。

越前家忠綱は正嘉元年（一二五七）六月一日におこなわれた「旬の鞠会（毎月上旬・中旬・下旬におこなわれる蹴鞠の会）」で審判役を務めている。忠綱は蹴鞠の名人でもあったのだろう。

翌正嘉二年正月一日、前執権時頼が催した椀飯の献儀に、将軍御所の庭に設けられた、東座の御家人百二十八人中（西座の御家人は六十四人）、島津一族からは忠綱の実兄忠時（本宗家二代当主）と嫡男久経、次男長久、庶長子忠継ら六人が列席した。

久経、島津本宗家三代当主に就任

文応元年（一二六〇）三月二十一日、十九歳になっていた将軍宗尊の御台所に近衛兼経（近衛家四代当主）の娘で二十歳の宰子《さいし》が輿入れする。この年、モンゴル帝国ではチンギス・カーンの孫クビライ・カーンが五代皇帝に即く。チンギス・カーンの時代にアジアからヨーロッパにまたがる一大帝国を築き上げ、前年の一二五九年に高麗を征服・服属させたクビライ・カーンは、南宋への攻撃を続けるとともに、火器に使用する火薬の原料となる硫黄を南宋に輸出している日本を服属させ、その富をも得ようとたくらんでいた。

弘長三年（一二六三）十一月二十二日、最高権力者時頼が三十七歳で病没する。翌文永元年四月二

島津氏略系図（三）

- ①忠久 ― ②忠時
  - ③久経（忠時の嫡男）
    - ④忠宗（久経の嫡男）― ⑤貞久（忠宗の嫡男）
    - 久長（久経の次男。伊作氏初代当主）
  - 忠継（忠時の庶長子）― 忠実（忠継の子）― 宗久（忠実の次男。鹿児島谷山郡山田を領有して「山田氏」初代当主となる）
  - 長久（忠時の次男）
  - 忠経（忠時の四男）
    - 宗長（忠経の嫡男。薩摩国給黎《きいれ》郡を得て「給黎氏」初代当主となるが、その後ははっきりしない。おそらく断絶したと思われる）
    - 忠光（忠経の三男。薩摩国伊集院町田を領有して「町田氏」初代当主となる）
    - 俊忠（忠経の四男。薩摩国伊集院を領有して「伊集院氏」初代当主となる）
  - 久時（忠時の六男。「阿蘇谷氏」初代当主）

十九日、宰子が将軍宗尊の嫡男維康親王を出産。八月二十一には、六代執権赤橋長時が亡くなり、北条政村（二代執権義時の五男）が七代執権に、病没した時頼の嫡男時宗が十四歳で連署に就任する。政村の執権就任は赤橋長時同様、時宗が成長するまでの中継ぎである。

文永二年（一二六五）、六十四歳の島津忠時が隠居し、嫡男久経が島津本宗家三代当主となる。

翌文永三年六月二十日、執権政村と連署時宗、評定衆の北条実時（二代執権義時の孫）、得宗家の外戚安達泰盛ら幕府首脳は、二十五歳になって権力が実体化し始めた将軍宗尊に謀反の嫌疑をかけ、その解任と京への送還を決定する。

宗尊に近侍していた越前家忠綱の三男忠景（前年の文永二年十二月に検非違使に補任された）は七月四日、京に送還される宗尊に北条宗頼（連署時宗の異母弟）らとともに供奉。二十四日には、宗尊の嫡男維康が三歳で七代将軍に補任された。

元軍襲来前夜

文永五年（一二六八）正月、高麗の使節団が蒙古（モンゴル帝国）への服属を求める国書「大蒙古国皇帝奉書」を携えて大宰府西守護所（福岡市中央区赤坂）に到着した。それを受け取った幕府は、外交の処理は朝廷の所管であるとして朝廷に回送する。

ただし幕府は、蒙古軍襲来という非常事態に備え、権力の一元化を図る。三月五日、連署の北条時宗が十八歳で八代執権に、執権を務めていた六十四歳の政村は連署ならびに侍所別当に就く。

評議を重ねた朝廷は、幕府の意向に沿って国書を受け取ることも返事をすることもしないと決定。

威嚇の利いた国書に反発し、無視することにしたのである。その後も高麗からの使者が数度にわたって来日し、蒙古軍による日本への武力侵攻を警告。しかし幕府は一貫して拒否の姿勢を貫く。

国難が迫りつつあった翌文永六年（一二六九）四月八日、島津忠宗と正室理玄夫人（中原親能の縁戚にあたる鎌倉御家人三池道智〈貞宗であろうか〉の娘）との間に嫡男が生まれた。のちに薩隅日三カ国の守護職をおよそ百三十年ぶりに回復する、島津本宗家五代当主貞久である。

幕府は文永八年九月十三日、九州に所領を有する御家人に関東御教書を発し、それぞれの所領に下向して蒙古軍襲来に備えるよう命じる。と同時に、蒙古軍の上陸が危惧される北九州の沿岸警備のため「異国警固番役」を設置。すでに移住土着していた九州九カ国の御家人だけでなく非御家人も、ひと月ごとに博多湾岸の警固に順次あたることになる。十一月には、モンゴル帝国の国号が大元（本書では「元」と表記）に改められた。

執権時宗は翌文永九年二月、得宗家に反抗的な名越一族の時章・教時兄弟（ともに名越の変で伊豆国江間に配流された光時の弟）を鎌倉で、時宗の異母兄で反得宗となりうる六波羅南方探題北条時輔を京で誅殺させる（二月騒動）。これによって得宗家の権力基盤が安定し、かつ元軍襲来という国難への防備体制が確立する。

四月十日、隠居していた島津忠時（本宗家二代当主）が鎌倉で病没する。享年七十一。法名は道仏、受領名は大隅守。埋葬地は不明だが、おそらく相承院内の父忠久の墓の近くではないだろうか。墓碑は忠久が創建した薩摩国の感応寺と本立寺に建てられた。

文永十一年（一二七四）正月二十六日、亀山天皇（後嵯峨法皇の三宮。前将軍宗尊の異母弟。大覚

寺統の祖）が譲位し、亀山の二宮世仁親王が後宇多天皇となる。自身の子が天皇位に即いたことで、亀山は治天の君として院政を敷いたが、これに同母兄の後深草上皇（後嵯峨の二宮。持明院統の祖）が反発、亀山と対立する。この対立は幕府の斡旋によって後深草の二宮熙仁《ひろひと》親王（持明院統・のちの伏見天皇）を皇太子に定め、持明院・大覚寺両統がおよそ十年をめやすとして交互に皇位に即くことで収まった（両統迭立《てつりつ》）。しかし、持明院・大覚寺両統は不満を募らせ、伏見天皇以後も後伏見（持明院統）、後二条天皇（大覚寺統）、花園天皇（持明院統）と続くものの、皇位継承をめぐって両統の対立は抗争へと激化していく。

文永の役

文永十一年（一二七四）十月三日、元軍（元・高麗連合軍）三万が、大小九百艘の軍船に分乗し朝鮮半島南端の合浦《ハッポ》（韓国慶尚南道馬山市《キョンサンナムドマサン》）を出航した。十月五日に対馬、十四日に壱岐を襲って島民を殺戮《さつりく》。異賊の侵攻が現実になったことで日本中が騒然となる。

迎え撃つ幕府軍は五千騎、総勢およそ三万。大部分は大宰府近隣諸国の御家人だったと思われる。十九日には元軍の大船団が博多湾に姿を現した。

元軍は翌二十日未明、博多湾西部の今津浜（福岡市西区今津）や百道原《ももじばる》（早良区《さわら》昭代）から上陸を開始。一時は大宰府西守護所のある赤坂山西麓（中央区大濠）まで兵を進めたが、肥後の御家人菊池武房（菊池氏十代当主）・赤星有隆（赤星氏初代当主）兄弟や琢磨頼秀、竹崎季長らが奮戦、幕府軍は元軍を百道原からさらに姪浜《めいのはま》（西区姪浜）まで退却させた。とはいえ、筥崎宮が焼失するなど、この日の戦いは幕府軍側の大敗であった。

その後の数日間、陸海ともに戦いが繰り広げられたが、幕府軍の頑強な抵抗に遭った元軍の痛手は大きく、嵐に見舞われたこともあって撤退を決める。風雨が弱まった二十七日頃、元軍の大船団は博多湾を出航したものの、対馬付近で再び天候が悪化し、暴風雨と逆巻く荒波に翻弄されて次々と破損・沈没、半数以上の将兵と軍船を失い、惨憺たる姿で合浦にたどり着く結果となった（文永の役）。


異国警固番役として博多湾の防備に就く島津

文永十二年（一二七五）四月十五日、戦後の日本の反応を探るため、元から総勢五人の使節団が長門国室津（山口県下関市豊浦町）に到着。だが、その一行は鎌倉に送られ、執権時宗の命によって九月七日に五人とも龍ノ口（神奈川県藤沢市片瀬）で処刑された。時宗は戦意高揚と元軍撃滅の決意表明のために元使を血祭りに挙げたのである。

元使を斬首した時宗は異国警固番役を強化する。島津久経は嫡男忠宗や次男久長、弟の長久（忠時の次男）らの島津一族に加え、薩摩国に所領を持つ御家人を率いて博多での沿岸警備に就き、十月には、忠宗が鎮西引付衆（九州における御家人の領地訴訟の裁判を担当）に任じられた。以後、久経と島津一族は鎌倉に戻ることなく、領国の薩摩と博多間を往復しながら過ごしたようである。

また、島津氏に限らず、九十年前の平家滅亡後や源頼朝が獲得した文治の勅許（諸国への守護・地頭の設置とその任免権を認めた勅許）、五十四年前の承久の乱後に中国・九州に守護職や地頭職を得ていた東国御家人が、この元寇を期に漸次その地に拠点を移し、名実ともに移住土着するようになる

（西遷御家人）。とくに、薩摩国に地頭職を得た「渋谷五氏（東郷・祁答院《けどういん》・鶴田・入来院《いりきいん》・高城《たき》）」と日向国に下向した「伊東氏（日向伊東氏）」とは、島津氏が根本領国とみなす薩隅日三カ国を平定するにあたって死闘を繰り広げる宿敵となる。

翌健治二年（一二七六）正月、執権時宗は異母弟北条宗頼を「長門探題」に任じ、長門国赤間関に下向させる。長門探題は中国地方の備中・備後・安芸・因幡（鳥取県東部）・伯耆《ほうき》（西部）・出雲（島根県東部）・石見（西部）・周防・長門の九カ国を統括するとともに、元軍の再襲来に対処するための重職だった。

その正月、首都臨安を占拠されて南宋は事実上滅亡し、海軍力を有する南宋軍が元軍に吸収されて日本侵攻に投入されることになる。

閏三月、久経は薩摩国の御家人に対し、「異国征伐（といっても高麗を指す）のために罷り越すべし」と命じた。前年暮れに時宗が「防備を固めるとともに異国を征伐すべし」と決断したからである。幕府が「異国警固」と「異国征伐」の二本立てに決定したことによって、北条一門の金沢《かねさわ》実政（実時の四男）が「鎮西軍総司令官」および「異国征伐大将軍」に任じられ、関東の御家人を率いて九州に下向する。

さらに幕府は、鎮西西方奉行で筑前守護の少弐経資《つねすけ》（少弐氏三代当主）に対し、軍船の整備ならびに兵員・船頭・梶取《かんどり》・櫓漕ぎなど人員の確保を下命。とともに、文永の役で元軍にやすやすと上陸を許してしまったことを憂慮し、九州諸国の御家人に命じて西の今津浜から東の名島（東区）までのおよそ二十キロにわたり、高さおよそ二メートル、幅三メートルの石塁（要害石築地《いしついじ》）を築かせる。薩摩の御家人は筥崎（東区）を、日向・大隅の御家人は今津浜を担当し、久経は筥崎に築いた島津陣屋を拠点に作業の指揮を執り、元軍の再襲来に備えた。

ただし異国征伐は、「石築地役」の負担増（費用は九州諸国の荘園・国衙領を問わず課せられた）と渡海船の不足もあって立ち消えになる。

なお、弘安二年（一二七九）には、越前家初代当主島津忠綱（文永五年〈一二六八〉頃に没）の嫡男忠行（越前家二代当主）が、生母の越後局（高鼻和有景《たかはなわありかげ》の娘）から播磨国下揖保荘（兵庫県たつの市）を譲られて播磨国に移住。そのため越前家は「播磨家」とも称されるようになる。

弘安の役

弘安四年（一二八一）五月三日、元による二回目の日本侵攻が始まる。兵力は東路軍（元と高麗の連合軍）四万、江南軍十万（元に滅ぼされた南宋の降兵）、計十四万という世界史上最大規模の大艦隊であった。文永の役と同様、朝鮮半島南端の合浦《ハッポ》を出発した東路軍はまず対馬を、続いて壱岐を攻略して兵站基地（軍需物資の供給・支援地）とし、二十六日に博多湾に押し寄せる。

幕府軍総司令官金沢実政や少弐経資、鎮西東方奉行で豊後守護の大友頼泰《よりやす》（大友氏三代当主）、肥後守護代安達盛宗（泰盛の次男）、薩摩守護島津久経らは、それぞれ領国の御家人を督励動員し、防備を固めていた。総兵力は御家人・非御家人を合わせておよそ十四万である。

東路軍は何度も上陸を敢行したが、幕府軍の多数の軍船や海中に打ち込まれた乱杭、柵のごとく浜辺に立て並べられた盾、そして石塁に阻まれてことごとく失敗。結局、戦闘らしき戦闘もないまま、博多への直接上陸をあきらめ、博多と海の中道《なかみち》でつながる博多湾口の志賀島を占領して城塞を築き、その周辺を軍船の停泊地とした。

これに対し、幕府軍は二手に分かれ、六月八日、海路と海の中道づたいの陸路両面から志賀島に総攻撃を仕掛ける。だが、要塞化された志賀島を奪還するのは困難をきわめたため、対馬・壱岐からの補給ルートを断ち志賀島を孤立させる作戦に出る。

一方、江南軍十万は六月十八日に大小三千五百艘の軍船に分乗して慶元《チンユエン》（浙江省寧波《ニンポー》）から進発したが、当初予定していた壱岐ではなく、停泊地としてより適していると判断した肥前国平戸に、さらに博多湾西方五十キロに位置する伊万里湾口の鷹島（長崎県松浦市）へと向かう。

幕府軍は二十九日、壱岐を兵站基地化していた東路軍部隊を攻撃。久経の弟長久（久長の叔父）も薩摩の御家人比志島祐範・時範父子や川田盛佐・辺牟木《へむき》義隆（ともに祐範の弟）らを率い、その戦闘に加わった。

激戦の末、東路軍部隊を壱岐から駆逐し終えたのは七月二日。その後の東路軍部隊は江南軍と志賀島に残留していた東路軍とともに、六日から七日にかけて再び博多湾上陸を敢行する。しかし、幕府軍の軍船に撃退され、陸上で待ち構える十万の兵士とは刃を交えることなく、二十七日に鷹島に逃げ去った。

元軍の撤退後

幕府軍はその元軍を追って鷹島に向かう。島津久経・長久兄弟も比志島祐範らを率いて鷹島に急行した。ところが七月三十日夜半から閏七月一日にかけて九州北部を台風が襲う。鷹島周辺海上の元の軍船はひとたまりもなく、そのほとんどが海中に没し、東路軍一万と江南軍数万の将兵が溺死する。

幕府軍は八月五日から七日にかけて、司令官（すでに遁走）に見棄てられたうえに帰還する船さえない鷹島の東路軍と江南軍を総攻撃。久経・長久兄弟率いる比志島祐範・時範父子らもこの掃討戦に参加し軍功を挙げた。

志賀島周辺の東路軍はというと、築造した城塞に逃れて台風を免れることはできたが、多くの軍船を失ったばかりか、博多湾での海戦で幕府軍の総攻撃を受けて敗北、壱岐・対馬の残留兵を収容しながら合浦に退却した。二万余を数える捕虜のうち、元と高麗の将兵はほとんど殺害されたが、江南軍将兵の多くを占める南宋人は殺されなかった。貿易などを通じて南宋と交流があった九州の武士らは、元に滅ぼされた南宋人に同情の念を抱き親近感を持っていたからである。

二度にわたる元寇に勝利を収めたものの、博多湾岸の防備はさらに強化されることになった。およそ五十五年後の南北朝期（第三章）に入り、正平二十三・応安元年（一三六八）に元が明に滅ぼされて以降もそれは続き、九州の御家人は恩賞のないまま博多湾防備という終わりのみえない過重負担にあえぐことになる。

ただ、こうした軍事的な強い緊張状態が続いているにもかかわらず、大らかなことに両国の民間商船による貿易は途絶えるどころかより盛んになり、元からは陶磁器や銅銭、経典、薬剤いわゆる「唐《から》物《もの》」が輸入され、日本からは金や銀、刀剣のみならず火薬の原料となる硫黄までもが輸出された。また、その商船に乗船して元に留学する禅僧も少なくなかった。むしろクビライは貿易を積極的に奨励するのである。その結果、日本は経済的・文化的に元の大きな影響を受けることになる。

忠宗、四代当主となる

元寇の再々襲来の脅威にさらされているさなかの弘安七年（一二八四）閏四月二十一日、島津久経（本宗家三代当主）が筥崎の島津陣屋で病没する。享年六十。法名は道忍、受領名は下野守。墓碑は祖父忠久が創建した薩摩国の感応寺と自身が再建した本立寺に建てられた。

家督を継いで島津本宗家四代当主となったのは嫡男忠宗で、薩摩国のおそらく木牟礼城で領国の統治に専念したと思われる。また、次男の久長は、父久経から薩摩国伊作荘（鹿児島県日置市吹上町）・日置郡（日置市の大部分・いちき串木野市・鹿児島市の一部）・信濃国太田荘を譲られて島津氏の分家「伊作家」の初代当主となり、兄忠宗の名代として、満足に所領におもむけずおもに筥崎で異国警固の任を務める（割を食う）ことになったようである。

久経の死のひと月半ほど前の四月四日に執権時宗が三十四歳で急死していた。嫡男貞時が十三歳で九代執権に就任したとはいえ、幕政を実質的に動かしていたのは、北条一門の長老で連署の北条業時や貞時の外祖父で後見役の御家人安達泰盛、貞時の乳父で北条得宗家の家政を司どる内管領《うちかんれい》（得宗家被官の御内人《みうちびと》筆頭）の平頼綱であった。

ところが、すでにその有力御家人泰盛と内管領頼綱との間に幕政をめぐる対立が起こっていた。泰盛の嫡男宗景が「源頼朝の子孫（曾祖父の景盛が頼朝の御落胤）である」と称して源氏に改姓したことを、頼綱が「謀反をくわだて、将軍になろうとしている」と新執権貞時に讒訴。翌弘安八年（一二八五）十一月十七日、頼綱らに攻撃された泰盛・宗景父子以下一族五百余人が討死もしくは自害して果てた（霜月騒動）。また、北九州にあった宗景の弟安達盛宗も少弐経資の軍勢によって攻め殺されてしまう。

この霜月騒動によって幕府創始以来の有力御家人による政治勢力は後退し、それに代わって、本来なら又物《またもの》いわゆる家臣の家臣（陪臣）でしかない得宗家の内管領による幕府支配が進む。しかし、それが幕政を担ってきた御家人の反発を招く。

四　鎌倉幕府の滅亡

鎮西探題の設置

執権北条貞時は正応二年（一二八九）九月、七代将軍維康親王の将軍在任二十三年余の長きにおよんだことや二十六歳という年齢を危ぶみ、その将軍職を廃して京に送還する。後任には、後深草上皇の六宮で十四歳の久明親王（維康の従弟）が任じられ鎌倉に下向した。

また、したたかな貞時は、元寇という対外危機を北条得宗家による九州のみならず全国支配の確立のために最大限利用する。その貞時は正応六年（一二九三）三月、九州の御家人を異国警固番役に専念させる一方で、九州警固を一元化するため、鎮西（東方・西方）奉行を廃し、九州における幕府（日本）軍の現地総司令官ともいうべき「鎮西探題」を新たに設置、北条兼時（八代執権時宗の甥）と名越時家（二月騒動で誅殺された時章の孫）を任命する。二人は博多に下向して鎮西探題館（福岡市博多区冷泉町）に入り、少弐（鎮西西方奉行）・大友（東方奉行）・島津の「九州三人衆」はその支配下に置かれることになった。

元の襲来に際し、九州三人衆に連なる御家人の活躍はめざましかった。しかし、応分の恩賞を得ることもできず、負担がのしかかるばかりの御家人らの不満はいかばかりだったことだろう。当然、幕府とくに我が世の春を謳歌する北条得宗家への反感はいやおうなしに増していく。

鎌倉では四月二十二日、執権貞時を擁して幕府内外で絶大な権力をふるっていた内管領平頼綱が、そのあまりの専横に恐れを抱いた、自身の主君貞時の討手によって経師《きょうし》ヶ谷《がやつ》（材木座）の屋敷に攻め込まれ、頼綱は自害、次男資宗は討ち取られ、炎上するその屋敷の中で一族九十余人が死亡する（平禅門の乱）。頼綱とその一族が滅ぼされたことで安達一族の復帰が認められ、霜月騒動で自害した宗顕（泰盛の甥）の子で、難を逃れていた安達時顕が家督を継いで幕政に復帰することになった。

それでも内管領に牛耳られる北条得宗家

執権貞時の思惑通り、元寇を契機に得宗家による専制は強まり、北条一門の知行国・荘園は増えるばかりであった（全国六十六カ国の守護職数の半分に迫る三十カ国）。それに対し、九州の御家人には異国警固番役と石築地役の負担が相変わらず重くのしかかっていた。しかも、元寇は対外戦争だから恩賞の対象となり得る新たな土地を国内から捻り出すことなど不可能だった。そうした状況に訴訟の停滞や貨幣経済の普及が重なり、所領を失って貧窮に苦しむ御家人（無足《むそく》御家人）は増加の一途をたどっていた。

そこで執権貞時は永仁五年（一二九七）三月、御家人が売却・質入れした所領の無償返還を命じる「永仁《えいにん》の徳政令」を発布、その救済に乗り出す。ただしその一方で、御家人による所領の売買・質入れを禁じるなど、御家人への締め付け・統制を強め、得宗専制の拡大強化も忘れていない。そのため御家人たちの不満はかえって高まる結果となった。

正安三年（一三〇一）八月二十二日、執権として十七年四カ月もの間君臨していた貞時が出家し、嫡男高時が成人するまでの中継ぎとして、従弟の北条師時にその座を譲る。だが、幕府の実権は依然として前執権貞時の手中にあった。

その貞時は翌正安四年、得宗専制の拡大強化の一環であろうか、若狭忠兼（承久の乱で横死した忠季の孫。若狭家三代当主）に濡れ衣を着せ、忠兼が地頭職を務める若狭国遠敷郡内の太良荘・瓜生荘など十四カ所を没収し、そのすべてを得宗家領とする。このあまりにもあからさまな処置によって退潮しつつあった若狭国における若狭家ひいては島津氏の影響力は失われてしまう。

徳治三年（一三〇八）八月十日、父久明親王に替わりわずか八歳の守邦親王が九代（最後の）将軍に就任する。すでに将軍の地位は名目的なものにすぎなくなっていたが、北条得宗家自体も得宗専制の拡大強化とは裏腹に、皮肉にも形骸化の一途をたどっていた。十五年前の正応六年に貞時が「平禅門の乱」で内管領平頼綱とその一族を滅亡に追いやっていたにもかかわらず〝不死〟のごとくよみがえり、得宗家の執事にすぎない長崎円喜が内管領として再び幕政を握っていたのである。すなわち、将軍家を傀儡とした得宗家、その得宗家さえも傀儡化するほど内管領の権力が強大になっていたのだ。

歴代北条執権

①時政（得宗）─②義時（時政の次男。得宗）─③泰時（義時の嫡男。得宗）

④経時（泰時の嫡孫。得宗）─⑤時頼（経時の弟。得宗）─⑥長時（極楽寺流北条氏・赤橋流の祖）

⑦政村（二代執権義時の五男。政村流北条氏の祖）─⑧時宗（時頼の次男。得宗）

⑨貞時（時宗の嫡男。得宗）─⑩師時（宗政流北条氏の祖）─⑪宗宣（大仏流）─⑫煕時（政村流）

⑬基時（極楽寺流）─⑭高時（貞時の嫡男、得宗）─⑮貞顕（金沢流北条氏四代当主）

⑯守時（長時の曾孫・赤橋流北条氏四代当主）

応長元年（一三一一）九月二十二日、十代執権師時が没し、十月三日に北条一門で連署の大仏宗宣《おさらぎむねのぶ》が十一代執権となる。十月二十六日には、師時を追うかのように北条貞時（九代執権）が死去。翌応長二年六月二日、北条熙時《ひろとき》（正室が貞時の娘）が十二代執権に、正和四年（一三一五）七月十一日に北条基時（正室が貞時の娘）が十三代執権に、正和五年七月十日に至って、ようやく貞時の期待通りに嫡男高時が十四歳で十四代執権に就任した。

歴代鎌倉将軍

①頼朝—②頼家（頼朝の嫡男）—③実朝（頼朝の次男）—④摂家将軍 頼経（三寅・九条道家の三男）

⑤頼嗣（頼経の嫡男）—⑥親王将軍 宗尊親王（後嵯峨天皇の一宮）—⑦維康親王（宗尊の嫡男）

⑧久明親王（後深草天皇の六宮）—⑨守邦親王（久明親王の嫡男）

七人島津

文保二年（一三一八）二月二十六日、両統迭立に則り、花園天皇（持明院統）が譲位し、三十一歳の尊治《たかはる》親王（後宇多天皇の二宮。大覚寺統）が後醍醐天皇として践祚する。ただし、後醍醐の皇位継承は、皇太子に立てられた甥の邦良親王〈後宇多の一宮で後醍醐の異母兄後二条天皇〈十三年前の徳治三年八月に崩御〉の一宮〉への中継ぎにすぎず、一代限りの天皇という厳しい制約が幕府によって課されていた。ところが、自身の直系子孫への皇位継承を望む後醍醐は、この制約から脱却するには「討幕」以外にないと野望を抱くようになる。

後醍醐が即位した翌三月、島津忠宗はおそらく木牟礼城で、七人の子息、貞久・忠氏・忠光・時久・資久・資忠・久泰兄弟に所領を譲ったと思われる。嫡男貞久は島津本宗家五代当主となり、薩摩国守護職ならびに島津荘薩摩方惣地頭職と薩摩国内の諸地頭職を引き継ぐ。次男忠氏は薩摩国和泉《いずみ》（出水と表記されるのは後世）郡（鹿児島県出水市・阿久根市・長島町）の地頭職を譲られて「和泉氏」を名乗る。また、三男忠光はのちに足利尊氏（室町〈足利〉幕府初代将軍）から大隅国佐多《さた》（南大隅町）の地頭職を与えられて「佐多氏」を、四男時久は同様に日向国新納院《にいろ》（宮崎県高鍋町・木城町《きじょうちょう》・川南町一帯）の地頭職を与えられて「新納氏」を、五男資久も同様に三俣院樺山（北諸県郡三股町樺山）を与えられて「樺山氏」を、六男資忠も同様に三俣院西隣りの北郷《ほんごう》（薩摩迫《さつまざこ》一帯・都城市山田町）を与えられて「北郷氏」を、七男久泰は日向国樺山内石坂の地（三股町樺山内）を得て「石坂氏」を名乗ることになる。

こうして兄弟七人がそれぞれの当主になったのだが、いつの頃からか彼らは「七人島津」と呼ばれるようになった。

若干付け加えると、このとき忠宗は、生母浄温夫人（尼妙智）から譲られていた下総国相馬御厨内の黒崎郷（千葉県我孫子市岡発戸）を貞久らの子息に譲渡した。また島津氏が根本領国とみなす薩隅

島津氏略系図・七人島津（四）

③久経―④忠宗

- ⑤貞久（島津本宗家五代当主）
- 次男 忠氏（薩摩国和泉郡の地頭職を譲られて「和泉氏」初代当主）
  - 忠直（忠氏の嫡男。和泉氏二代当主）
- 三男 忠光（のちに足利尊氏から大隅国佐多の地頭職を与えられて「佐多氏」初代当主）
  - 忠直（忠光の嫡男。佐多氏二代当主）
- 四男 時久（同様に日向国新納院の地頭職を与えられて「新納氏」初代当主）
  - 実久（時久の次男。新納氏二代当主）―忠臣（実久の子。新納氏三代当主）
- 五男 資久（同様に日向国樺山の地頭職を与えられて「樺山氏」初代当主）
  - 音久（北郷氏初代当主資忠の次男。樺山氏二代当主）
- 六男 資忠（同様に日向国北郷の地頭職を与えられて「北郷氏」初代当主）
  - 義久（資忠の嫡男。北郷氏二代当主）―久秀（義久の三男。北郷氏三代当主）
- 七男 久泰（日向国樺山内石坂の地を得て「石坂氏」初代当主。継嗣がなく断絶した可能性がある）

日三カ国以外のこの黒崎郷を含め、和泉・近江・伊賀・伊勢・讃岐などに有していた所領は、のちに勃発する内乱「南北朝の動乱（後述の第三章・二）」の中でそれぞれの守護や近隣の地頭らに押領されて支配権が失われていく。

天皇親政を断行した後醍醐

元亨元年（一三二一）十二月九日、脚気を患っていた後宇多法皇（後醍醐天皇の父。大覚寺統）が隠棲する。これを機に後醍醐は、白河上皇以来二百三十五年におよぶ院政を廃止し、異例の天皇親政を断行する。討幕への思いに駆られていた後醍醐は、側近の日野俊基を密かに諸国へ派遣し、反幕勢力を募らせる。と同時に、みずから〝無礼講〟と称する密談をたびたび開いて討幕計画を練り上げていく。

元亨四年（一三二四・十二月九日に正中と改元）六月二十五日、後宇多法皇が崩御。従来からの幕府裁定に従うならば、あと三、四年で後醍醐は甥の皇太子邦良親王に皇位を譲らなければならない。だがそうなると、緒に就いたばかりの親政が途絶してしまう。

そこで後醍醐は、皇位の最終決定権を握る幕府を抑え込むため、六波羅南方探題大仏惟貞（十一代執権宗宣の嫡男）が鎌倉に戻っている隙を突き、まずは六波羅探題館を襲撃して北方探題北条範貞を血祭りに上げ、南都北嶺の衆徒に宇治・瀬田を固めさせるという計画を実行に移そうとした。だが、同志の一人土岐頼員が妻に漏らしたことでそれが露見してしまう。九月十九日、六波羅探題の軍勢に襲われた多治見国長・土岐頼兼《よりかず》らは討死もしくは自害して果て、討幕計画の首謀者日野資朝、日野俊基らも拘禁された。

四日後の九月二十三日、権中納言万里小路《までのこうじ》宣房《のぶふさ》が勅使として鎌倉に下向。宣房が後醍醐の関与を否定したことで〝黒幕〟の後醍醐に対する咎《とが》めはなく、側近中もっとも切れ者の日野資朝が佐渡島に配流されただけで事件は落着した（正中の変）。ただし幕府は、後醍醐を威圧するため、ふた月後の十一月に金沢貞将《さだゆき》（のちに十五代執権に就く連署貞顕の嫡男）を新たな六波羅南方探題に任じ、五千騎という異例の大軍とともに京へ送り込む。

領国内統治に向け動き始めた貞久

翌正中二年（一三二五）閏正月二十二日、島津貞久は薩摩国諸地域をめぐる大規模な巻狩（狩場を四方から多人数で囲み、なかに獲物を取り込んで狩る方法。軍事訓練の目的もあった）をおこなった。参加したのは薩摩国内に地頭職を持つ和泉忠氏や山田宗久（山田氏初代当主）らの一族や守護代酒匂氏、本田氏、猿渡氏など譜代の被官である。

貞久の所領薩摩郡（薩摩川内市）から南下し、伊作荘（日置市日置町一帯）などを経て、薩摩国最南端の頴娃《えい》郡（指宿市と南九州市の一部）で折り返して錦江湾西岸部を北上、給黎院（鹿児島市喜入町）などを通って薩摩半島を一周し、貞久の所領鹿児島郡（鹿児島市）で終えた。この狩猟行は、島津一族にいまだ頑強に抵抗している在地武士層に対する示威もあるが、元寇によってままならなくなっていた領国内統治に、これからは薩摩守護にして島津本家五代当主たる貞久が直々にあたるとの決意を示すものであった。

八月十六日、木牟礼城で貞久と正室梅林《せんりん》夫人（大友氏四代当主親時の娘）との間に三男生駒丸が誕生。のちの島津本宗家六代当主ならびに「総州家」初代当主師久《もろひさ》である。

十一月十二日、島津忠宗（本宗家四代当主）が父久経の亡くなった同じ筥崎の島津陣屋で病没する。享年七十五。法名は道義。墓碑は曽祖父忠久が創建した感応寺と本立寺に建てられた。隠居していた忠宗は、薩摩国内の統治を貞久らの子息に任せ、自身はその捨て石になるつもりで異国警固番役として筥崎の陣屋に詰めていたようである。

後醍醐天皇の蜂起

正中三年（一三二六）三月二十日、皇太子邦良親王が二十六歳で病没する。朝廷は四月二十六日に嘉暦と改元。七月中旬、持明院統の再三にわたる嘆願を入れた幕府は、邦良の後継として後伏見上皇（持明院統）の一宮量仁《かずひと》親王を皇太子とする旨を後醍醐に伝える。両統迭立の原則に則って幕府は決定したが、上皇として権力を握るために後醍醐（大覚寺統）は、自身の一宮尊良《たかよし》親王か二宮世良《せよし》親王の立太子を望んでいたため、この決定に激怒。その無効を主張し、譲位を拒み続ける。それどころか、「正中の変」で罪に問われたにもかかわらず、赦免された日野俊基や真言密教の僧文観、円観らと謀りながら、密かに、執拗に、しかも急ピッチで討幕計画を推し進めていく。

嘉暦三年（一三二八）四月十一日、木牟礼城で貞久と梅林夫人との間に師久の弟となる四男又三郎が生まれた。のちの「奥州家」初代当主氏久《うじひさ》である。

正中の変の失敗からおよそ七年後の元徳三年（一三三一）四月二十九日、後醍醐が秘密裏に進めてきた討幕計画が再び露見する。何度諌《いさ》めても聞く耳を持たぬ後醍醐に堪えかねた忠臣の前権大納言吉田定房が六波羅探題に密告したのである。無謀な討幕計画が実行されてしまえば、かならずや処罰されるであろう後醍醐を守るためのやむにやまれぬ行動であった。討幕計画に関与した日野俊基や文観らは捕らえられ、後醍醐にも追及の手が伸びようとしていた。そのさなかの八月九日、後醍醐は元弘に改元。しかし幕府と持明院統は認めず、引き続き元徳を使用する。

強制譲位の危機を察した後醍醐は二十四日、三種の神器を携え、側近とともに二条富小路内裏（中京区鍛冶屋町）を脱出、二十七日には山城国南部の笠置山（京都府笠置町）に籠城する。そこへ三河・伊勢・伊賀・大和・紀伊五カ国の武士団や笠置寺の僧兵らが加わり、総勢三千で挙兵した。鎌倉幕府討滅という、天皇位にある後醍醐によるクーデター「元弘の乱」の始まりである。

六波羅探題には、後醍醐のみならず、河内国の楠木正成が赤坂城（大阪府千早赤阪村）で討幕の烽火《のろし》を上げたとの急報もとどく。正成は、鎌倉御家人もしくは得宗被官とされるが、農民や商人、山伏などを組織化した武力集団の棟梁いわゆる〝悪党〟ともされている。悪党とは、朝廷や幕府、荘園領主に従わず、年貢納入の怠慢や拒否など、反体制的な行為を繰り返す不特定の新興領主層を指す。

楠木正成の挙兵に驚いた六波羅探題は幕府に急遽援軍を要請。九月三日、北方探題北条仲時（十三代執権基時の嫡男。北条範貞の後任）や南方探題北条時益（金沢貞将の後任）率いる六波羅軍七万五千が笠置山を包囲する。援軍の要請を受けた幕府は、九月五日から七日にかけて二十万余の大軍を鎌倉から派遣する。

廃帝後醍醐の配流

幕府は九月二十日、五年前の嘉暦元年七月に皇太子に立てた十九歳の量仁親王（持明院統）を、三種の神器のないまま践祚させた。のちの「北朝」初代となる光厳天皇である。

二十五日、幕府の援軍が笠置山麓に着陣。笠置軍はおよそ百倍の敵を相手に善戦したが衆寡敵せず、二十八日の夜、放たれた火によって総崩れとなり笠置城は陥落。廃位された後醍醐は三宮護良親王（大塔宮・この時点では還俗前なので尊雲法親王。若くして天台座主に二度就任）、一宮尊良王、四宮宗良親王（尊澄法親王・護良後に天台座主に就任）らとともに、楠木正成を頼って赤坂城をめざす。

しかし翌二十九日、山中をさまよっていた後醍醐と宗良が捕縛され、赤坂城にたどり着いていた尊良は十月三日、みずから幕府軍に投降し、後醍醐・尊良・宗良ともに京に送還された。幕府は五日、後醍醐を正式に退位させ、六日には、三種の神器を光厳天皇に譲渡させる。

赤坂城では、逃げ延びてきた護良を擁し、わずか八百という勢力で楠木正成が幕府軍を翻弄していた。しかし、笠置城を落とした幕府の援軍がそこに加われてはたまらない。兵糧も尽きた十月二十一日の夜、正成は城に火を放ち、自害・焼死を装って背後の金剛山中に姿を消し、護良も山伏姿に身を変え、奈良・紀伊国熊野へと逃れて消息を絶った（赤坂城の戦い）。しかし護良と正成は、潜伏しながらも緊密に連絡を取り合い、再起を窺っていた。

廃帝後醍醐は翌元徳四年（一三三二）三月、承久の乱の後鳥羽法皇の先例に倣い、謀反人として隠岐島に遠流となる。従ったのは側近の千種忠顕《ただあき》らほんの少数であった。尊良は土佐国、宗良が讃岐国、側近の公卿、僧侶、武将もことごとく流罪、もしくは処刑された。

救世主楠木正成の復活と護良親王の挙兵

廃帝後醍醐が隠岐島に向かって北上中の四月三日、戦死したと思われていた楠木正成が赤坂城の奪還に成功し、和泉・河内両国を制圧。正成は、赤坂城の詰城となる千早城（大阪府千早赤阪村）など多数の要塞を金剛山中に築き、幕府軍に立ち向かう。

一方、行方をくらましていた護良親王は、紀伊熊野から十津川（奈良県十津川村）に入って還俗し、赤松円心（則村）の三男則祐《そくゆう》らの忠臣とともに吉野山に向かった。その途上、護良は幕府討滅の令旨を発しながら畿内近国の悪党・土豪らを引き込み、さらに金峯山寺（吉野町）の僧兵を加えて吉野城で蜂起する。四月二十八日、光厳天皇の即位による代始《だいはじめ》として改元され正慶元年となる。

翌正慶二年（一三三三）正月二十一日、赤松円心は護良の発した幕府討滅の令旨に従い、苔縄《こけなわ》城（兵庫県上郡町）を築いて挙兵。嫡男範資や次男貞範、則祐をはじめとする子息や一族、播磨国の武士らを糾合し、山陰道・山陽道諸国の幕府勢による、六波羅探題救援を阻止するため諸街道を封鎖する。二月四日には、護良の令旨を受けた伊予水軍などが挙兵、鎮圧にきた金沢時直《ときなお》率いる長門探題軍を撤退させた。

同じ頃、六波羅探題から再び援軍要請を受けて鎌倉から出陣した三十万の幕府軍が、吉野城・赤坂城・千早城の三手に分かれて攻め寄せていた。幕府軍は吉野城と赤坂城を苦戦の末に陥落させることはできたが、吉野城から護良を取り逃すという失態を犯す。のみならず、楠木正成がわずか一千足らずの兵で拠る千早城を落とせず（千早城の戦い）、いたずらに時間を費やしたことが幕府存立の命取りになる。討幕の気運が大いに盛り上がってしまうからである。

後醍醐の脱出と六波羅探題の陥落

赤松円心を大将とする一千の軍勢は山陽道を東上、摂津国摩耶山の中腹にある摩耶寺（兵庫県神戸市）に本陣を構え、二月十一日には、攻め寄せてきた六波羅軍五千騎を討ち破る。円心は摂津国瀬川河原（大阪府箕面市）でその援軍一万に一度は破れるものの、夜襲を仕掛けて勝利（瀬川合戦）。円心は六波羅軍を追撃するため東上を再開する。

廃帝後醍醐は閏二月二十四日、隠岐島の黒木御所（島根県西ノ島町）を脱出、伯耆国の悪党名和長年に迎えられた。長年は後醍醐を奉じ船上山（琴浦町）で挙兵する。

一方、河内国の楠木正成は、幕府の大軍が千早城に釘付けになっている隙に密かに城を抜け出し、野伏（農民の武装集団）四千を率いて天王寺・住吉で市街戦を展開、六波羅探題から出陣した五千の兵を敗北に追い込んだ。

こうした状況に危機感を抱いた幕府は、三月二十七日、船上山の反幕勢力の討滅と六波羅探題支援のため、名越高家（初代鎮西探題時家の子）を大手軍、足利尊氏《たかうじ》（本名は高氏だが便宜上尊氏と表記。足利氏八代当主）を搦手軍それぞれの総大将として派遣する。その途上、尊氏が三河国矢作《やはぎ》（愛知県岡崎市）に到着すると、それを待っていたかのように後醍醐の「討幕綸旨（上皇として下す院宣ではなく、天皇として下す綸旨）」がとどく。入洛した尊氏は翌四月十七日、船上山の後醍醐に密使を送って味方したい旨を告げる。尊氏は、大手軍の総大将名越高家が緒戦の久我畷《こがなわて》の戦い（京都市伏見区）であっけない最期を遂げた二十七日、後醍醐から諸国の討幕軍を催促・指揮する許可を得る。尊氏はその討幕綸旨を伝達する形で自身による軍勢催促状（出陣命令書）を畿内近国の武将に、所領の丹波国篠村八幡宮（京都府亀岡市）で討幕の兵を挙げた二十九日には、薩摩の島津貞久・豊後の大友貞宗（大友氏六代当主・島津貞久の正室梅林夫人の兄）・肥後の阿蘇惟時《これとき》の三人に送った。

幕府軍が千早城を攻めあぐねていた五月七日、丹波（京都府中部・兵庫県北東部・大阪府北部）・但馬（兵庫県北西部）両国の御家人の加勢を得た足利軍二万五千は、京の西方嵯峨野から入洛する。この足利軍に、洛中でひと暴れして京南部に退いていた赤松円心の軍勢と後醍醐に遣わされた千種忠顕率いる山陰道諸国の軍勢、阿蘇惟時・惟直父子率いる肥後国の軍勢、さらに、後醍醐の五宮恒良《つねよし》親王を奉じる但馬守護太田守延《もりのぶ》の軍勢も加わり、六波羅探題館に総攻撃をかける。

六波羅籠城軍も必死に防戦したが、降伏・逃亡する御家人が続出。その夜、敗北が決定的になると、北方探題北条仲時と南方探題北条時益は、光厳天皇、後伏見・花園両上皇を奉じ、燃え盛る探題館を脱出、鎌倉へ向けて山科街道を落ちていった。六波羅探題の陥落である。

翌八日、北条一族四百余騎は、近江国番場峠で僧兵や野伏、悪党ら二千騎に行く手を阻まれて時益が討死、追い詰められた仲時は翌九日、蓮華寺（滋賀県米原市番場）で一族もろとも自刃する。左肘に矢を受けて負傷していた光厳天皇をはじめ後伏見・花園両上皇は三種の神器とともに京に連れ戻された。この北条一族を追い詰めたのは反幕府方となった御家人、のちに何事にも型破りな〝婆娑羅《ばさら》大名〟の雄名を馳せる佐々木（京極）道誉《どうよ》だったとされる。

新田義貞の挙兵

廃帝後醍醐と六波羅探題との戦いは決着したが、それに追い打ちをかけるように、北条時益が討死した五月八日、新田義貞（新田氏八代当主）がわずか百五十騎を率いて上野国で挙兵した。義貞は幕府軍の一員として千早城攻めに加わっていたが、そのさなかに護良親王から後醍醐の討幕綸旨を取得したため、病気と偽り領国の上野国新田荘（群馬県太田市）に引き上げていたのである。

義貞だけではない。他の将士にも護良から後醍醐の令旨がとどけられていた。しかも、千早城を攻めては負けを繰り返し、厭戦気分が蔓延していたところに六波羅陥落の悲報が伝えられた。千早城を包囲していた幕府軍三十万は意気消沈・戦意喪失し、後醍醐方に寝返るか、奈良へ落ちるなど自然解散状態となった。

義貞の軍勢は、途中勢力を増しながら鎌倉街道（上ノ道）を一気に南下、そこへ尊氏の三男足利千寿王（四歳・義詮《よしあきら》）も合流する。六波羅陥落の知らせが広まったことで、足利・新田両氏から成る討幕軍は馳せ参じる軍勢を加えてその勢いを増す。

新田氏は八幡太郎源義家の子義国の嫡男義重を初代とし、足利氏は義国の次男義康が初代。利根川の支流渡良瀬川を隔て、義重は南西側の上野国新田荘を、義康は北東側の下野国足利荘（栃木県足利市）を本拠地としていた。

義重が源平合戦における源頼朝の再三の参陣要請を無視・静観したことで、幕府内で冷遇された新田氏とは対照的に、足利氏は、保元の乱で義康が頼朝の父義朝とともに戦功を立てただけでなく、義康の三男で足利氏二代当主義兼も頼朝の挙兵に加わっている。その義兼が初代執権北条時政の娘時子（政子の同母妹）を正室に迎えて以降、足利氏は代々北条氏と姻戚関係を結び、幕府内で隠然たる勢力を保持していた。

鎌倉幕府の滅亡

足利・新田連合軍は武蔵国や上野国、相模国などの軍勢を加え、二十万にまでふくれ上がっていた。その連合軍は五月十六日、多摩川の分倍《ぶばい》河原（東京都府中市）ならびに幕府の関所霞ノ関（多摩市）で北条泰家（十四代執権高時の同母弟）の率いる幕府軍十万を撃破する。

一方幕府は、赤橋守時（十六代執権）を北方の巨袋坂《こぶくろざか》（鶴岡八幡宮の裏手）に、北条基時（十三代執権）と金沢貞将を鎌倉北西の化粧《けわい》坂に、大仏貞直を南西の極楽寺坂に配置し、さらにそれらの援軍を将軍御所や若宮大路周辺に待機させ、幕府軍総勢十四万で連合軍の迎撃態勢を整えていた。

十八日早朝、足利・新田連合軍は、藤沢や片瀬、腰越などに火を放ち、その三カ所の防衛陣に攻め寄せたが、三方を山に囲まれたいずれの守備陣をも突破することはできなかった。だが二十一日未明、連合軍は稲村ケ崎断崖下の潮の引いた砂浜から突入して鎌倉を蹂躙。この十八日、巨袋坂を守りきれずに赤橋守時が自刃し、二十二日には、化粧坂の金沢貞将が新田軍に突撃して討死し、北条基時も自刃、極楽寺坂の大仏貞直は討ち取られてしまった。

相次ぐ悲報に北条高時（十四代執権）と金沢貞顕（十五代執権）は、葛西ケ谷《やつ》の北条家の菩提寺東勝寺（鎌倉市小町）に退いてみずから火を放ち、一族や安達時顕、内管領長崎高資《たかすけ》、その父円喜ら数百人の家臣や軍兵らとともに自刃する。その混乱のさなかに北条泰家は、実兄高時の次男北条時行《ときゆき》を信濃国に逃がし、自身は再起を期して陸奥国に逃げ落ちていった。足利尊氏が鎌倉幕府からの離反を決意してから二十四日、新田義貞が挙兵してからわずか十五日しか経っていなかった。なお、尊氏の庶長子足利竹若丸（生母は足利一族の加古基氏《かこもとうじ》の娘）は居住していた伊豆山神社から密かに上洛を試みたものの、五月二日に北条氏の放った刺客によって、すでにその途上の浮嶋ケ原（静岡県沼津市）で殺害されていた。また、竹若丸とは対照的に、生母の越前局のもとにいたのか（在所不明）、尊氏に認知されていないため北条氏の殺害名簿に載っていなかったのか、もしくは東勝寺に喝食《かっしき》（稚児・剃髪しない少年修行僧）として預けられていたからなのかわからないが、竹若丸の異母弟で七歳の新熊野《いまくまの》（忠冬）は生き延びている。この場合、燃え盛る東勝寺の混乱に乗じて抜け出していたことになる。が、この忠冬こそが、自身を疎む尊氏を徹底的に悩ます武将に成長するのだ。

九代将軍守邦親王はというと、延慶元年八月に将軍職に就いてから二十四年九カ月が経っていたが、その職を辞して出家したとされる。

源頼朝が文治の勅許を得て創始した鎌倉幕府は百五十年足らずで滅びた。

なお、鎌倉陥落にともなう、混乱する戦後処理およびその支配権をめぐって新田勢と足利勢が勢威を競ったが、最終的に義貞が折れて上洛する。これによって足利氏による鎌倉支配が定まったが、義貞には遺恨が残り、のちに新田・足利両氏の激しい対立抗争を引き起こすことになる。

鎮西・長門両探題も消滅

九州では、ふた月ほど前の三月三日、四代鎮西探題赤橋英時（十六代執権守時の弟であり尊氏の正室登子《なりこ》の兄）が、護良親王の発した幕府討滅の令旨を受けて博多の鎮西探題館に攻め寄せてきた菊池武時（蒙古襲来時に活躍した武房の孫。菊池氏十二代当主）を、筑前の少弐貞経（少弐氏五代当主）や豊後の大友貞宗《さだむね》（大友氏六代当主）らとともに返り討ちにした（博多合戦）。

しかし、六波羅探題滅亡の知らせが伝えられると、護良と足利尊氏の双方から討幕挙兵の軍勢催促状を受け取っていた島津貞久は、一族の山田宗久（山田氏初代当主）を副将とし、その嫡男忠能や甥の伊作宗久（伊作家初代当主久長の嫡男）、伊集院忠国（伊集院氏五代当主）らの島津一族や重臣本田久兼らを従えて居城木牟礼城から出陣。薩摩の指宿《いぶすき》忠篤や二階堂行久、渋谷一族の入来院典重らを率い、少弐貞経・頼尚《よりひさ》父子や大友貞宗とその庶子貞順《さだより》・貞載《さだとし》兄弟、大隅の禰寝《ねじめ》清武、肥後の相良長氏（相良氏四代当主）らとともに鎮西探題館を攻め、五月二十五日に赤橋英時とその一族二百数十人を自害に追い込み、鎮西探題を陥落させた。

六波羅および鎌倉陥落の悲報を受けた長門探題金沢時直は、鎮西探題の救援に駆けつけたが、たどり着く前にその滅亡を知り、翌二十六日、少弐貞経と島津貞久に降伏。幕府の西国・九州における支配拠点はその幕を閉じることになった（元弘の乱の終結）。

島津氏が最後の最後、討幕に加わったのは、元寇以降の幕府（北条得宗家）による圧政も大きな要因である。だが、それ以上に大きく影響したと思われるのは、百三十年前の建仁三年九月の「比企能員の変」に際して幕府から受けた処遇であろう。貞久の高祖父である島津忠久（本宗家初代当主）はこのとき、北条氏に滅ぼされた比企能員の縁座として薩隅日三カ国守護職と島津荘惣地頭職を取り上げられてしまった。

忠久が二年後に薩摩国守護職を、十年後に島津荘薩摩方惣地頭職を取り戻したものの、大隅・日向両国の守護職、島津荘大隅方・日向方両惣地頭職は北条一族で占められたままだった。貞久が廃帝後醍醐・足利尊氏の呼びかけに応え、鎮西探題の攻撃に加わった背景には、薩隅日三カ国守護職の回復という悲願とともにそうした長年の恨みがあったことは否定できない。

第三章　南北朝と島津一族

一　島津貞久による基礎固め

建武の新政

伯耆国船上山にあった廃帝後醍醐（大覚寺統）は、足利・新田連合軍が鎌倉に攻め込む前日の正慶二年（一三三三）五月十七日、鎌倉幕府による自身の退位はもとより、光厳天皇（持明院統）の即位も認めず、光厳には上皇の待遇を与えて退位（五月二十五日）させ、年号も正慶を廃して自身が定めた元弘を復活、光厳のもとで実施された朝廷人事・政策を無効にする。

後醍醐天皇は二十三日、京に向けて船上山を出発、三十日に摂津国兵庫（神戸市兵庫区）で赤松円心に出迎えられ、楠木正成が参上した六月一日には、鎌倉から新田義貞が派遣した使者によって幕府滅亡を知る。歓喜・高揚感に酔いしれていたであろう後醍醐は五日、入洛して二条富小路内裏（中京区鍛冶屋町）に凱旋、三種の神器をその手に握った。

後醍醐は五日、天皇独裁体制を遂行するための新政府「建武政権」を樹立し、みずからが裁断する「建武の新政」を開始する。後醍醐は、天皇の地位を形骸化する院政を廃止し、天皇の代理・補佐役の摂政・関白も置かず、旧鎌倉幕府の御家人制さえも撤廃する。地方には国司と守護を併置するものの、征夷大将軍が任じていた守護職は後醍醐が直接任命することにし、武士に対する恩賞給付も綸旨《りんじ》によっておこなう。武士を直接掌握するためである。なお、地方に土着していた武士〈地頭や荘官、在庁官人〈多くは荘官を兼ねる〉〉はやがて軍事力・政治力を強めて「国人《こくじん》・国衆《くにしゅう》」と呼ばれるようになる。

足利尊氏はというと、六波羅探題の陥落直後から旧鎌倉幕府の侍所と同様の機能を持つ「奉行所」を設置、自身の呼びかけに応じて諸国から上洛した武士の「着到状〈軍勢催促に応じて所定の場所に馳せ参じた旨を記した上申書〉」や「軍忠状〈自身の軍功証明書〉」を受理し、その認定のしるしとして証判〈署名〉を加える業務や、無政府状態と化した京の治安維持に努め、武家の棟梁としての役目に精力的に取り組んでいた。

ところが、武士を傘下に収めようともくろむ後醍醐の三宮護良親王は、尊氏のその動きを警戒してみずから「将軍宮」を称し、大和国最大の山城信貴山城〈奈良県平群町〉に大軍を率いて籠城、臨戦態勢を敷いていた。父後醍醐が配流されて以降二年にわたる討幕活動の実質的な最高指導者・先駆者を自負する護良は、後醍醐の「軍勢を解散し、再出家して比叡山に戻るべし」という勅旨を拒否したばかりか、「尊氏には幕府再興の野望がある」と決めつけ、逆にその誅伐を要請する。

だが、討幕の最大の功労者尊氏を罪人として誅伐することなど正気の沙汰ではない。困り果てた後醍醐は、護良を軍事の最高位である征夷大将軍・兵部卿に任じるのと引き換えに、尊氏誅伐のくわだてを放棄させる。それを受け入れた護良は六月十三日、赤松円心の一族を先陣とし、ようやく信貴山を下りて上洛した。

薩隅日三カ国守護職の回復

後醍醐天皇が入洛した直後に足利尊氏は、鎮守府将軍・従四位下左兵衛督を拝任していたが、八月には従三位に昇叙（のちに正三位・従二位）、加えて北条得宗家が独占してきた武蔵守にも任じられた（世襲していた三河国・上総国両守護職は安堵）。さらに、きわめて異例なことに、天皇である後醍醐の諱《いみな》（実名）である「尊治」の偏諱《へんき》（一字）を与えられて高氏から尊氏に名を改めた。

また、北条氏に疎まれて長らく無位無官だった新田義貞は、従四位上左馬助に任じられると同時に上野介（上野国は親王任国なので介が実質的な長官）・越後守・播磨守に、河内国の一土豪にすぎない楠木正成は摂津守・河内守に、伯耆国の悪党で海運業者にすぎない名和長年は因幡守・伯耆守に、野伏の頭目赤松円心は播磨国守護職にそれぞれ任じられている。

薩摩守護の島津貞久は鎮西探題滅亡後、自身と一族の着到状や軍忠状を携えて上洛していたと思われる。貞久はその鎮西探題を滅ぼした軍功が認められて六月十五日に日向国守護職に任じられ、その前後に大隅国守護職や島津荘大隅方惣地頭職なども与えられた（島津荘日向方の惣地頭職と国富荘〈宮崎市・西都市・新富町一帯〉の地頭職は足利尊氏に与えられた）。始祖忠久が「比企能員の変」の縁座により、解任されて以来およそ百三十年ぶりに、一族の悲願であった薩隅日三カ国守護職の兼帯を回復することができたのである（ところが二年後の建武二年十二月頃、尊氏によって日向国守護職は足利一門の細川頼春に改替されてしまう）。

ただし、それらの地をすぐに実効支配できたわけではなく、俗な言い方をすれば、「肩書はやるから、あとは実力で従わせろ」ということである。実際、郡司・郷司などの在庁官人や移住土着した西遷御家人ら国人衆の抵抗にその後長らく苦しめられ、薩摩国のみならず、大隅・日向両国についても数多の苦難を乗り越えなければならないのである。

建武の新政に瓦解の兆候

後醍醐天皇による建武の新政が緒についたといっても、その実態は名ばかりであった。もっとも重要視すべき論功行賞や人事が一部の功臣や公家には厚かったが、大多数の武士には薄く、官位や新たな領地を手にできた武士は少数だった。しかも、所領関係の紛争に満足な解決を与えることもできず、先例や現実無視の後醍醐への媚びへつらい、賄賂ばかりがまかり通っていた。

幕府打倒の中心となった武士たちの大多数は、北条政権いわゆる得宗専制政治への数々の不満から立ち上がったのであって、武家政権である幕府そのものを否定し、天皇親政の実現を願っていたわけではなかったのである。後醍醐に期待を裏切られた諸国の武士たちは、建武の新政を見限り、武家の棟梁足利尊氏による幕府再興の期待を早々とふくらませていくことになる。

十月二十日、陸奥守北畠顕家は後醍醐の七宮で六歳の義良《のりよし》親王（のちの後村上天皇）を奉じ、父親房とともに陸奥国府の置かれている多賀城（宮城県多賀市）に下向。目的は北条氏残党の討伐と陸奥・出羽両国の武士を取り込むこと、そして尊氏が支配する鎌倉を牽制することにあった。これにより、両国を管轄する「陸奥将軍府」が成立する。

十二月に入ると、相模守に補任された尊氏の実弟足利直義《ただよし》が、義良の同母兄で八歳の六宮成良《なりよし》親王を奉じて鎌倉に下る。これにより関東十カ国（いわゆる関八州と呼ばれる、相模・武蔵・安房・上総・

下総・常陸・下野・上野に甲斐・伊豆を加える）を管轄する「鎌倉将軍府」が成った。事実上の鎌倉将軍府のリーダー直義は、幕府再興を期待する関東の武士の空気を読み取り、隠密裏に幕府再興計画に着手する。つまり建武政権の打倒である。

ふた月ほど前の十月二十二日、過激な言動によって後醍醐から征夷大将軍職を解任（八月末頃）されていた護良親王は起死回生を図り、尊氏を攻め殺そうとしたが失敗。尊氏に護良討伐を迫られた後醍醐は護良を捕らえて拘禁。護良はその後、鎌倉将軍府の直義のもとに送られて幽閉の身となった。元弘四年（一三三四）正月二十九日、元号が建武に改められた。

北条氏残党の蜂起

翌建武二年（一三三五）六月、後醍醐天皇暗殺計画が発覚。首謀者の北条泰家は、鎌倉幕府滅亡時に同母兄赤橋高時（十四代執権・最後の得宗）の遺児時行を信濃国に脱出させたあと、陸奥国に逃げ落ち、その後上洛して潜伏、後醍醐の命を狙っていた。しかし追われる身となった泰家は追跡をかわしながら各地の北条残党に蜂起を呼びかける。七月十四日、信濃国に潜伏していた時行がそれに呼応し、建武の新政に不満を抱いている北条氏恩顧の諸将の支援を受けながら、鎌倉幕府再興を掲げて反乱を起こす。

時行率いる北条軍は信濃から武蔵国に侵攻し、足利直義の指揮する鎌倉将軍府軍を撃破。直義は鎌倉を放棄し、六宮成良親王と甥の義詮をともなって東海道を西へ敗走、成良は帰洛したため、わずか一年八カ月足らずで鎌倉将軍府は消滅する。

その際直義は、鎌倉に幽閉されている護良親王が北条軍の〝錦の御旗〟に担がれるのを恐れて密かに殺害させた。七月二十五日には、もぬけの殻の鎌倉が北条軍によって占拠された（中先代の乱）。

直義の窮地を知った尊氏は、後醍醐に征夷大将軍職ならびに総追捕使補任を要求。しかし後醍醐は、「幕府再興の恐れあり」としてそれを斥け、成良を征夷大将軍に任じて（翌年三月まで）時行討伐を命じる。だが、尊氏は八月二日、後醍醐の勅許を得ずにみずから「征東将軍」と称し、時行を討伐すべく鎌倉に出陣。後醍醐はやむなく尊氏の征東将軍職を追認する。このとき島津貞久は、内裏大番役として滞京していたようだが、他の武士ら同様に建武政権の腐敗・堕落に辟易していたため、尊氏による幕府再興を期待して弟の時久に軍兵を与え、尊氏率いる足利軍に参加させた。

三河国で合流した尊氏・直義兄弟は、軍容を整えて鎌倉へ進撃し、遠江国、駿河国、相模国の各所で北条軍を撃破。敗れた時行が行方をくらます一方で、尊氏・直義兄弟は十九日に鎌倉奪還を果たす。時行による〝新鎌倉幕府〟はわずか二十数日で潰《つい》えてしまった。

尊氏討伐の命が下る

鎌倉に入った足利尊氏は、旧幕府政庁若宮大路御所に居を定め、恩賞給付権が後醍醐天皇にあるにもかかわらず、麾下の武将に独自に恩賞を与え始める。この造反行為を知った後醍醐は激怒、尊氏に即時帰京を厳命する。しかし尊氏は、「京に帰れば新田義貞や反対派の公卿らの思うツボ、殺されるにちがいない」という直義の助言を受け入れ、そのまま鎌倉に居座った。その直義は十一月二日、義貞を誅伐するための軍勢催促状を西国の有力武将らに発し、尊氏も義貞を「君側の奸」としてその誅伐を後醍醐に奏請《そうせい》する。

しかし直義が、護良親王を殺害していたことが禍し、逆に後醍醐は、尊氏・直義兄弟の官位をすべて剝奪し、十九日に「足利尊氏討伐の綸旨」を義貞に与え、一宮尊良親王を上将軍、義貞を総大将とする追討軍（新田軍）を出陣させる（建武の乱の発端）。新田軍は東海道を鎌倉へと向かったが、このとき島津貞久は、東山道を進軍する搦手軍の侍大将の一人として、一族の山田宗久や軍《いくさ》奉行の本田久兼らを従えて参陣せざるを得なくなってしまった（これが日向国守護職を尊氏によって細川頼春に改替された理由とされる）。ただし、あくまでも尊氏による幕府再興を期待する貞久は、足利軍に寝返る機会を模索していた。

朝敵とされた尊氏は、浄光明寺（鎌倉市扇ケ谷《やつ》）に蟄居しつつ、恩義のある後醍醐に対して赦免を求め、ひたすら恭順の意を示す。その尊氏に代わって出陣した執事高師直《こうのもろなお》・師泰兄弟や直義らの足利軍はというと、緒戦の三河国矢作《やはぎ》川の戦い（愛知県岡崎市）で新田軍に撃破されて以降、立て続けに敗北と敗走を繰り返した結果、東海道随一の難所とされる水呑峠（静岡県三島市山中新田）に防御陣を敷いた。相次ぐ敗報に尊氏は、不本意ながらも重い腰を上げ、後醍醐に反旗を翻す。

十二月十一日、水呑峠とその北方に位置する足柄街道沿いの竹ノ下（小山町竹之下）で、足利軍二十万と新田軍十万が激突。水呑峠では足利軍が苦戦を強いられたが、竹ノ下では〝我らが棟梁〟尊氏の参陣で一挙に士気が高まり、新田軍に対し俄然有利な戦いを展開。しかも、赤松円心の次男貞範（円心は護良親王の失脚とともに播磨守護を解任されたため、後醍醐を見限って尊氏と連携）の手勢三百騎が、脇屋義助の新田軍七千騎に突入して攪乱。すると、その新田軍から大友貞載《さだとし》（大友氏庶子・鎮西探題陥落に父貞宗とともに参加）が足利軍に寝返った。これが決め手となって新田軍は総崩れとなり（箱根・竹之下の戦い）、十三日には豪雨の中を敗走する。

それを追って足利軍が東海道を京に向かう。さらに、その足利軍を北畠顕家率いる奥羽の軍勢十万騎が背後から猛追していた。

なお島津貞久の弟時久は、この箱根・竹之下の戦いにおける戦功を賞されたのであろう、戦勝当日の十一日に、日向国中部の新納院《にいろ》（宮崎県高鍋町・木城町・川南町一帯）の地頭職を尊氏から与えられた。これによって時久は日向国に下向、新納院高城（木城町高城）を築いて「新納氏」を名乗ることになる。また、新田軍に遅れて東山道を進んでいた貞久の搦手軍は、この箱根・竹之下の戦いに間に合わず、帰洛したようである。貞久にとっては幸運であった。

島津貞久、足利軍に参陣

明けて建武三年（一三三六）正月十一日、足利軍数万騎が京の東方瀬田・同じく南方の宇治・大渡（京都府南西部の八幡市）・山崎（南西端の大山崎町）の官軍の迎撃陣を突破して京を占拠。あわてた後醍醐天皇は比叡山に逃げのぼった。十三日、足利軍を追っていた畠山顕家軍が西坂本（比叡山西麓）に到着し、新田義貞や楠木正成、名和長年らと合流する。

勢いづいた官軍（新田・楠木・名和・北畠）は二十六日の軍議で、総攻撃を翌二十七日に決定。このタイミングで東坂本（比叡山東麓）に到着していた島津貞久は、おそらく先着していた時久（新納氏初代当主）と合流し、官軍を去って賊軍の足利軍に参陣したようである。

二十七日から始まった京洛における合戦で、島津勢が参加した足利軍は、官軍と一進一退の激戦を繰り広げたものの、上杉憲房（足利尊氏・直義兄弟の伯父）らが討死する（京都四条河原の戦い）など次第にその攻勢に圧《お》されはじめる。三十日の糺河原《ただすがわら》の合戦（左京区）に惨敗した尊氏は、丹波国を経て摂津国湊川（神戸市）に撤退を余儀なくされ、多数の将兵を失った貞久は摂津国芥川（大阪府高槻市）に退いたあと、湊川の足利本陣に合流する。勝報を受けた後醍醐は胸をなで下ろし、比叡山から焼け残った花山院御所に戻った。

足利軍は二月七日、京奪還をもくろんで豊島河原《てしまかわら》（大阪府箕面市・池田市）で官軍と戦ったが、そのさなかに楠木勢の奇襲を受けて退却する。連敗中の尊氏は「元弘没収地返付令」を発布し、後醍醐によって没収された北条氏残党の所領を持主に返還すると保証。旧北条勢を含めた武士一般の広い支持を得るためである。これによって、後醍醐に味方したにもかかわらず、恩賞に浴することのなかった武士さえもが嬉々として尊氏のもとに馳せ参じた。

尊氏は十日、援軍に駆けつけてきた長門・周防の軍勢らを加えて京に攻めのぼろうとしたが、西宮浜（兵庫県西宮市）で待ちかまえていた楠木勢に翻弄されて決着がつかず、十一日に再び豊島河原で新田・北畠両勢と戦ったがみじめにも大敗。すると足利軍からは官軍に寝返る武将が相次いだ。大軍を擁した合戦上手の尊氏といえども、賊軍に成り下がった軍勢はもろかったのである。

尊氏、京を逃れて九州へ

敗走のさなかに足利尊氏は、「光厳上皇の院宣を得て朝敵の賊名を免《まぬが》れるべし」という赤松円心の進言を受け、熊野別当道有を密使として光厳のもとに遣わした。後醍醐天皇（大覚寺統）に強制廃位された光厳（持明院統）は後醍醐とは敵対関係にある。尊氏は天皇家の分裂・対立を利用し、反乱の大義名分を得ようとしたのである。ただし光厳は、尊氏によって六波羅探題を攻め落とされ、関東に逃れる途上の蓮華寺では北条一族四百余の自刃する地獄絵を目の当たりにし、先に述べたように尊氏らに擁立された後醍醐によって廃位にさえ追い込まれているのだ。すんなり協力してもらえるか心配はなかったのであろうか。尊氏の面《つら》の皮の厚いところか、節操のなさであろうか、よく言えばこうした機を見るに敏なる天性はのちにも発揮される。

尊氏は翌二月十二日、実弟の直義や高師直・師泰兄弟、島津貞久、赤松円心らとともに夜陰に紛れ、周防の大内弘幸（大内氏八代当主）が用意した三百余艘で兵庫津（大輪田泊の後身。神戸港）をあとにした。

十三日早暁、播磨国室津（たつの市）に着いた尊氏は軍議を開き、大宰府におもむいて再起を図ることを決め、官軍の進撃阻止ならびに瀬戸内海の制海権を掌握するという重大な使命を足利一門に託す。讃岐・備前・備後・安芸・周防・長門の諸国に有力武将を配置し、赤松円心は本拠地播磨国にとどまった。

備後国鞆《とも》（広島県福山市鞆町）に到着した尊氏は十五日、光厳による「新田義貞誅伐の院宣」と「錦旗」を受け取る。光厳は過去の恨みを飲み込み、持明院統の復活を賭けて尊氏と手を結ぶ決断したのであろう。院宣と錦旗を手にした尊氏が、諸国に軍勢催促の御教書を発しながら尾道浦（尾道市）に到着したのは十七日であった。

九州対岸の長門国赤間関にたどり着いた二十日までに多数の将兵を下船させたため、足利軍は七千騎から五百騎にまで減っていた。だが、手もとには院宣がある。そこへ、軍勢催促に応じた筑前の少弐頼尚《よりひさ》（少弐氏六代当主）が五百の軍兵を率いて駆けつけ、薩摩からも山田宗久の嫡男忠能や河田慶《よし》喜《のぶ》らがそれぞれの手勢を従えて加わった。

後醍醐は二十九日、戦乱が続く元号「建武」は不吉・物騒として延元と改元（ただし持明院統の光厳は改元する余力がなくて建武を使用）。足利軍の敗走に気を良くした後醍醐は翌三月、七宮義良《のりよし》親王を陸奥太守に任ずるとともに、鎮守府大将軍に昇進した北畠顕家とその麾下の十万騎を帰国させた。

起死回生の多々良浜

九州では改元の当日、足利尊氏らが筑前国芦屋津（福岡県芦屋町）に上陸、白山城（宗像市）に陣を置く。島津貞久は、国許から参陣した一族の伊集院忠国（伊集院氏五代当主）、石原忠充（伊集院氏庶流）、伊作宗久（久長の子。伊作氏二代当主）、古くからの家臣鎌田清正・清春父子、小山田景範ら諸将の出迎えを受けた。

同じ頃、足利尊氏討伐の綸旨を受けた菊池武敏（博多合戦で返り討ちにされた武時の九男）や阿蘇惟直（父惟時とともに六波羅陥落に参加）・惟成兄弟らの率いる三千騎が少弐氏の本拠大宰府館（太宰府市観世音寺）を急襲。少弐頼尚の父貞経らは詰城の有智山《うちやま》城（内山）に退いて一族もろとも自害した。その後、菊池軍は大宰府から博多に向けて北進。凶報を受けた足利軍は南進して香椎宮（福岡市東区）に本陣を敷いた。

三月二日、尊氏らは本陣に拠り、実弟直義の総指揮のもと、高師直・師泰兄弟、宇都宮氏貞、千葉胤貞、土岐頼遠らの軍勢に、筑前の少弐頼尚、豊後の大友氏泰（竹ノ下の戦で寝返って足利軍を勝利に導いた貞載の弟。生母は少弐貞経の娘。大友氏七代当主）、薩摩の島津貞久ら九州三人衆の兵が加わった足利軍二千騎と、後醍醐方の菊池軍二万余騎が多々良川（福岡市東区）をはさんで対峙する。

足利軍は直義みずからが手勢を率い、菊池軍に襲いかかる。菊池軍は足利軍の右翼にある少弐・大友・島津勢に突き進んだ。まさにそのとき足利軍の背後から突風が吹き、正面から砂嵐に直撃された菊池軍がたじろいだ。その隙に、先陣を切る菊池武敏めざし、父貞経の敵討ちとばかりに少弐頼尚が突撃、さらに島津勢が加わった。その凄まじさに、所詮は烏合の衆でしかない菊池軍の一部があっさり寝返り、背後から菊池本隊を襲う。

総崩れとなった菊池軍は砂原に多数の屍を残したまま四散し、逃げ落ちた阿蘇惟直・惟成兄弟は肥前国で自刃、逃げ帰った居城隈府《わいふ》城（熊本県菊池市隈府）を攻め落とされた菊池武敏は、行方をくらまして再起の時期を待つことになる。また、島津勢も鎌田清正・清春父子をはじめ多くの将兵が戦死した（多々良浜の戦い）。

勝利した尊氏は翌三日、太宰府天満宮の北西にある原山無量寺（太宰府市三条）を居館とし、九州諸国の武将らに招集をかけ、京の制圧作戦を練る。

尊氏の反転攻勢

その頃赤松円心は、新たに築いた白旗城（兵庫県上郡町）にわずか八百の軍勢で立て籠もり、新田義貞率いる六万の足利尊氏追討軍を釘づけにしていた。尊氏が九州で再起し、京を奪還するまでの時間を稼ぐためである。目先の小城にこだわる義貞は、その計略にまんまとはまって将兵を疲弊させてしまう。

その白旗城の円心から「時期はよし、すみやかに上洛されたし」との急報が、勢力を盛り返した尊氏のもとにとどく。九州諸国から参集した数万の将兵を乗せた七千余艘が博多を出発したのは四月三日。途中、中国・四国の武士らを傘下に収めながら京をめざす。九州に落ちのびてからわずかひと月余り後の再起だった。

上洛に際して尊氏は、九州の守備固めと守護以下の国人衆を統轄するため、鎌倉幕府の鎮西探題を踏襲する「九州探題」に足利一門の一色道猷《どうゆう》（範氏・一色氏三代当主）を任じて大宰府に残留させた。だが、そこには足利一門による九州支配の目論見が見て取れ、少弐氏や大友氏、島津氏ら九州三人衆のみならず、政治的・軍事的に独立志向の強い九州の雄族たちにとっては不愉快きわまりないことであった。

尊氏はさらに、筑前の少弐頼尚、豊前の宇都宮冬綱（城井《きい》氏七代当主）、豊後の大友氏泰、肥前の深堀時広、肥後の相良長氏（鎌倉御家人の相良長頼〈相良氏初代当主〉が人吉荘〈熊本県最南端の人吉市一帯〉の地頭として遠江国から下向。相良氏四代当主）、日向の土持宣栄《つちもちのぶひで》、薩摩の島津貞久ら、在地守護もしくは国人としてすでに土着しているも武士に加え、配下の武将を新たに下向させた。九州各地で騒乱を繰り広げている後醍醐方の国人衆に一致団結して対処させるためである。

日向国に国大将として派遣されたのは足利一門の畠山直顕《ただあき》である。日向国の回復をもくろんでいた貞久は、表面的には連携しつつも反発を隠せなかったであろう。それが先々激しい確執を生むことになる。

貞久は尊氏の上洛に際し、庶長子の頼久（川上氏初代当主）や弟の新納時久（新納氏初代当主）、比志島義範（弘安の役で軍功を挙げた時範の孫で小山田景範の兄）らを参加させた。自身は薩摩に帰国し、薩隅両国に盤踞する後醍醐方の国人衆はもとより、足利尊氏討伐の綸旨を受けて日向国南部の足利領を荒らしまわっている伊東祐広・肝付兼重（肝付氏八代当主）、野辺盛忠（鎌倉御家人の野辺久盛〈野辺氏七代当主〉が櫛間院〈宮崎県最南端の串間市一帯〉の地頭として武蔵国から下向。野辺氏八代当主）らに、畠山直顕とともに対処することになった。

南朝勢の撃退に本腰を入れ始めた貞久

博多で足利尊氏一行を見送った畠山直顕はその四月、日向国の統治の要となる南東部の穆佐《むかさ》城（宮崎県宮崎市高岡町）に入る。島津荘日向方の域内にある穆佐院は、鎌倉幕府滅亡後に北接する国富荘とともに足利尊氏に与えられ、正室登子《なりこ》の所領となっていた。

同じ四月、島津貞久もおよそ二年ぶりに薩摩国北西端の木牟礼城（薩摩国守護所・鹿児島県出水市高野尾町江内）に帰った。さっそく着手したのが、日向国南西部から大隅国中南部にかけて勢威をふるっていた後醍醐方の肝付兼重攻めである。貞久はまず、兼重が本拠とする日向国南西部の三俣院高《たか》城（宮崎県都城市高城町）を孤立させるため、大隅国南東部にある肝付宗家の本城高山《こうやま》城（鹿児島県肝付町）と三俣院高城の中間にあるその支城加瀬田城（鹿屋市輝北《きほく》町）に狙いをつけた。

貞久は重臣の本田久兼を軍奉行に任じ、弟の樺山資久（樺山氏初代当主）や北郷資忠（北郷氏初代当主）、伊集院忠国、伊作宗久、山田忠能（宗久の嫡男・山田氏二代当主）のほか、薩摩の国人莫禰《あくね》成長《なりなが》や執印友雄《しゅういんともお》（執印氏六代当主。初代当主は奥州合戦に馳せ参じた康友）、執印俊正、禰寝清種らを従え、五月五日、平房川《ひらぼう》をはさんで加瀬田城を西方に望む陣ヶ平に本陣を敷く。

貞久はこの五日、肝付兼重を牽制するため、大隅守護代森行重に三俣院高城の東方に位置する王子城（都城市山之口町）を、山田忠能には同じく南方の日向姫木城（姫城町）を攻撃させた。貞久率いる島津軍は、北側が絶壁で南東側は急斜面を成す岩山上にあって空堀をめぐらした加瀬田城を攻撃。と同時に、三俣院高城から援軍に駆けつけてきた兼重の軍勢を阻み、ひと月余の壮烈な攻防の末、六月十日に城将肝付兼隆（兼重の甥）を敗死させて加瀬田城を落城させた。

楠木正成の自害

島津貞久が陣ヶ平に本陣を敷いた同じ七月五日、備後国鞆に到着した足利尊氏は海路を、実弟の直義は陸路を採り、瀬戸内海の制海権を確保するとともに中国・四国諸国の武士を掌握しながら京を奪還するため東へと進軍した。川上頼久と新納時久の軍勢は直義に従い陸路を採ったようである。

新田義貞の軍勢は、赤松円心らわずか八百の兵が立て籠もる白旗城を五十日以上かけても落とせずにいたが、「尊氏が数十万騎を率いて東上中」という知らせを受けるやいなや、包囲を解いて兵庫和田岬（神戸市兵庫区）に本陣を移し、迎撃態勢に入った。

五月二十五日、尊氏の大船団は摂津国湊川に到着。時を同じくして陸路を進んできた直義率いる足利軍が新田軍の本陣に攻撃を開始する。京から駆けつけてきた楠木勢五百騎は、足利軍の先陣を務める細川・赤松両勢を席巻、後陣の島津勢を相手に戦ったものの敗北。楠木正成は弟の正季と刺し違えて自害し、新田義貞は近江坂本に退却する（湊川の戦い）。その追撃戦のさなかに頼久配下の勇将比志島義範が戦死してしまう。

敗報を受けた京の後醍醐天皇は、尊澄法親王（宗良）が座主に還任した延暦寺の軍事力を頼って比叡山に逃げのぼった。尊氏率いる足利軍は六月十四日、光厳上皇とその同母弟豊仁《とよひと》親王を奉じ、京の南西端にある東寺（京都市南区九条町）に本陣を構え、京の制圧と比叡山攻めを本格化する。その京をめぐる攻防戦のさなかに後醍醐の忠臣千種忠顕と名和長年が討死してしまう。

二　南北朝の動乱

一天両帝という異常事態

足利尊氏が京を制圧した直後の延元元年・建武三年（一三三六）八月十五日、光厳上皇の院宣によって豊仁親王が三種の神器を欠いたまま即位する。天下は、この京の光明天皇（のちの北朝二代天皇）と比叡山の後醍醐天皇が並び立つ「一天両帝」という異常な状況に陥ってしまったのである。

光明を奉じた尊氏は、その圧倒的な軍事力によって後醍醐と新田義貞の軍を追い詰めていく。直義が比叡山への糧道を断つと同時に、尊氏は後醍醐に和睦の使者を密かに送る。飢餓状態にあった後醍醐は、持明院統と大覚寺統との和睦という体裁をつくろった（実際は降伏）尊氏の要請に応じる。

十月十日、後醍醐が入洛。これによって建武の新政とそれを支えてきた建武政権は三年四カ月で崩壊したことになる。新田義貞はこの十日、再起を図るため一宮尊良親王と五宮恒良親王を奉じ、越前国敦賀に向けて出発、執拗に迫る足利軍の追手を振り払い、または猛吹雪の山道をさまよいながらも三日後に金ヶ崎城（福井県敦賀市金ヶ崎町）に到着する。後醍醐はすでに、奥羽鎮撫のために七宮義良親王を陸奥太守として多賀城に据え、ひと月前の九月には、九州平定を託し八宮懐良《かねよし》親王を「征西将軍宮」に任命して派遣、このたびは北陸統治のために尊良と恒良を送り出した。後醍醐にすれば、自身の政権再興を期して布石を打ったことになる。

尊氏は越前守護斯波高経を総大将とする軍勢を金ヶ崎城の攻略に派遣する一方で、後醍醐に対しては三種の神器の提供を強要。四十九歳の誕生日となる十一月二日、それを受け入れた後醍醐は光明から上皇の称号を贈られる。光明は天皇の証である三種の神器を自身の手に握り、その光明と固い紐帯で結ばれている「尊氏政権」が合法化されたことになる。そして「一天両帝」という異常事態も解消されるかにみえた。

室町幕府の成立

五日後の十一月七日、足利尊氏（というよりは実弟直義とその側近ら）は「室町（足利）幕府」の樹立を宣言（建武の乱の終焉）、二項十七カ条からなる法典「建武式目」を制定・発布する。また、鎌倉幕府に倣い、尊氏の直轄機関として、武士を統率する侍所や政所、問注所、恩賞方、安堵方を設置し、鎌倉には義詮《よしあきら》とその補佐役の関東執事（のちの関東管領）として斯波家長を派遣。滅亡した鎌倉将軍府に替わって関東十カ国を支配する「鎌倉府」が成立する。

実権のない名ばかりの上皇に祭り上げられた後醍醐は花山《かざん》院御所（上京区・京都御苑敷地内）に幽閉されていたが、十二月二十一日に突如、京を出奔して吉野に向かう。天然の要害となる金峯山《きんぷせん》の峰々に囲まれた吉野は、鎌倉幕府を崩壊させた元弘の乱の際に、三宮護良親王が勢力を扶植・蜂起した、まさに後醍醐の拠点とするには絶好の地であった。吉野の衆徒（僧兵）や楠木正行《まさつら》（正成の嫡男）らに迎えられた後醍醐は、あくまでも天皇位にあることを主張、金峯山寺の塔頭実城寺《たっちゅうじつじょうじ》を金輪王寺《きんりんのうじ》と改めて行宮とし、新たな朝廷を主宰する。

その結果、光明による京の「北朝（持明院統）」と復位した後醍醐による奈良の「南朝（大覚寺統）」という二人の天皇が並び立ったことで、再び「一天両帝」の世となる。そして、南北両朝が分立したまま互いに抗争を繰り広げる動乱の時代に突入する。この動乱は畿内だけにとどまらず全国に拡散、九州諸国においても父子・兄弟・一族の間で背反離反・合従連衡を繰り返すなど、終わりのみえない戦いが繰り広げられることになる。

畠山直顕の進軍

その九州では、穆佐《むかさ》城入りしていた日向の国大将畠山直顕が日向・大隅両国の国人衆を招集し、日向国中部の山東、同じく南西部の庄内における南朝方の動勢を探っていた。ちなみに「山東」とは、日向国南部の青井岳・鰐塚山以東（正確には北東）の地という意味で「宮崎平野（宮崎市・日南市・

北諸県郡）全域」を、「庄内」とは、青井岳・鰐塚山より西の都城盆地一帯（都城市・三股町・高原町・鹿児島県曽於市）を指す。また、「山東河南」というのは宮崎平野の中央を貫流する大淀川南岸域（宮崎市大淀地区の一部・赤江地区・木花地区・宮崎市清武町）のことである。

室町幕府が樹立された十一月、畠山直顕は本格的に行動を起こす。直顕は島津貞久と同じく、南朝方の伊東祐広・肝付兼重・野辺盛忠らを誅伐すべく、馳せ参じた大隅富田・国見両城（鹿児島県南大隅町根占）を拠点とする禰寝清成《きよしげ》（禰寝氏七代当主）・清種・清道《きよみち》らの軍勢を率い、手始めに穆佐城北方の日向八代城（宮崎県国富町八代南俣園田）に拠る伊東祐広を攻め立て、一時は四キロ西方の猪野見城（南俣巡尾）に退却させた。蓬萊山城（宮崎市大塚町）を本拠とする土持宣栄はその祐広を追って猪野見城に攻め寄せたが、惜しくも撃退され、八代・猪野見両城ともに攻略することはできなかった。それにもかかわらず直顕は反転して南下、十一月二十二日に日向櫛間城（串間市西方）を落として野辺盛忠を敗走に追い込み、十二月六日には、派遣した禰寝清種・清道、楡井頼理《にれいよりさと》らが肝付兼重配下の拠る日向新宮城（都城市横市町）を落城させた。さらに十八日、直顕みずからが禰寝清種・清道、楡井頼理らを率いて南下、肝付兼重の居城日向三俣院高城を攻め立てた。しかし、堅守に阻まれて落とせずにいた。

金ヶ崎城陥落

越前国では、十月に新田義貞らが敦賀金ヶ崎城に立て籠もって以降、斯波高経（初代関東管領家長の父）は天筒山《てづつ》に本陣を敷いて攻撃を続けていたが、激しい抵抗に遭い苦戦を強いられていた。そのさなかに島津貞久は、次男宗久や本田資兼（久兼の弟）らを従えて薩摩国から上洛する。

翌延元二年・建武四年（一三三七）正月一日、侍所頭人《とうにん》（長官・鎌倉幕府における別当）高師泰を大将とする援軍が金ヶ崎城に到着。貞久は庶長子の川上頼久を名代とし、本田資兼や比志島範平（湊川の戦いで戦死した義範の子）、莫禰成長の子息重貞・政貞兄弟、莫禰一族の貞国以下の兵をこの援軍に参加させた。さらに、足利直義から命じられた執印友雄や牛屎高元《うしくそたかもと》らも薩摩国から参陣する。

孤立し兵糧攻めにさらされていた金ヶ崎城は飢餓状態に陥ってしまう。それでも頑強に抵抗し続けていたが、ついにこらえ切れず、三月六日に金ヶ崎城は落城。総大将の義貞と弟の脇屋義助は北方の杣山城《そまやま》（南越前町）に逃れたが、一宮尊良親王と義貞の嫡男義顕は城兵数百人とともに自害し、五宮恒良親王も捕らえられた。十五歳の恒良は花山院御所に幽閉後、尊氏によって毒殺されることになる。

伊集院忠国の寝返り

薩摩国では三月十七日、後醍醐天皇の侍従三条泰季が、伊予国忽那《くつな》島に到着した征西将軍宮懐良親王の先遣として、海路薩摩半島南端の山川津（山川港・鹿児島県指宿市金生町）に上陸する。薩隅両国守護島津貞久に敵対する在地生え抜きの国人で指宿忠篤（鎮西探題滅亡に参加）や谷山隆信、知覧忠世、市来時家、矢上高純、鮫島家藤らの郡司が泰季の呼びかけに応じ、泰季の居所に定められたと思われる、山川津の北方十二キロに位置する錦江湾沿いの忠篤の本拠指宿城（鹿児島市指宿市西方）に馳せ集まり、またはそれぞれの居城・在所で南朝支援の兵を挙げた。

島津一族でありながら南朝方に寝返った伊集院忠国も、本拠の伊集院一宇治城（日置市伊集院町大田）で公然と島津本宗家に反旗を翻し、その本拠である木牟礼城襲撃の動きを活発化させる。忠国には四十八人の子女があったとされるが、息子は自領内に配して守備を整え、娘は有力国人衆に嫁がせて強固な結びつきを築き勢力を伸ばしてきた。まさに子は宝（城壁であり先兵）である。忠国はそれを支えとして、懐良親王という錦の御旗を押し立て、島津本宗家からの独立をもくろんだのである。

日向三俣院高城の肝付兼重ら籠城軍はというと、畠山直顕による執拗な攻撃にさらされていたが、三条泰季の薩摩入国を知って勢いづき、攻囲中の直顕軍に猛攻を加える。直顕はたまらず囲みを解いて本拠穆佐城に撤退した。

一方、国許の危機を知った京の島津貞久は四月二十六日、川上頼久を越前国の陣中から急遽呼び寄せ、勢いを増す南朝方の掃討にあたらせるため薩摩に帰国させた。京から木牟礼城に急ぎ帰った頼久は、ただちに臨戦態勢に入って城の防備を固め、七月二十五日には、町田助久（町田氏六代当主）を軍奉行とし、南朝方の市来時家の居城市来鶴丸城（日置市東市来町長里）を包囲した。時家の危機を知った伊集院忠国が救援に駆けつけてきたが、九月十四日に頼久はこれを撃退して市来鶴丸城を再び包囲する。

この攻城戦のさなかに「三条泰季が指宿忠篤らとともに出陣」という情報を得た頼久は、九月十四日に莫禰成長や比志島範経（湊川の戦いで戦死した義範の子。範平の庶兄）らとその南朝方の救援軍を迎え撃つ。九月二十七日まで激戦は続いたが、範経が流れ矢を受けて討死、成長の子息貞友や乙房丸らも壮絶な戦死を遂げた。しかし、頼久は攻城戦を続行する。十月に入ると、その攻勢に耐えきれなくなった市来時家が城を退去、救援軍も退いた。

北畠顕家の再上洛

金ヶ崎城が攻め立てられていた頃、奥州では足利与党が勢力を盛り返し、陸奥将軍府が置かれている多賀城も陥落の危機に瀕していた。鎮守府大将軍北畠顕家は、南方の霊山《りようぜん》（福島県伊達市）に城を築き将軍府を移す。そこへ南朝初代天皇後醍醐から「京を回復するため急ぎ上洛せよ」という勅書がとどいたものの、足利与党の相馬胤頼《たねより》（相馬氏八代当主）や常陸守護佐竹貞義（佐竹氏八代当主）に城を包囲されたため、兵を出発させられずにいた。

ところが、金ヶ崎城が陥落したにもかかわらず、生き延びた新田義貞・脇屋義助兄弟が斯波高経の拠る越前国府（福井県越前市）を奪い、高経をその本城小黒丸城（福井市黒丸町）に追い詰め、一挙に戦況を逆転させたことを知って攻城軍は戦意喪失、囲みを解いてしまったのである。七宮義良親王を奉じた顕家は八月十一日、その隙に陸奥将軍府軍六千騎を率いて二度目の上洛を決行。白河関を経て下野国に入る頃には奥羽各地から馳せ参じた軍勢も加わり、十万余騎にふくれ上がっていた。

十二月八日、ようやく小山城（栃木県小山市）を落とした北畠軍は勢いづき、利根川と武蔵国安保《あぼう》原《はら》の戦いで鎌倉府軍を破る。そこへ新田義興（義貞の次男）と後醍醐に勅免された北条時行ら関東勢が合流。十二月二十三日、東方の朝比奈切通《あさひなきりどおし》から鎌倉に攻め入った北畠軍は、二十五日に斯波家長を敗死させ（杉本城の戦い）、尊氏の嫡男義詮や上杉憲顕（京都四条河原の戦いで討死した憲房の子）らが逃走したため鎌倉を占拠。翌延元三年・建武五年（一三三八）正月二日、鎌倉を出発したこの北畠軍は東海道を西上、二十一日には尾張国黒田（愛知県木曽川町）に入った。

尊氏の征夷大将軍就任

鎌倉を脱出した上杉憲顕らは、北畠軍が西上して手薄になった隙に、その奪還に成功、北畠軍を背後から襲うべく出陣する。途中、相模国・遠江国・三河国・美濃国で諸武将と合流し、総勢八万余騎となったが、正月二十八と二十九日に美濃国青野原（岐阜県大垣市青野町）で引き返してきた北畠軍にあえなく敗北してしまう。

敗報に接した京の足利尊氏は幕府軍五万を援軍として派遣。その幕府軍は近江・美濃両国の国境を流れる黒地川（黒血川）に布陣する。これに対し、霊山城を出陣してから半年近くにおよぶ征西に加え、たび重なる戦闘に疲弊、兵糧不足も重なっていた北畠軍は、幕府軍との戦いを避けて伊賀峠を越え大和国に入った。

北畠軍の大和入りを知った尊氏は、高師直を出陣させる。その幕府軍は二月、大和国般若坂（奈良市）に布陣していた北畠軍を打ち砕く。北畠軍は敗走し、義良親王は吉野に逃れることはできたが、北畠軍を追う幕府軍によって、五月二十二日、北畠顕家や名和義高（長年の嫡男）らは和泉国堺浦・石津（堺市一帯）で討ち取られてしまう（石津の戦い）。

越前国では閏七月二日、勢威を増していた新田義貞ではあったが、藤島城（福井県藤島町）を攻撃中の新田軍を鼓舞するために向かっていた途上の燈明寺畷《なわて》（新田塚町）で斯波高経配下の軍勢と遭遇し、乱戦中に馬の脚が泥田に取られて落馬。ひたいに矢を受けた義貞はみずから首を掻き切って自刃した（藤島の戦い）。享年三十九。南朝は、頼みとする楠木正成、千種忠顕、名和長年、北畠顕家、新田義貞ら有力武将を失って逼塞状態に陥る。義貞の弟脇屋義助が新たに南朝軍の総大将となったものの、越前国における南朝方の拠点杣山城を斯波高経に落とされると、美濃国に追いやられてしまう。

八月十一日、尊氏は光明天皇から征夷大将軍に、実弟の直義も副将軍ともいえる左兵衛督に任じられた。尊氏は三十四歳、直義は三十三歳。二十八日には北朝が元号の建武を廃し、北朝独自の年号となる暦応に改元する。

細川頼春から大友氏泰に改替されていた日向国守護職が、この延元三年・建武五年、島津貞久に与えられた。金ヶ崎城陥落に配下の諸将の軍功が反映したのであろうか、それとも尊氏が将軍に就任した祝儀なのであろうか、いずれにしても、貞久は薩隅日三カ国の守護職を兼帯することになった。

碇山城の危機

日向国南部では、石津の戦いのひと月ほど前の四月、国大将畠山直顕が再び攻勢に転じ、攻略できずにいた南朝征政府方の八代・猪野見両城を再び攻めて猪野見城を、五月には八代城を陥落させて伊東祐広を自刃させた。さらに直顕は、七月に土持宣栄や禰寝清成らとその一族を派遣、肝付兼重配下の拠る大和田城（宮崎県都城市大岩田町）を攻撃させた。しかし、翌延元四年・暦応二年（一三三九）が明けても落とせずにいた。長い膠着状態の末、ようやくその城将らを敗走させることができたのは四月十三日であった。

薩摩国中部では二十一日、島津貞久の弟和泉忠氏（和泉氏初代当主）支配下の給黎院上籠《うえごもり》（鹿児島市喜入町）・網屋（喜入前之浜町）両城が、伊集院忠国の客将村田如厳らによって攻略された。さらに如厳は、薩摩国北部で渋谷五氏の鶴田経重（鶴田氏庶子）や祁答院《けどういん》行重（祁答院氏四代当主）らととす。ともに、同じ渋谷一族ではあったが北朝方に参じた高城重棟《たきしげむね》の支城湯田城（さつま町湯田）を攻め落とす。

そうしたなか、守護代酒匂久景が在京中の貞久の命で築いていた碇山城（薩摩川内市天辰町）が完成。湿地帯に囲まれた川内川《せんだいがわ》左岸の岩山上に建つ碇山城は難攻不落と思われ、これまで木牟礼城に置かれていた守護所を移す。川上頼久も木牟礼城から城代として碇山城に移った。

ところが、その碇山城が「あわや落城か」と覚悟するほどの危機に陥ってしまったのである。湯田城陥落を知った三条泰季は、貞久の不在を好機とみて、六月二十二日、谷山・鮫島・指宿各氏に加え肥後人吉の相良氏、北大隅の菱刈氏、北薩摩の牛屎氏、さらに、所領の隣接地に建てられた碇山城が目障りな渋谷五氏の祁答院・鶴田・入来院各氏と連合し、その攻略にかかる。城代の頼久や酒匂久景、執印俊正、河田慶喜らが迎え撃ち、さらに石原忠充らが救援に駆けつけたが、大手門を破られてしまう。頼久は自刃を覚悟したが、三日三晩にわたり防戦に務めた結果、落城だけはかろうじて免れ、南朝方連合軍は北方の入来院重基（入来院氏四代当主）の居城淵上城（薩摩川内市楠本町）に退いた。

それを知った頼久は「このまま引き下がってはおれぬ」とばかりに、二十九日、石原忠充や比志島範平（湊川の戦いで戦死した義範の子）、莫禰成長を報復のため淵上城に派遣、七月三日に落城させる。三条泰季はかろうじて谷山城に逃げ帰った。

薩摩国の渋谷五氏（五族）

相模国渋谷荘（神奈川県大和市・藤沢市・綾瀬市）・武蔵国渋谷郷（東京都渋谷区）などの地頭渋

谷光重は、三浦一族が滅ぼされた宝治合戦の余波を受けて滅んだ千葉秀胤の所領であった薩摩国北部に位置する川内川下流域の地頭職を与えられ、翌宝治二年（一二四八）に嫡男重直を本領に残し、次男以下五人の兄弟（もしくはその子孫）にその新たな所領を分割譲与して下向させた。

次男実重は東郷（薩摩川内市東郷町とさつま町の一部）に、三男重保が祁答院（祁答院町とさつま町の一部）に、四男重諸《しげもろ》は鶴田（さつま町鶴田他）に、五男定心が入来院（入来町・樋脇町）に、六男重貞は高城郡（高城町・阿久根市）に下向して地名を名字とし、それぞれが鶴ヶ岡城・虎居城・鶴田城・清色城・妹背城などを居城とした。

しかし、渋谷五氏はこの頃、南朝・北朝双方に分かれて互いに争っていたのである。

なお、東郷氏の末裔からは、江戸時代初期に「示現流」剣術の流祖となる東郷重位《ちゅうい》が、明治時代には「日露戦争」における日本海海戦でバルチック艦隊を撃滅させた連合艦隊司令長官東郷平八郎が出ている。

後醍醐天皇の崩御

大和田城を落として肝付兼重を孤立させた日向国大将畠山直顕は、総力を挙げて再び日向三俣院高城の攻撃に取り掛かる。八月十三日、城に立て籠もっていた肝付兼重は、禰寝清成や土持宣栄ら畠山軍の猛攻に耐えかね、家臣の江田家定が身代わりとなって討死する隙に、はるか南方の肝付氏の本城である大隅高山城に遁走した。三俣院高城は二十七日に落城、直顕の手に落ちた。三俣院高城の陥落により、日向国はほぼ直顕に鎮圧されたことになる。

南九州各地でこうした攻城戦がおこなわれているさなかの八月十五日、病に臥せていた吉野の後醍醐天皇が七宮義良《のりよし》親王（後村上天皇〈かつての陸奥将軍府のトップ陸奥太守〉）に譲位、翌十六日には「朝敵を討滅して京を奪還せよ」との遺命を残し（無茶な遺言だ）、金輪王寺で崩御する。享年五十二であった。

後醍醐は鎌倉・室町両幕府からそれぞれ廃位・退位させられたが懲りることなくそのつど復位した。また、その波乱の生涯の中にあって、「それとこれとは別」とばかりに、中宮西園寺禧子《きし》や寵姫阿野廉子《れんし》（後村上天皇の生母）をはじめ二十人の女性との間に皇子十七人、皇女十五人の計三十二人の子女をもうけている。自身が招いた未曽有の混乱によって、どれほど多くの人が傷つき、そして死んでいったか、顧みることはあったのだろうか、といまいましさを感じてしまうが、ともあれ、天皇としては類を見ないほど強靭な意思を貫き、ダイナミックにその生涯を締めくくったのではないだろうか。以後、北畠親房が十一歳の幼い南朝二代後村上天皇を補佐して南朝の中心となる。

足利尊氏は後醍醐の死を悼んで喪に服し、百カ日にあたっては東寺で盛大な供養をおこなった。また、その菩提を弔うため、洛北の嵯峨野に寺院の建立を決意。その寺院は六年後の後醍醐の七回忌に落慶し、夢窓疎石を開山に迎えて天龍寺（右京区）と名づけられた。

あの城を獲れ！ 東福寺城攻防戦

明けて延元五年・暦応三年（一三四〇）正月早々、京にいた島津貞久は幕府執政の足利直義から「三条泰季ら南九州の南朝勢を一掃せよ」との命を受け、次男宗久とともに海路帰国の途につく。貞久は木牟礼城に、宗久は守護所碇山城にそれぞれ帰城。ひと息つく暇もなく、貞久は南朝方の虎居城（鹿児島県さつま町宮之城）城主祁答院行重を討つため、宗久を守護代酒匂久景らとともに出陣させた。だが、宗久は正月二十四日、その途上の隈之城郷（薩摩川内市隈之城町）で、物音に驚いて棹立ちになった馬から落ち、十九歳という命を散らしてしまった。

深い悲しみから貞久がようやく動き始めたのは、南朝の元号が興国に改まってふた月後の六月に入ってからであった。貞久は南朝方矢上高澄の支城東福寺城（鹿児島市清水町田之浦）の攻撃を決める。薩摩国南部の南朝勢に睨みを利かせ、かつ大隅・日向両国への進出拠点とするためである。それにはまず、進軍の障害となる市来鶴丸城と伊集院一宇治城を攻略せねばならなかった。市来時家の居城鶴丸城は、三年前に川上頼久が攻めあぐねて落とせなかった因縁の堅城。また、一宇治城は島津一族の中でただ一人南朝方に寝返った伊集院忠国の居城であった。

貞久は八月八日、参陣してきた禰寝一族や執印俊正、和泉郡の国人椙保末《すぎやすすえ》、篠原国道、弟の佐多忠光（佐多氏初代当主）・樺山資久・北郷資忠らを率いて鶴丸城を急襲する。虚を突かれた市来時家は城を棄てて身をくらました。貞久はすぐさま、南東四キロにある一宇治城も攻め、激戦の末に伊集院勢を支城の平《ひら》城（日置市伊集院町古城）に敗走させた。

鶴丸城攻めのさなかの十二日、貞久は佐多忠光に禰寝清種・重種・清増らの軍勢を与えて東福寺城を攻めさせた。しかし、大隅高山城から救援に駆けつけてきた肝付兼重と矢上一族の東福寺城主中村秀純が激しく応戦、逆に撃退されてしまう。さらに貞久は、樺山資久と北郷資忠に、東福寺城の北西三キロに位置する矢上高純の本拠催馬楽《せばる》城（矢上城・鹿児島市坂元町）を攻撃させたが、守りが固く、多数の将兵が死傷したためやむなく退いた。

貞久は十月二十七日、莫禰成長とその一族に再び催馬楽城を攻めさせたが、またもや敗退。さらに十二月六日、佐多忠光が禰寝清種・重種らと東福寺城に夜襲を仕掛けたが、弓矢による激しい反撃を受けて清種が負傷したため兵を引いた。島津軍が敗退を重ねている隙に、市来時家は鶴丸城を奪い返し、南朝方の旗幟をより鮮明にする。

翌興国二年・暦応四年（一三四一）二月十六日、碇山城を出陣した貞久は、樺山資久や北郷資忠らとともに執拗に催馬楽城を攻め立てたが決着をつけられず、四月二十六日、佐多忠光が禰寝清種・重種や相保末らを率いて再び東福寺城を攻めた。海辺に面した急峻な丘陵上に建つ東福寺城を落とすのは困難をきわめたが、熾烈な攻防戦の末に落城に持ち込み、二十八日には、その南側の曲輪浜崎城も攻略した。勢いづいた島津軍は閏四月一日、樺山資久と北郷資忠が禰寝清種・重種らとともに三たび催馬楽城に襲いかかったが、十六日にまたしても撤退に追い込まれた。しかし、二十六日にようやく催馬楽城を陥落させることができた。

新たな敵懐良親王の薩摩入国

北朝の元号が康永に改まって四日後の興国三年・康永元年（一三四二）五月一日、忽那義範《くつなよしのり》麾下の水軍と熊野水軍に守られた征西将軍宮懐良《かねよし》親王の一行が、伊予国忽那島から豊後水道・日向灘を南下して薩摩半島南端の山川津に到着した。比叡山を発ってから六年、いまは亡き後醍醐天皇の八宮懐良は十三歳になっていた。

五年前に薩摩入りしていた三条泰季らに迎えられた懐良一行は、谷山隆信の居城谷山城（千々輪城・鹿児島市下福元町）に入る。北西に隣接する高台の見寄ヶ原（御所原）に仮御所を築いて「征西府」とし、その象徴である丸鷹紋の旗を高々と掲げた。谷山城は、島津氏の薩摩国における新たな本拠東福寺城とは目と鼻の先、南方わずか九キロに位置していた。あえて名付ければ〝薩摩征政府〟とでもいえようか。だが、畠山直顕のみならず、島津氏にとっても新たな、しかも、このうえもなく目障りで厄介な存在であった。

懐良の使命は、九州の北朝勢を駆逐して九カ国二島を統一、それを梃子《てこ》に、朝敵足利幕府を倒して京を奪還し、後醍醐の悲願である天皇勅裁による日本統治を実現することである。だが、陸奥の七宮義良親王（後村上天皇）や越前の一宮尊良・五宮恒良両親王らとことなり、従者は側近の五条頼元や三条泰季らたったの十二人、兵力・軍資金ともに皆無。所期の目的を果たすには、九州の在地武士の対抗意識を利用しながら南朝勢力を扶植するしかなかった。

九州の南朝方諸将が五条頼元から懐良の令旨が伝えられると、薩摩の伊集院忠国や、日向・大隅で孤軍奮闘している南朝方肝付兼重とその一族の頴娃《えい》定澄、野辺盛忠、楡井頼仲らの諸将が一族を引き連れて谷山城に馳せ参じた。島津氏の攻勢にさらされていた南薩摩の国人衆も奮い立ち、令旨を受けた肥後の恵良《えら》惟澄（六波羅攻めに参加した阿蘇惟時の養子。阿蘇氏庶流）らも征西府軍に加わり、島津氏を挟撃するため南下する動きを見せる。このときであろうか、勢いに乗った南朝方勢力によって催馬楽城が奪還されてしまったのである。

老将貞久の奮闘

南朝征西府方のこうした動きを危惧した島津貞久はすばやく対応する。碇山城から急遽東福寺城に入り、八月四日、和泉忠氏や相保末、大隅の国人重久篤兼や禰寝清種・重種・清増ら千数百騎を率い、南方の征西将軍宮懐良親王の拠る谷山城攻略に向かった。

これに対し、谷山隆信ら南朝征政府軍がいっせいに北上、さらに催馬楽城の矢上高澄も加わり、五日から七日にかけて島津・征政府両軍初の激戦が繰り広げられた。それまで劣勢を余儀なくされていた征政府軍諸将の奮戦は凄まじく、牛下《うしのした》（鹿児島市紫原《むらさきばる》台地）に本陣を敷く総大将貞久に再三再四肉薄。島津軍は窮地に追い込まれ、貞久自身も和泉忠氏に救われて脱出するほどだった。だが征政府軍側の損傷も激しく、島津軍を追撃する余力はなかった。

陣を払った貞久は碇山城への帰途、伊集院忠国の平城を攻め、征政府軍との連絡を遮断しようとしたが失敗。

代わりにその北方の串木野城（いちき串木野市上名《かんみょう》）を攻略して支配下に置く。城主平忠秋《ただあき》は子息の知覧忠世を頼って南薩摩の知覧城（鹿児島市知覧町）に落ちていった。

帰城した貞久は軍容を立て直し、九月十二日、比志島範平や執印俊正らを率い、伊集院に攻め入って忠国の支城土橋城（伊集院町土橋）を攻略、比志島一族に守備を任せて北朝幕府方の拠点とする。貞久が東福寺・土橋・串木野の三城一帯を制圧し、薩摩半島の首根っこを東西に遮断したため、懐良親王は陸路肥後に入ることも、肥後の恵良惟澄らと気脈を通じることもできなくなった。

興国四年・康永二年（一三四三）九月十二日、七十四歳になっていた貞久ではあったが、みずから比志島範平や執印俊正らを率い、奪還された催馬楽城を攻撃したものの、堅守に阻まれて落とせなかった。だが十一月七日の夜襲が功を奏し、矢上高純を敗走させてようやく再攻略に成功する。催馬楽城を掌中に収めた貞久は、二年前に攻め落とした東福寺城に十六歳の四男氏久を入れ、征西府方の動きを牽制させた。

島津氏はようやく薩隅日三カ国を統治するための中心に進出することができたのである。島津氏の始祖忠久が島津荘の下司・総地頭職を与えられてから百五十六年、薩隅日三カ国守護に任じられてからは百四十四年もの歳月が経っていた。

懐良親王の肥後入国

興国六年・康永四年（一三四五）九月、日向国をほぼ制圧した畠山直顕が、幕府執政足利直義から日向国守護職に任じられ、日向国大将と守護を兼帯することになった。島津貞久が直義から南九州の南朝勢の一掃を命じられていたにもかかわらず、日向・大隅両国どころか薩摩国内の南朝勢相手に手を焼いている島津一族に業を煮やしたのであろうか、理由は不明である。この知らせに接した、薩隅日三カ国守護職（三州太守）の回復を悲願とする貞久ら島津一族はどのような思いに駆られたであろうか。おそらく、いずれ直顕と刃を交えることは必至と覚悟したにちがいない。

正平二年・貞和三年（一三四七）二月一日、碇山城で貞久の三男師久と得祥《とくしょう》夫人との間に男児が誕生する。のちの島津本宗家七代当主ならびに総州家二代当主伊久《これひさ》である。

六月六日、谷山隆信の急死後、その跡を継いだ谷山忠高（隆信の弟と思われる）に熊野水軍が合流、海陸両面から氏久が守備する東福寺城に攻撃を仕掛けた。いったん城外に布陣した貞久は九日、弟の和泉忠氏に命じ、中村覚純《かくずみ》の裏切りによって南朝征政府方の手に落ちた東福寺城の支城浜崎城を再奪還させると同時に、自身は別軍を率いて南下し、谷山城の攻撃に向かう。だが、城外に出撃してきた谷山軍の攻撃を受け東福寺城に退く。そこで貞久は、薩隅日三カ国の北朝幕府方連合軍を編成し、十九日に谷山城に猛攻を加えた。兵力に劣る谷山軍だったが、熊野水軍の支援を得て島津軍を総崩れに追い込む。貞久ばかりか、師久・氏久兄弟も重傷を負い、一族の多くも討死したため島津軍は撤退した。

八月五日、不屈の貞久は新たに軍容を整えて東福寺城から出陣、三たび谷山城を攻略すべく、牛下の北方波之平（鹿児島市東谷山）に進軍する。かたや征西府軍一千余騎の支援を受けた谷山忠高は、島津軍の退路を断つため、弟の裕玄《すけぐろ》に牛掛灘（南郡元町）で陣を固めさせた。そこへさらに矢上高純の軍勢が加わる。背後にまわられて連絡・糧道を断たれた島津軍は窮地に追い込まれてしまった。

しかし、貞久の危急を聞きつけ、援軍を率いて駆けつけた和泉忠直（忠氏の嫡男）が裕玄と一騎打ちの末にその首級を挙げ、さらに谷山勢に襲いかかり、一気に蹴散らした。危機を脱した島津軍は、谷山城攻略はひとまず断念し、痛手を負ったまま東福寺城に引き揚げた。

この合戦後、一刻も早く肥後国へ、そして九州統治の象徴大宰府への進出を熱望する征西将軍宮懐良親王は、薩摩半島を東西に遮断され行手を阻まれていたこともあって、陸路による肥後国への北進を断念、海路を採る。十一月二十七日、懐良は五条頼元らを従えて谷山御所を出発、忽那水軍に守られながら山川津から錦江湾を南下し、薩摩半島西岸を北上するルートで肥後国に向かった。谷山城には三条泰季が残り、薩隅日の征西府方勢力の維持に努めることになる。

懐良一行は翌正平三年・貞和四年（一三四八）正月二日、水俣・八代を経て宇土津（熊本県宇土市網津町）に上陸、十四日に御船城（御船町御船）に立ち寄り、阿蘇惟時や恵良惟澄らの出迎えを受けたのち、二月初旬に菊池武光（多々良浜の戦いで逃げ落ち、その後死去した武敏の兄。菊池氏十五代当主）の居城隈府《わいふ》城（菊池城・菊池市隈府）に入った。懐良は谷山城からその隈府城に本拠を移し〝肥後征西府〟とする。

三　骨肉の争い観応の擾乱

足利直冬の登場と日向伊東宗家の日向国下向

同じく正平三年・貞和四年（一三四八）正月五日、河内国北条（大阪府大東市）では、将軍尊氏の執事高師直・師泰兄弟率いる幕府軍一万騎が、楠木正行《まさつら》率いる南朝の主力楠木軍五百騎を、その圧倒的な兵力差をもって討ち破り、正行は実弟正時《まさとき》と刺し違えて自刃した（四條畷の戦い）。

その幕府軍は南朝の本拠吉野に進軍。楠木軍の敗報を受けた後村上天皇は、吉野から山深い大和国賀名生《あのう》（奈良県五條市）へと落ちていった。二十八日、もぬけの殻の吉野に侵入した幕府軍は、行宮の金輪王寺や公卿、武士らの邸に容赦なく火を放つ。その劫火は金峯山寺本堂の蔵王堂以下多数の堂塔伽藍を焼き尽くした。南朝の主力軍を撃ち砕いたのみならず、後村上を本拠の吉野いわば〝南朝の総司令部〟から追いやった師直・師泰兄弟の勢威は一気に高まった。しかし、次第にその驕りは目に余るようになる。

六月十八日、尊氏の庶子足利直冬《ただふゆ》（東勝寺の喝食新熊野《いまくまの》。尊氏に実子として認知されずにいたため直義の養子となる）の軍勢が、伊勢国で蜂起した南朝勢を討つべく京から出陣する。直冬は三カ月もの間、同国各地で南朝勢と攻防を繰り返した末に鎮定に成功、九月二十八日、京に凱旋した。

北朝は十月二十七日、光明天皇が甥にあたる光厳上皇の一宮興仁親王に譲位、これが北朝三代崇光天皇である。

この正平三年・貞和四年、京にあった日向伊東氏の宗家氏祐《うじすけ》（日向伊東氏三代当主）が日向国に下向し、すでに土着して日向国の山東中心部をその勢力下に収めていた庶子家（門川・木脇・田島など）と談合、守永《もりなが》城（宮崎県東諸方郡国富町森永）城主伊東祐氏（八代城陥落時に討死した伊東祐広の嫡男）の娘を娶り、その支配下にあった都於郡《とのこおり》城（西都市鹿野田）に入城し、大修築を加えて日向伊東氏の本拠に定めたようである。氏祐やその嫡男祐安らは将軍尊氏に忠節を尽くし、隣国の肥後・豊後をはじめ筑後・肥前などの諸国に出陣し、北朝幕府方として活躍したようだ。

また、この日向伊東宗家は、庶子家や国人衆を懐柔もしくは武力によって従え、日向国に勢力を拡大させていくことになる。ただし、その日向伊東氏は、薩隅日三カ国の統一を悲願とする島津氏最大の障壁いわば天敵ともいえる存在となるのである。

翌正平四年・貞和五年（一三四九）四月十一日、長門探題に任じられた直冬が京を離れて下向する。長門探題は元軍再襲来に対処するため、長門国赤間関に文永の役直後に設置された本土における最前線の防衛機関だったが、鎌倉幕府が滅びてからは常設の職ではなかった。

日向伊東氏略系図（一）

工藤祐経（建久四年〈一一九三〉五月、源頼朝主催の富士裾野の巻狩りで曽我祐成・時致兄弟に父河津祐泰の仇敵として殺害された〈曽我兄弟の敵討ち〉）

伊東祐時（祐経の嫡男）―祐光（祐時の六男）―祐頼（祐時の八男・木脇氏初代当主）

祐宗（祐光の嫡男）┬貞祐（祐宗の子）

祐広（祐頼の次男）―祐氏（祐広の嫡男）

祐持①（鎌倉幕府滅亡。貞祐の嫡男）―祐熙②（祐宗の四男祐守の子。祐持の従兄弟）

氏祐③（祐持の子。日向国に下向して祐氏の娘を娶る）―祐安④（氏祐の嫡男）

○内は日向伊東氏歴代当主

ところが直冬は、長門国におもむかず、備後国鞆《とも》の大可島城《たいがしま》（広島県福山市鞆町）に居座って自身の勢力扶植を図っていた。

擾乱前夜

成立以降十余年、室町幕府はこの間、武家の棟梁として御恩を与え奉公を要求する「軍事の総帥」将軍尊氏と、統治の権限をふるう「執政（政務の総責任者）」の実弟直義による二頭体制を敷いてきた。だが、幕府内部では、それをよそに尊氏の将軍権限を代行する執事高師直と執政直義との間で、政策をめぐる対立が深まっていた。

大可島城の足利直冬が人心掌握に動き始めた閏六月十五日、直冬の養父直義は、腹心の上杉重能《しげよし》、畠山直宗《ただむね》（日向国大将直顕の甥）と謀り、尊氏に迫って師直の将軍家執事職を解任させる。

ところが師直・師泰兄弟は八月十二日の夜、急遽大軍を率い、直義の邸で幕府政庁でもある三条坊門殿（左京区）を襲撃。翌十三日、意表を衝かれた直義は尊氏の近衛東洞院殿（上京区）に逃げ込んだが、十四日早朝に師直・師泰兄弟は数万の軍兵をもってその土御門東洞院殿を十重二十重に取り囲む。こうした大軍をもって将軍御所を取り囲み、政治的な要求や異議を申し立てることを「御所巻《ごしょまき》」という。この直義が近衛東洞院殿で動きを封じられて窮地に陥っているさなかに、島津貞久の弟新納時久（新納氏初代当主）は、密かに築地《ついじ》を乗り越えて食料や武具などを運んだとされ、その功績で直義から恩賞として日向国南端の救仁院《くにいん》（鹿児島県志布志市）を与えられることになる。

この騒動は十五日、尊氏の調停により、直義が執政の座を降りて政務を尊氏の嫡男義詮に譲り（九月に左兵衛督の辞任、十二月には出家に追い込まれる）、直義の側近上杉重能と畠山直宗は越前国への流罪、そして師直は将軍尊氏の執事に復帰することでひとまず決着する。

一方、養父直義の危機を知った大可島城の直冬は、中国諸国の武士に師直討伐の軍勢を招集させる。だが、直冬のその動きが、尊氏や師直らの目には「直義と連携して謀反をくわだてている」と映った。尊氏は直冬誅伐を決意。師直の命を受けた兵が九月十三日、直冬を急襲する。不意を突かれた直冬は四国に渡り、さらに、九月十三日には肥後国河尻津（熊本市南区）まで落ち下った。

京ではその四日前の九日、尊氏が四男基氏（九歳）を「鎌倉公方《くぼう》」に任じ、鎌倉府に派遣。基氏と入れ替わるように鎌倉から上洛した義詮は十月二十二日、直義から譲られた三条坊門殿に入る。義詮は二十歳にして初めて京の地を踏むことになった。

ところが十二月二十日、上杉重能と畠山直宗が、師直の密命を受けた越前守護代八木光勝の謀略により、配流先の越前国足羽郡（福井市）で一族もろとも自害に追い込まれてしまう。師直による殺人教唆が室町幕府すなわち北朝を「尊氏派」と「直義派」に分裂させる骨肉の争い「観応の擾乱」の発端となる。この内乱は、幕府につけ入る隙を南朝に与えるとともに、直冬が下向した九州諸国を未曽有の混乱に落とし入れることとなる。

直義が失脚したことで、尊氏による直冬誅伐の軍勢催促状が九州諸国の諸将に発せられ、十二月末から翌正平五年・貞和六年（一三五〇）正月にかけて、島津貞久や伊作宗久らにもそれがとどいた。その正月十一日、直冬追討の準備中だった七十四歳の摂津守護赤松円心が京で急死する。赤松家の家督は円心の嫡男範資が継承。二月二十七日、北朝が元号を観応と改めた。

三派鼎立の九州

肥後の河尻幸俊の河尻城（熊本市南区）に身を寄せた足利直冬は、誅伐の標的いわば指名手配の身にもかかわらず、将軍尊氏の実子であるという権威を利用する。「幕命によって下向した」と言いつくろい、旗幟を鮮明にしていない河尻周辺の国人衆を恩賞を餌にして味方に引き入れ、自身の基盤固めに入る。と同時に直冬は、側近の今川直貞や仁科盛宗、礒部左近らと九州諸国の国人衆の対立を巧みに利用し、自己勢力拡大のため、北朝と南朝双方への切り崩しを活発化させるのである。

これによって九州は、征西将軍宮懐良親王を奉ずる「南朝征政府方（宮方）」、島津貞久らが属し征夷大将軍足利尊氏を核とする「北朝幕府方（将軍方・武家方）」、兄尊氏と反目する直義の養子直冬の「直冬方（左兵衛佐に任じられていたため佐《すけ》殿方）」の三派に分立し、それぞれが自陣営に属していない守護や国人衆に対し、「安堵状（相伝の所領・所職《しょしき》の確認状）」「宛行状《あてがいじょう》（所領・所職の給付状）」「感状（戦功を賞して与える文書）」を乱発、熾烈な勧誘攻勢をかける事態となった。そして、三派それぞれが争いながら、めまぐるしく離合集散を繰り返すことになる。その後、それらの関係は欲が絡み合ってより複雑になっていく。

直義と親密な畠山直顕は、尊氏から日向の国大将兼日向国守護職に任じられているにもかかわらず、その尊氏に背いて直義の養子である直冬と結託、島津氏の明らかな敵となる。直義失脚直後であろうか、直義を側面から援けるために直顕は、軍勢を率いて穆佐城から北上、箱根・竹之下の戦いの勲功に報いて尊氏が新納時久に与えた日向国中部の新納院に侵攻、時久の居城新納院高城を落とす。城主時久が在京中だった隙を突いて急襲したのである。将軍尊氏の執事師直（すでに直冬と結託している直顕にとって尊氏・師直は敵）が返還するように命じても直顕は鼻先で笑って無視。将軍権威もナメられたものだ。居城・本領ともに失った時久は、直義から与えられたばかりのはるか南方の救仁院に本拠を移さざるを得なくなってしまった。

直冬はというと、北九州に勢力を張る北朝幕府方の一色道猷・九州探題直氏（四年前の興国七年・貞和二年八月に、九州に下向して父範氏から九州探題職を継承）父子を討つため、筑後・肥前の両面から九州支配の象徴大宰府（九州探題府）を挟撃する作戦に出る。

これに対し、尊氏から直冬討伐を命じられた少弐頼尚は、肥後国で直冬率いる河尻幸俊や豊後の琢磨宗直（始祖は大友氏初代当主能直の次男能秀）らと、肥前国では直冬の配下今川直貞らと激しい戦いを重ねたものの敗北。怖気づいた頼尚は九月、同じ北朝幕府方ではあったが、対立している一色道猷・直氏父子に対抗するため、大宰府原山の自邸（太宰府市連歌屋）に直冬を招いて娘を娶《めと》らせ、直冬に鞍替えしてしまった。

これに衝撃を受けたのは九州探題一色直氏だった。探題軍の中核を成すはずの少弐勢がすっぽり抜け落ちてしまったからである。直冬は原山無量寺（多々良浜の戦い後に父尊氏が京の奪還作戦を練った居館）に本拠を置き、将来の上洛と尊氏の九州下向に備え、九州のみならず中国諸国の勢力扶植にも動き出す。

尊氏、直義に敗北

足利直冬の動きを危惧した将軍尊氏は、みずから直冬討伐に出向くことを決め、幕府軍の先鋒として高師泰に二万三千余騎を与えて京から出陣させ、自身は義詮に京の守備を託し、十月二十八日に高師直以下の幕府軍を率いて出陣する。

ところが尊氏の実弟直義は、そのどさくさに紛れて京を抜け出し、大和国に逐電。尊氏は師直に直義追跡を献策されたが斥け、九州へと向かった。十一月十八日に兵庫を発し、翌十九日に備前国福岡（岡山県瀬戸内市）に到着。その頃、直義方の桃井義郷《よしさと》によって進軍を阻まれていた師泰は、南朝方の三隅兼連《みすみかねつら》の居城三隅城（島根県浜田市）を取り囲んで攻め立てていたが、三隅城は要害堅牢なうえに、直冬方の大内義弘（周防・長門・石見三カ国守護大内氏九代当主弘世の嫡男）の援軍が駆けつけてきたため苦戦を強いられていた。

二十一日、直義は大和国から河内国の畠山国清の居城石川城（大阪府河南町）に入った。その直義は二十三日、一時の方便とはいえ南朝と結び、師直・師泰兄弟の討伐を大義名分に掲げ、各地の直義派に檄を飛ばす。これにより、細川顕氏や石塔《いしどう》頼房らをはじめとする、師直・師泰兄弟の横暴な振舞いに不満を抱いていた諸国の国人衆が直義方に加わることになった。

備前国福岡にあった尊氏は、「直義派の守護らが尊氏に反旗を翻して京に進軍中」という急報に驚き、十二月三十日、急遽京に向けて引き返す。高師直と直義の対立で始まった権力闘争は、いつしか尊氏と直義との兄弟抗争という形に変わっていた。

翌正平六年・観応二年（一三五一）正月十五日、南朝と結んだ直義派の軍勢が突如入洛。京の留守を預かっていた義詮は配下の将兵とともに脱出する。帰洛途上の尊氏は、直義派の石塔頼房が陣取る播磨国光明寺城（兵庫県加東市滝野町）を包囲したものの決着がつかず（光明寺合戦）、二十二日にいったん包囲を解き、退いてきた義詮、さらに三隅城から敗走してきた師泰と合流して京の奪還を画策したが、京近郊の戦いで敗北を重ね、義詮や師直・師泰兄弟らを連れて播磨国に落ち延びた。そうしている間に、尊氏に従っていた軍勢が相次いで直義派に寝返ってしまう。

勢力を増した直義軍は二月十七日、摂津内出浜（兵庫県芦屋市）で尊氏軍を打ちのめす（内出浜の戦い）。追い詰められた尊氏は、師直・師泰兄弟の出家と配流を条件に直義と和睦。ところが、尊氏が帰洛途上の二月二十六日、師直・師泰兄弟は護送中の武庫《むこ》河畔（尼崎市）で上杉能憲《よしのり》によって一族もろとも誅殺されてしまう。能憲は師直の密命によって殺された上杉重能の養子で、怨念をたぎらせていたのである。

師直・師泰兄弟を排除した直義は、義詮の補佐として政務に復帰。尊氏は優位に立った直義に強請され、一色直氏の九州探題職を解き、不本意ながら直冬を九州探題に補任する羽目に陥ってしまった。

貞久、南朝征政府に降る

京で北朝が尊氏派と直義派に分裂して戦いを繰り返しているあいだ、南九州の南朝征政府方では、肝付兼重の病没（三年前の正平四年・貞和五年）後に家督を継いだ肝付秋兼（肝付氏九代当主）は低迷していたが、谷山御所に残った三条泰季や谷山忠高、伊集院忠国らは勢力を蓄えていた。また、征政府方に寝返った楡井頼仲は、直冬方の日向国大将畠山直顕に対抗、日向国から大隅国への勢力拡大の機会を虎視眈々と狙っていた。この新たな征政府方国人の出現が、直顕のみならず北朝幕府方の島津貞久にとって大きな脅威となっていたのである。

楡井頼仲は師直・師泰兄弟が誅殺された二月、島津氏の領国である大隅国を掌中に収めるべく、日向国南西端の居城志布志城（鹿児島県志布志市志布志町）から国境《くにざかい》を越えて大隅国中部に侵攻、一気に大姶良《おおあいら》城（鹿屋市大姶良町）を攻め落とすと、北上して高隈（上高隈町）・加瀬田（輝北町）両城を陥落させた。

ところが、日向国に加え薩隅両国の制覇をもくろむ直顕は、島津貞久に先んじて麾下の禰寝清成・清増・清種ら三万騎を派遣、七月に高隈城を攻め落とし、八月には、加瀬田城・大姶良城・高須城（高須町）を攻略、さらに反転して頼仲の居城志布志城をも陥落させた。

頼仲・頼重兄弟は逃亡し、日向国から大隅国にかけて勢力を広げた征西府の新勢力楡井氏は後退を余儀なくされる（大姶良城は十二月に楡井頼仲・頼重兄弟によって奪還される）。また、直顕に恐れを抱いた頼仲の盟友で大隅高山城主肝付秋兼は降伏してしまう。

貞久はこの破竹の勢いの直顕に対抗するため、また、前年に伊集院忠国によって島津陣営の郡山城（鹿児島市郡山町）を攻略され、薩摩半島中部以南全域を征西府の支配下に置かれてしまったこともあってであろう、薩隅日三カ国の征西府勢力と連携する方針に転換し、八月に征政府に帰順を申し入れる。自己勢力の維持・拡大のためには背に腹は代えられぬということである。

その頃、大宰府にあった九州探題足利直冬は、舅の少弐頼尚と組んで筑前・筑後両国に着々と勢力を広げつつあった。これに対し、探題職を奪われた一色直氏と父道猷は博多周辺に押し込められて苦境に陥っていた。道猷・直氏父子は、直冬・頼尚に対抗するため、島津氏同様やむなく征西府側に帰順を申し入れる。征西府は九州中部から北部に進出する好機とみてためらうことなく受け入れた。

征西府の麾下に入った島津一族に、「九州探題直冬と少弐頼尚の軍勢が、征西府に帰順した一色氏を討つため進軍中」という急報が入る。貞久は一色氏を支援するため、四男氏久を名代とし、弟の北郷資忠以下五百騎をつけ海路筑前国に派遣した。

氏久らは九月二十九日、直氏の実弟一色範光率いる一色軍に合流し、月隈《つきのぐま》・金隈《かねのくま》（福岡市博多区）で直冬の先遣隊の今川直貞勢と戦った。小高い丘陵地帯での戦闘は激烈をきわめ、島津勢は多数の武将が戦死するなど大打撃をこうむる。氏久自身も乱戦の中で負傷し、一時は自刃まで覚悟したが、伊《い》地《ぢ》知《ち》季随《すえみち》（伊地知氏初代当主）が敵陣に突入、氏久の身代わりとなって討死し、範光は肥前国に敗走、満身創痍の氏久も海路帰国の途についた（金隈の戦い）。

同じ二十九日、一色道猷・直氏父子率いる本軍は、懐良親王を奉じる五条頼元や菊池武光、恵良惟澄らの征西府軍と合流するために南下していたが、それを阻止しようと兵を進めてきた足利直冬・少弐連合軍により、筑後河畔で敗れ去った。道猷・直氏父子は豊後国に逃れて大友氏泰・氏時兄弟を頼る。これを知った征西府軍は隈府城に帰陣した。

直義、毒殺される

高師直・師泰兄弟が粛清されたことで、京には平穏が訪れるかにみえたが、足利直義と尊氏・義詮父子との関係はいっこうに改善されずにいた。軋轢に耐えかねた直義は「天下静謐のため」として政務を辞退、桃井直常や斯波高経、山名時氏、吉良満義ら配下の武将をともない、北陸・信濃を経て鎌倉に入る。反尊氏勢力を糾合するために直義は、自身の猶子でもある鎌倉公方基氏（十二歳）と合力し、関東諸国に檄を飛ばす。

これに対し、尊氏は十月二十四日、窮余の策として、事もあろうに宿敵の南朝と和睦、政権を全面的に（幕府を丸ごと）引き渡してしまう。十一月四日、後村上天皇から勅免綸旨（勅命による赦免）と直義追討の綸旨を受け、仁木頼章・義長兄弟、畠山国清ら三千騎を率いて京を出陣。尊氏にいともあっさり袖にされた北朝の崇光天皇は七日に廃位されて上皇となり、十二月十八日には三種の神器も南朝に接収された。北朝は消滅して元号も観応（二年）が廃されて南朝の正平（六年）に統一される（正平一統）。

尊氏軍は東海道を東進したが、多くの関東武士が直義に帰服しているため、鎌倉入りは無理と判断、険阻で通うべき道もない薩埵山《さったさん》（静岡市清水区）に陣を敷く。

かたや直義は、数万騎を薩埵山の東方に派遣するとともに、北方には搦手となる数万騎を配して尊氏軍を包囲、直義自身は伊豆国府（神奈川県三島市）に本陣を定めて動かずにいた。両軍の兵力差は歴然で、直義は尊氏の降伏を睨んで持久戦に持ち込もうとした。

ところが、搦手の児玉党（武蔵七党の一つ）三千騎が抜け駆けを敢行したにもかかわらず、あっけなく返り討ちに遭ってしまう（薩埵山の戦い）。直義軍は浮足立ち、勝手に撤退し始めたため統制不能となる。のみならず、続く相模国早川尻の戦い（小田原市）でも敗れたことで、直義は降伏、幽閉の身となる。

高師直・師泰兄弟の一周忌にあたる翌正平七年（一三五二）二月二十六日、直義は幽閉先の延福寺《えんぷくじ》（鎌倉市浄明寺）で何者かによって毒殺され（実兄尊氏の指示、もしくは黙認があってのことだろう）、観応の擾乱と呼ばれる足利将軍家の熾烈な内部抗争はようやく終息する。

鎌倉公方基氏は父尊氏に謝罪して許された。尊氏は鎌倉に残り、みずから関東支配の基盤鎌倉府の抜本的改革を断行する。その運営を軌道に乗せて十二歳の基氏に託すとともに、二十二歳の義詮に征夷大将軍職を継承させるためでもあった。尊氏と直義の二元政治はこうしてピリオドが打たれ、幕府は将軍のもとで一元化、政治・軍事組織として確立されていく。また、のちのことだが、鎌倉府の管轄は基本の関東十カ国に陸奥・出羽両国が加えられることになる。

四 九州の混乱

正平一統の崩壊

南朝の最高司令官北畠親房は、足利直義が毒殺されたことによる幕府の混乱に乗じ、尊氏との和睦を破棄。親房は直義の死から十日も経たぬ正平七年(一三五二)閏二月六日、尊氏の征夷大将軍職を剥奪、亡き後醍醐天皇の四宮で再還俗して南朝に復帰していた宗良親王(尊澄法親王)を征夷大将軍に任じ、鎌倉と京の同時奪還計略を実行する。そのため、正平一統はわずか四カ月で破綻する。

親房の三男北畠顕能(石津の戦いで討ち死にした奥州鎮守府大将軍顕家の弟)は尊氏不在の隙を突き、鳥羽(三重県鳥羽市)から三千騎を率いて北朝幕府方への攻撃を開始する。顕能は、楠木正儀《まさのり》(正成の三男。兄の正行・正時が四條畷の戦いで敗死後に家督を継承)や千種顕経(尊氏との京をめぐる攻防戦で戦死した忠顕の四男）らとともに南朝軍の先鋒として、二十日におこなわれた七条大宮の戦い（下京区）で細川頼春（島津貞久が召し上げられた日向守護に一時就任）を討ち取って北朝幕府軍を撃破、義詮や細川顕氏らを近江国に敗走させた。

この勝利によって南朝は、建武三年暮れに後醍醐が吉野に逃れ、朝廷が南北に分裂してから十六年ぶりに京に返り咲いたことになる。後村上天皇は、賀名生の行宮から河内国東条（大阪府富田林市）、摂津国住吉（大阪市住吉区）を経て山城国の石清水八幡宮（京都府八幡市）に入り、三種の神器をはじめ義詮に置き去りにされていた北朝の光厳・光明・崇光の三上皇と廃太子直仁《なおひと》（光厳の二宮）を拉致・拘禁する。北朝の再興を防ぐためである。

鎌倉と京の同時奪還計略の失敗

上野国では閏二月十五日、北畠親房の呼びかけに応じた、新田義貞の次男義興・三男義宗兄弟や脇屋義助（十年前の興国三年・康永元年に四国で急死）の子息脇屋義治らが征夷大将軍宗良親王を奉じ、故足利直義方の残党や北条時行らを糾合して挙兵。義興率いる新田軍は鎌倉公方基氏の軍勢を破って鎌倉を占拠する。北条時行にとっては中先代の乱・杉本城の戦いに次ぐ三度目の鎌倉奪還だった。

京と鎌倉双方が南朝の支配下に入るかにみえた。しかし、敗れた基氏ではあったが、父尊氏とともにその新田軍を武蔵国石浜（東京都台東区）で破る。新田義宗は退いて笛吹峠（埼玉県嵐山町）に陣を敷き、尊氏・基氏父子率いる足利軍を迎え撃ったが、再び敗北して越後国に落ち延びた（武蔵野合戦）。敗報を受けた新田義興や北条時行、脇屋義治らが三月二日に鎌倉を脱出したため、関東の南朝勢力は鎮圧され、北畠親房による鎌倉と京の同時奪還計略は失敗に終わった。なお、逃げ落ちた北条時行は捕らえられて処刑されることになる。

一方、近江国に逃れた義詮は、佐々木道誉、細川顕氏、細川頼之（七条大宮の戦いで戦死した頼春の嫡男）、土岐頼康、赤松則祐らの参陣を受け、直義の側近だった斯波高経らも加わって勢力を盛り返し、三月十五日に京を奪還、南朝軍が籠もる石清水八幡宮に攻め寄せた。

石清水八幡宮の南朝軍を包囲した北朝幕府軍は兵糧攻めを決行。それに耐えかねた南朝軍からは、幕府軍に寝返る武将が相次いだ。後村上天皇は五月十一日、その包囲網を掻いくぐって脱出、捕らわれの身となっていた北朝の三上皇と廃太子直仁を連行して賀名生に帰り着いたものの、近臣の四条隆資や一条内嗣《うちつぐ》、滋野井実勝《しげのいさねかつ》らの公卿が戦死、石清水八幡宮も陥落する（男山八幡の戦い）。この勝利によって、貞久と島津一族は南朝征政府から離脱、北朝幕府方に復帰したと思われる。

貞久、軍事指揮権を分割

南朝に勝利した足利義詮は七月二十四日、一連の騒乱に費やした軍費・兵糧を調達するため「観応の半済令《はんぜいれい》」を発布・実施する。激戦地の近江・美濃・尾張の本所領（寺社・公家が名目上所有する荘園）を対象とし、この年の収穫に限り、荘園領主への年貢の半分を兵糧米として守護が徴収し、配下の武士に兵糧や恩賞として与えることを認めた。

ところがその対象は全国に広がり、やがて「守護」は、半済で得た権益をもとに荘園・国衙領を蚕食・押領し（荘園公領制は解体に向かう）、本来の守護権である「大犯三箇条《だいぼん》（大番催促・謀反人の逮捕・

殺害人の逮捕)」のみならず、領国内の国人衆を政治・軍事的に統制・被官(家臣)化してその支配権を確立し「守護大名」へと成長、足利将軍という中央権力と一線を画して自立するようになる。

観応の半済令発布直前の七月二十日、義詮から畠山直顕やその与党で日向伊東氏の一族祐氏らの討伐を命じられていた守護貞久は、日向国への進路を確保するため、四男氏久を薩隅の国境に位置する大隅隈本・栗野北里両城(ともに鹿児島県湧水《ゆうすい》町)攻略のために出陣させた。しかし、畠山直顕・宗泰父子率いる軍勢に前後から挟撃されて惨敗。氏久は命からがら東福寺城に舞い戻った。

日向国内に再出兵する余力を失った貞久は、弟の樺山資久を樺山(宮崎県北諸県郡三股町樺山)に、同じく北郷資忠を北郷(都城市山田町)に、それぞれ本拠を構えさせることにした。日向国内で直顕と対峙し、いざというとき軍事行動を起こすように期待してのことである。また、八十三歳と老齢のうえに中風(脳卒中発生後の半身不随状態)を患っていた貞久は、三男師久に薩摩国の、四男氏久には大隅国の軍事指揮権を与えた。おそらく貞久は木牟礼城に移り、師久に薩摩国の守護所である碇山城を与えたと思われる。

北朝復活

京では八月十七日、三上皇を拉致されるという痛恨のミスを犯した足利義詮が、新天皇を指名できる治天の君不在の北朝を再建するため、窮余の策として光厳・光明両上皇の実母広義門院寧子(後伏見上皇の女御西園寺寧子)を、前例のない女性の治天の君とし、その指名という体裁を装い、光厳上皇の三宮で十九歳の弥仁《いやひと》親王(崇光上皇・廃太子直仁親王の異母弟)を北朝四代後光厳天皇として践祚させた。三種の神器をともわないものの、新天皇を擁立したことで室町（足利）幕府はその正統性を再び取り返したことになる。

後光厳の践祚からわずかひと月余の九月二十七日、北朝は文和に改元する。この新天皇即位による代始《だいはじめ》の改元も北朝立て直しの一環として、緊迫した政治状況下にあった義詮が急遽北朝に要請した結果である。一方南朝は、北朝が再興されたことで、三上皇と廃太子を拘禁している意味が失われたことや経済的にも負担となるため、いわばカネのかかる厄介者と化したことで解放することになる。

島津氏、風前のともしび

足利直冬はというと、唯一の支援者でもある養父直義を失ったばかりか、その死と同時に九州探題職の座も追われて再び誅殺を受ける身となり、直冬方の武士の離反が相次いで急速に勢力を失っていた。直冬と舅の少弐頼尚は十一月十二日、九州探題に再任されて南朝征西府から離脱した一色直氏率いる探題軍と椿・忠隈（福岡県飯塚市）で戦って破れ、大宰府北東の少弐氏の居城浦ノ城（太宰府市連歌屋）に立て籠もった。

しかし、その浦ノ城も十重二十重に包囲されて攻撃を受け続ける事態となり、直冬はそれまで勢力を扶植させてきた長門国に走った（直冬の九州滞留はわずか三年三カ月余。直冬の発した安堵状や宛行状はすべて空手形に終った）。窮地に立たされた少弐頼尚は翌正平八年・文和二年（一三五三）正月、宿敵の征西府に降り、その総大将菊池武光に援軍を要請する。直冬の逃亡ともあいまって、隈府城の征西府が待ち望んでいた筑前国進出の好機がめぐってきたのだ。

武光は「どの面下げて」と一時は腹を立てただろうが、九州探題一色氏撃滅の好機到来と判断、少弐氏の要請を快諾する。二月一日、菊池・少弐の連合軍は、大宰府南郊の針摺原《はりすりばる》（筑紫野市）で一色探題軍をあっけなく粉砕した（針摺原の戦い）。もともと九州探題の存在を快く思っていなかった九州の国人つまり武士の多くは、恩賞目当てで探題軍に身を置いていたいわば烏合の衆で、一色氏に忠誠心を抱く者はほんのわずかだったのである。

針摺原で大勝した征西府が九州北部を制圧すると、九州南部の薩摩国における征西府勢力も大いに勢いづいた。三月に入ると、薩摩国西部の市来氏家《うじいえ》（市来氏九代当主）や同じく北部の東郷道義、肥後の葦北党などが連合して木牟礼城に攻め寄せた。病に臥せていた貞久は危機に陥ったが、碇山城から駆けつけてきた三男師久が撃退する。

こうした薩摩国北部の窮迫に加え、その中部でも、日向・大隅両国のみならず薩摩国をも支配下に置こうと狙う日向国大将畠山直顕との抗争が激化するきざしをみせていた。孤立を深めるばかりの師久・氏久兄弟は途方に暮れ、幕府に救援を泣訴する。島津十文字の軍旗はしぼむばかりであった。

しかし、尊氏は観応の擾乱後の鎌倉府の立て直しで動けず、京の義詮も、畿内近国で南朝方に鞍替えした旧直義派の山名時氏や石塔頼房、桃井直常らとの厳しい抗争のさなかにあり、さらに、九州脱出後に周防国府（山口県防府市）を本拠に定めた足利直冬が不穏な動きを見せているため、援軍を派遣する余裕など幕府にはまったくなかったのである。泣いてすがっても無理な願いだったのだ。

尊氏の帰洛

その足利直冬は五月、有力武将をことごとく失った後村上天皇に許されて南朝に帰順する。六月九日、直冬の意を受けた旧直義派の山名時氏や吉良満貞（満義の嫡男）、石塔頼房らが、楠木正儀とともに尊氏の鎌倉下向中の隙を狙って京を急襲。義詮率いる北朝幕府軍を神楽岡（左京区吉田神楽岡町）、続いて吉田河原（河原町）で破り、南朝はおよそ一年ぶりに京を再び奪い返す。敗れた義詮は十三日、延暦寺にあった後光厳天皇を奉じ、美濃国垂井（岐阜県垂井町）に逃げ落ちた。義詮は三上皇を置き去りにしたことが骨身に応えていたのであろう。その失態を教訓に後光厳を合戦前に延暦寺に避難させていたのだ。直冬は六月二十三日、異母弟義詮追討の綸旨を得て総追捕使に任じられ、中国諸国に軍勢催促状を発する。

垂井に退いて反撃体制を整えた義詮は七月二十六日、京の南朝軍を駆逐するため、美濃から京へ向かった。

京を奪還した南朝軍はというと、背後から播磨の赤松則祐らの攻撃を受けたうえに、琵琶湖方面の補給線を断たれたことで、京を支えきれないと判断、それより二日前の二十四日に撤退していた。義詮は一戦も交えることなく、あっさりと入洛することができたのである。

京の義詮から救援要請を受けていた尊氏はその頃、畠山国清を関東管領に任じて鎌倉公方基氏の補佐として残し、大軍を率いて鎌倉を出発していた。東海道をのぼって垂井に着いた尊氏は、洛中の戦禍を避けて行宮にいた後光厳天皇に拝謁、京から迎えに戻ってきた義詮とともに後光厳を奉じ、九月二十一日、およそ二年ぶりに帰洛する。

十月二十七日、島津貞久は尊氏に書を送り、京奪還を祝うとともに、薩摩・大隅の窮状を訴えた。

足利直冬、最後のあがき

翌正平九年・文和三年（一三五四）二月二十二日、大隅国西部では、日向国大将畠山直顕の命を受けた禰寝清成の弟清有《きよあり》（禰寝氏八代当主）や清種、清増らが、南朝征西府方の楡井頼仲の属将が拠る大隅一ノ谷城（鹿児島県鹿屋市祓川《はらいがわ》町）に夜襲をかけて落とし、詰城の木谷城（花岡町）も陥落させる。二十五日には、頼仲自身が立て籠もる大姶良城も再び攻略し、頼仲を大隅半島西部から日向護摩ヶ崎城（曽於郡大崎町）に追いやった。日向・大隅両国の大半を制圧した直顕だったが、この他勢力を圧倒するほどの勢いは、南朝征西府方の諸将だけでなく、薩隅両守護貞久にとって脅威と憎悪の対象となる。

四月十七日、大和国賀名生で六十二歳の北畠親房が病没した。事実上の最高指導者を失った南朝はこれ以降、衰退の道をたどる。

薩摩国北西部では五月二十五日、征西府に寝返った椙政保や知識行覚《ゆきさだ》らが木牟礼城に攻め寄せた。貞久はまたもや危機に陥ったが、急報を受けた碇山城の三男師久が救援に駆けつけ政保・行覚勢を粉砕。師久はただちに反転攻勢に出て、行覚の居城知識城（出水市知識町）を三日で攻め落とし、みずから入城する。十月になると牛屎高元や肥後の葦北党の支援を受けた椙政保が、知識城を奪還しようと攻め寄せてきたが、木牟礼城から駆けつけた貞久の援軍に背後を突かれ、政保らは敗走した。

その頃、薩摩国東部では、大隅国を圧倒した直顕が氏久の居城東福寺城を奪取しようと侵攻してきたが、氏久はゲリラ戦で対抗。膠着状態に陥ったため双方ともに兵を退いていた。

摂津国では翌正平十年・文和四年（一三五五）二月六日、尊氏・直冬父子の因縁の戦いが始まった。斯波高経や山名時氏、桃井直常、大内弘世らの直冬軍に、河内国で勢力を蓄えていた南朝の楠木正儀が加わり、神南《こうない》（大阪府高槻市）で戦火を交えたのである。だが、佐々木導誉と赤松則祐の軍勢に山名時氏の軍勢が打ち崩されると、直冬軍は本陣の東寺に敗走（神南の戦い）。三月十二日には、尊氏・義詮父子の率いる幕府軍の急襲を受け、西方の桂川まで逃れたものの三隅兼連が討死し、従っていた諸将は四散、直冬は追手の目を逃れながら中国各地を流浪することになる（忠冬は四十五年後の応永七年三月に石見国で没する。享年七十四）。

九州探題一色直氏の逃亡

南九州では四月二十六日、前年から執拗な攻撃にさらされていた木牟礼城が、またも南朝征政府方の相良政保や市来氏家、牛屎高元、東郷道義、葦北党らの夜襲を受ける。病床の貞久はみずから抜刀して城兵を叱咤。半身不随だからといって寝てなどいられないのである。このときも師久が知識城から兵を率いて駆けつけ、なんとか政保らを蹴散らすことができた。

再三にわたって木牟礼城が攻撃されることに危機感を募らせた師久は、病に臥せる父貞久を密かに薩摩国中西部の串木野城に移す。だが、これを察知した市来氏家は、谷山御所の三条泰季と謀り、九月二日、知覧忠世、鮫島彦次郎、佐多彦次郎ら一千余騎を率いて串木野城攻めを開始する。

その知らせを聞いた師久は知識城から駆けつけ、みずからその包囲陣に討ち入った。しかし、その包囲陣に新手の軍勢が加わったことで激戦は五日間にわたって続き、師久配下の武将猿渡信重が討死する。知覧忠世は、十三年前の興国三年・康永元年に串木野城を貞久に奪われ、城主の父平忠秋が敗走させられた怨念を晴らそうと奮戦したが、果たせぬまま他の征西府方の軍勢とともに引き揚げた。

　戦いが収束すると、師久は知識城に兵を返したが、帰城後間もない十月二十二日、楫政保や牛屎高元らが攻め寄せてきた。師久は在城していた叔父北郷資忠（北郷氏初代当主）とともに防戦。しかしその攻撃は激烈をきわめ、城門が破られて牛屎高元の軍兵が城内に乱入。師久や資忠も抜刀して戦ったが、知識城は落城寸前にまで追い詰められる。城外に打って出た守護代酒匂久景や酒匂忠胤《ただたね》らは奮戦したものの討死し、師久自身も三カ所に傷を負い、配下の多数の将兵が死傷した。楫政保や牛屎高元らも多くの犠牲者を出し、死体を城の内外に遺棄したまま退いた。

　北九州では十月二十六日、懐良親王が菊池武光や少弐頼尚らを率いて豊後府内（大分市）を攻略、大友氏泰・氏時兄弟を帰順させた。征西府軍は西進して城井谷《きいだに》城（福岡県築上《ちくじょう》町）を降し、さらに一色道猷・九州探題直氏父子の息の根を止めるため博多に進撃。その怒濤の勢いに圧倒された道猷と直氏・範光兄弟は十一月、九州統治を断念して本拠の九州探題府を放棄して長門国に遁走、道猷は京に帰って隠退する。多々良浜の戦い後に道猷が初代九州探題に任じられて二十年が経とうとしていた。その後、将軍尊氏の怒りを買った直氏・範光兄弟が、太宰府の奪還をめざして征政府軍に挑むものの、一敗地にまみれて再び長門国に落ち、尊氏のもとに逃げ帰ることになる。

島津一族の巻き返し

大友氏泰・氏時兄弟が南朝征政府に帰順し、九州探題一色氏が逃亡したことにより、守護貞久を惣領（本宗家）と仰ぐ島津一族は、勢いを増すばかりの南朝征西府軍の激しい攻勢を受けるだけでなく、島津一族のさらなる衰勢を狙う日向国大将畠山直顕による薩摩国への本格的な侵攻にさらされること になった。正平十一年・延文元年（一三五六）十一月、孤立無援となった貞久は、目の前の窮状を打破するため、三男師久と四男氏久と諮り、幕府への義理を捨て、またもや南朝征政府への帰順を申し出る。直顕の勢力伸長を危惧していた三条泰季はそれを受け入れた。

泰季は十月二十五日、氏久ら島津勢とともに、足利直冬の没落によって再び北朝幕府方に帰順した日向国大将畠山直顕支配下の加治木岩屋城（鹿児島県始良《あいら》市加治木町）の攻略にかかる。直顕の命を受けた禰寝重種・清増らが救援に駆けつけてきたが、翌正平十二年・延文二年（一三五七）正月、伊集院久氏（忠国の嫡男。伊集院氏六代当主）や比志島範平、本田親春らが奮戦、久木崎久春が城内に討ち入って落城させた。

直顕はというと、島津攻めよりも先に征政府方の楡井頼仲を討ち取るため、正月二十七日、麾下の禰寝清種・清増らとともに、頼仲が潜伏している護摩ヶ崎城を攻め立てた。激しい攻防戦の末に城は陥落、頼仲の弟楡井頼重は討死し、頼仲は辛うじて死地を脱したものの逃げきれぬと覚り、自身が創建した宝池庵（志布志町）で自刃する。

氏久はその頃、直顕を大隅国から駆逐するため、直顕麾下の野本秀安が守る大隅帖佐萩峯城（始良市鍋倉）を攻める。これに対して直顕は、その北東にある島津氏配下の本田重親の拠る溝辺城（霧島市溝辺町）を取り囲んだ。睨み合いが続いた結果、氏久と直顕は和睦して互いに囲みを解いた。ところが直顕軍は南下して土器園《かわらけ》（加治木町黒川）に布陣したものの、撤退せずにいた。これを危ぶんだ氏久は三月二十日、三条泰季率いる征西府軍とともに直顕軍に夜襲を仕掛けて打ち破り、その余勢を駆って直顕支配下の末次城（鹿屋市吾平町）・西俣城（南町）・大始良城を攻略（これ以降の三条泰季の消息は不明）、四月には、志布志城に拠る直顕を敗走させた。直顕は櫛間（宮崎県串間市）、飫肥《おび》（日南市）を経て、麾下の武将で都於郡城主の伊東氏祐に助けを求めたが断られ、本拠の穆佐城に逃げ込んだ。直顕を大隅国から追い払った氏久は大姶良城に入り、従兄弟の新納実久（時久の次男。新納氏二代当主）を志布志城の城代に据え、大隅国の統治と畠山直顕の南下に備えさせた。

黄昏の日向国大将畠山顕家

征西府の勢力拡大を危惧した将軍足利尊氏は九州侵攻を決意。だが、遠征直前の正平十三年・延文三年（一三五八）四月三十日、悲願だった「南北朝合一（統合）」どころか九州平定も果たせぬまま二条万里小路《までのこうじ》邸（中京区柊町）で病没する。

足利義詮は、勢いづく懐良親王の東上を恐れ、細川繁氏（顕氏の嫡男）を九州探題に任じ、九州下向を命じたが、その繁氏も六月、領国の讃岐で赴任の準備中に急死してしまった。

尊氏の百カ日目にあたる八月二十二日、義詮に嫡子春王《はるおう》が生まれた。のちに、幕府の権力を確立するとともに、公家・武家の両文化を融合させた華やかな「北山文化」を築く三代将軍足利義満である。

肥後征政府の懐良親王は、尊氏の死を好機到来とみて九州全土制覇に本腰を入れて動き始める。懐良の命を受けた肥後の菊池武光は十一月、九州三人衆少弐・大友・島津三氏らが加わった征西府内での主導権を握る好機と捉え、みずから五千騎を率いて穆佐城の日向国大将畠山直顕を攻め立てた。直顕は支え切れず、子息重隆の拠る、二十キロほど南西の三俣院高城に逃げ込んだが、勢いづいた武光によって城を攻め落とされると、父子ともども豊後国に遁走する。

ところが、武光が日向国で畠山直顕・重隆父子を攻め立てている隙に、豊後の大友氏時と少弐頼尚が再び幕府方に寝返って諸将を招集、策略をめぐらせていた。

京の義詮は十二月十八日、征夷大将軍に任じられる。と同時に、義詮の絶大な支持を得ていた政所執事佐々木道誉が管領の任免権を握り、幕府の実質的な最高権力者となる。

南朝征西府軍、大保原の戦いに勝利する

菊池武光は翌正平十四年・延文四年(一三五九)三月、南朝征西府を裏切った大友氏時の拠る高崎山城を取り囲む。その戦いのさなかの四月、氏時と結んだ少弐頼尚が、武光不在の隈府城を攻撃するため、大宰府から軍勢を南下させ豊前糸田城(福岡県糸田町)に陣を構えた。だが、それをいち早く察知した武光は、高崎山城の包囲を解いて撤退する。その菊池軍を大友軍が追い、南朝征西府に反旗を翻した阿蘇惟村(父恵良惟澄は南朝征西府方)も、肥後国小国(熊本県小国町)に城塞を築き菊池軍の撤退を阻む。挟撃された武光ではあったが、小国の城塞を強行突破し、隈府城に駆け戻り、惟村はほうほうのていで逃れ去った。

帰城した武光は七月、懐良親王を奉じ、みずからが総大将として、五条頼元、菊池一族以下肥後・

筑後勢を率いて北上。すでに九州以外の諸国は北朝幕府の勢力下にあり、それに対抗できるのは九州の南朝征西府だけとなっていた。南朝にとって懐良親王と菊池一族のみがその命脈を保つ頼みの綱であった。

七月十七日、「北朝幕府軍」の総大将少弐頼尚と大友氏時は、征西府軍を迎え撃つため、宇都宮冬綱（城井《きい》氏七代当主）ら肥前・豊前の軍兵六万を率いて筑後川北岸一帯に布陣する。かたや「南朝征西府軍」の総大将武光は、赤星武貫（赤星氏三代当主・文永の役で奮戦した有隆の孫）や宇都宮貞久、草野永幸、大野光隆以下の軍兵四万で筑後川の支流豊満川西岸の大保原《おおほばる》一帯（福岡県小郡市）に陣を敷いて少弐軍と対峙する。

八月六日、征西府軍の奇襲部隊三百騎が夜陰に紛れて宝満川東岸を北上、少弐軍の本陣後方にまわった。同時に本軍は宝満川を渡って幕府軍の本陣正面に布陣する。幕府軍を挟み撃ちにするためである。奇襲部隊が軍に突撃すると同時に、丸鷹紋の征政府旗を押し立てた本軍も鬨《とき》の声を挙げながら幕府軍の本陣に襲い掛かった。激しい白兵戦が繰り広げられたが、馬を射られて落馬した武光は、額に太刀を受けながらも少弐武藤《たけふじ》の首級を挙げる。剣先に高々と差し上げられた武藤のその首級に戦慄した頼尚が、馬首を本陣の山隈城（花立山城・小郡市）に返すと、退却と勘違いした幕府軍の兵は我先にと四散した。

懐良が矢傷を負って生死をさまようほどの、十数時間におよぶ激しい戦いの末、北朝幕府軍は少弐頼尚の嫡男直資や嫡孫頼国らが、南朝征西府軍では武光の甥菊池武明や赤星武貫、宇都宮貞久の弟貞邦らが討死し、両軍併せて五千余人が戦死した。敗れた幕府軍の総大将少弐頼尚は本陣の山隈城を放棄して有智山城に逃げ込んだが、勝った征西府軍も損耗が激しく、それを追撃する余力はなく、隈府城に引き揚げた（大保原の戦い・筑後川の戦い）。この日本三大合戦の一つ（ほかの二つは関ヶ原の戦い・上杉謙信と武田信玄が数回にわたって繰り広げた川中島の戦い）とされる大合戦には、『太平記』によると、島津勢も「島津上総入道（貞久）」が北朝幕府方に、「島津上総四郎（貞久の四男氏久であろうか）」が南朝征政府方に参陣していたようだが、詳細はわからない。

第四章　島津氏の混迷

一　味方か敵か、九州探題今川了俊の下向

島津氏久の意趣返し

豊後国に逃げ落ちた日向国大将畠山直顕・重隆父子は再起を賭け、肥後人吉の北朝幕府方相良定頼（相良氏六代当主）らと謀り、島津氏に対抗するため日向国庄内に侵攻する。大保原の戦いからおよそ二カ月後の正平十四年・延文四年（一三五九）十月五日、直顕の再起を阻止するため、島津貞久の四男氏久は大隅大姶良城を出陣。佐多忠直《ただなお》（忠光の嫡男。佐多氏二代当主）らを率いて日向国境の大隅国国合原《くにあいばる》（住吉原・曽於市末吉町）に陣を敷く。

しかし、周辺国人衆の協力を得られなかった少勢の島津軍は、相良軍の奇襲攻撃をまともに受けて粉砕され、佐多忠直やその弟の彦四郎、三郎四郎らが大軍に囲まれた中で討死（国合原合戦）。氏久は佐多兄弟が奮戦している隙に死地を脱し、西方の大隅手取城（大隅町）の岩川氏を頼ったがにべもなく拒絶される。さらに、南方の日向蓬原《ふつはら》城（志布志市有明町）の救仁郷頼世《よりよ》にも救援を求めたが同様にはねつけられた。

万策尽きた氏久は敗兵を集めて山間の難路を伝い、やっとのことで居城の東福寺城に帰り着くこと

ができた。岩川・救仁郷両氏に対する怒りはもとより、相良軍の奇襲を受けて惨敗してしまった氏久は、自身の情けなさに身を震わせたであろう。

翌正平十五年・延文五年（一三六〇）早々、軍容を立て直した氏久は、コケにされた（厄介者扱いされた）恨みを晴らすため、手取城と蓬原城を襲撃。岩川一族を屋久島に追いやり、救仁郷頼世を討ち取ってしまうのである。

三月、島津一族の中では一貫して南朝西政府方にあった伊集院忠国が、一宇治城の支城平城で病没する。家督を継いだ忠国の嫡男久氏は島津本宗家の当主貞久と和解。久氏の姉敬外《けいがい》夫人が氏久に輿入れすることが決まる。五月に入ると将軍足利義詮から貞久のもとに御教書がとどき、また、氏久が大隅国を制圧していたこともあり、島津一族は南朝征政府からあっさり離脱、再び北朝幕府方に戻る。

大宰府に翻る征西府旗

この正平十五年・延文五年秋頃であろうか、日向庄内に侵攻していた畠山直顕・重隆父子は、島津氏久の手に落ち新納実久が拠る志布志城を奪還しようとしたが、氏久に迎撃されて豊後国へと遁走。日向・大隅両国を席捲した日向国大将直顕の二十四年にわたる九州計略は終焉を迎え、歴史の表舞台から姿を消すことになる。

翌正平十六年・康安元年（一三六一）八月、南朝征西府軍の総大将菊池武光は、大宰府の有智山《うちやま》城を攻め落とし、少弐頼尚を豊後の大友氏時のもとに追いやった。父祖伝来の地を追われた頼尚は出家、家督を次男冬資に譲って後事を託し、京に向かうことになる。

父後醍醐天皇の命を受けて京の比叡山を発ってから二十五年、薩摩入りしてから十九年が経ち、三十三歳になっていた懐良親王はようやく悲願の大宰府入りを果たし、肥後隈府城から本拠を大宰府に移して〝大宰征西府〟とする。金色に鷹の丸紋の縫い取りがほどこされた征西府旗、その黄金時代の到来を告げるシンボルが蒼天に翻った。

これにあわてた幕府は、斯波一族の長老で幕府最高の実力者斯波高経の次男で越前守護の氏経（鎌倉杉本城の戦いで敗死した家長の弟）を九州探題に任命。大友氏時を頼って海路豊後府内に向かった氏経だったが、北朝幕府が南朝を圧倒している京にいたせいか、九州の状況にうとかったにちがいない。十月三日、大船八艘に大勢の遊女をともなうなど、物見遊山気分でやってきたことからもそれがうかがえる。

九州探題斯波氏経の敗走

九州探題斯波氏経や大友氏時らを討滅するため菊池武光は、弟の菊池武義に大宰征西府の守備を託し、みずから征西府軍三万騎を率いて出陣、翌正平十七年・貞治元年（一三六二）九月九日、豊後府内（大分市）に攻め入った。

大友氏時は居館大友館（顕徳町）を放棄し、九州探題氏経らと詰城の高崎山城（神崎）に退いた。斯波氏経は高崎山城を取り囲む武光の隙を突き、子息松王丸を九州探題軍の総大将に任じて出陣させる。途中、少弐冬資（少弐氏七代当主）らが合流し、総勢七千騎が大宰府へと向かった。菊池武義は二十一日、南朝征政府軍五千騎を率い、長者原《ちょうじゃばる》（福岡県粕谷町）でこれを迎え撃つ。苦戦を強いられていた武義ではあったが、そこへ、高崎山城の攻囲を解いて馳せ戻ってきた武光が襲いかかり、あわてふためく九州探題軍を撃破。冬資の弟少弐頼資は戦死、辛うじて死を免れた松王丸と冬資は豊後国に逃げ帰った（長者原の戦い）

十一月三日、敗北を喫し意気消沈している氏時に、長らく病を患っていたのであろうか、兄大友氏泰が病没するという不幸が襲う。

これを好機とみた武光は翌十二月、征西府軍を率いて再び高崎山城を取り囲む。家督を継いだ大友氏時（大友氏八代当主）らは頑強に抵抗したものの、ついに抵抗を断念。結局、下向してきた際の太平楽な呑気さは消え失せ、九州探題斯波氏経は松王丸をともない、尻尾を巻くようにして周防を経て京に逃げ帰り、大友氏時は征西府に降伏して出家、まもなくを家督を嫡男氏継に譲ることになる。

懐良親王は九州探題氏経を九州から叩き出し、少弐・大友両氏を抑え込んだことで、吉野の後村上天皇に征西将軍職の後継任命とその西下を要請する。反征西府方のわずかな残存勢力を新たな後継者に任せ、自身は征西府軍を率いて東上する計画を進めるためである。

総州家と奥州家

病床に臥せることの多くなった島津貞久は正平十八年・貞治二年（一三六三）四月、三男師久を島津氏の「物領（島津一族の首長）」に定め、島津氏累代の重宝とともに薩摩国守護職や島津荘薩摩方惣地頭職などを、四男氏久には大隅国守護職や島津荘大隅方惣地頭職などを正式に譲り、島津家の領地を分割統治させた。島津本宗家の家督を継いだのは師久だが、これによって島津家は、碇山城を本拠とする師久と東福寺城を本拠とする氏久という二つの守護家に分かれ、師久の家系はその官途である上総介から「総州家」、氏久の家系はその受領名の陸奥守から「奥州家」と呼ばれることになる。師久三十九歳、氏久は三十六歳であった。

ただし、総州家師久の守護領である薩摩国、その東部に位置する薩隅日三カ国制覇の拠点東福寺城とその所在地鹿児島郡（鹿児島市）ならびに薩摩半島南端の要港山川津を擁する揖宿郡（指宿市）を奥州家氏久に与えたことが、のちに総州・奥州両島津家同士の血で血を洗う内紛の火種となる。

なお、庶長子の頼久は、十一年前の正平七年に加世田別府（南さつま市加世田）半分の地頭職を与えられていたが、新たに鹿児島郡内の川上村（鹿児島市川上町）を譲られて「川上」氏初代当主となる（すでに川上頼久と表記）。家督相続と同時に貞久は、始祖忠久の代から島津家に仕える、酒匂・本田両氏のうち、酒匂忠胤（知識城攻防戦で討死）の子息貞資を総州家師久に、本田親保の子息重親《しげちか》を奥州家氏久に守護代として従わせることにした。

五月二十日、大姶良城で奥州家氏久と正室敬外夫人との間に嫡男元久《もとひさ》が誕生する（総州家二代当主伊久は十六歳上の従兄にあたる）。元久はのちに薩隅日三カ国守護職を回復し、総州家に替わって島津本宗家当主の座に就くという、ただならぬ手腕の持ち主へと成長する。この頃であろうか、大隅国をほぼ制圧していた氏久は、しばらく日向国南西端の志布志城に居を移し、城代の新納実久とともに畠山直顕の去った日向国への領域拡大をめざす。

島津貞久が木牟礼城で病没したのは、それからふた月も経たない七月三日。九十五歳という長寿、大往生であった。心身ともに立ち枯れた古木となりながらも、南北朝の動乱という修羅の世を生き切った貞久の法名は道鑑。受領名は上総介。遺体は初代忠久・二代忠時・三代久経・四代忠宗の墓碑が建つ木牟礼城南方の感応寺に葬られた。

懐良親王の東上失敗

カリスマ的存在の島津貞久が没したことで島津本宗家による統制が緩むと、渋谷五氏の入来院重門が、勢いを増すばかりの南朝征西府に帰順し、島津一族と敵対することになった。正平二十一年・貞治五年（一三六六）三月五日、総州家師久が薩摩国守護職を二十歳の嫡男伊久《これひさ》に譲ったのは、それに対処するだけでなく、味方の結束はもちろん征政府諸将への調略やその内部情報の収集、武器・兵糧の調達などに専念するためであったと思われる。

正平二十二年・貞治六年五月二十八日、征西府の元勲五条頼元が三奈木荘《みなきの》（福岡県朝倉市）で没する。七十八歳だった。その頃、懐良の要請に応じ、後村上天皇の六宮で懐良の甥にあたる良成親王が大宰府の征西府に下向したとされる。まだ十歳に満たない少年だった。

長者原で敗北した少弐冬資は七月、立て籠もっていた豊前香春岳城《かわらだけ》（福岡県香春町）を菊池武光に攻め落とされて戦意を失い、大友親世（氏時の次男）をともなって京の父頼尚のもとに去った。

将軍義詮は十一月、十歳の嫡男義満に征夷大将軍職を譲り、四国讃岐の足利一門細川頼之を管領に任命してその補佐とし、翌月七日に三十八歳の若さで病没した。その混乱に乗じ、懐良親王は東上軍を編成。懐良は翌正平二十三年・応安元年（一三六八）二月、みずから征西府の諸将一族七万騎を率いて豊前・豊後両国から出帆し、海路吉野をめざす。しかし、大友氏継（大友氏九代当主）や大内弘世（弘幸の嫡男。大内氏九代当主）麾下の水軍と国東半島の北方豊後国姫島（大分県姫島村）沖や長門国彦島沖の海戦で敗北、懐良の東上計画は水泡に帰す。

三月二十九十一日、病気がちだった南朝の後村上天皇が、東上軍の敗北を知って落胆したからではなかろうが、賀名生から移していた摂津住吉の行宮（飯坂市住吉区）で四十一歳の生涯を閉じる。皇位は北朝との和平派熙成《ひろなり》親王ではなく、主戦派の寛成《ゆたなり》親王が継いで南朝三代長慶天皇となる。新たな主戦派天皇の登場により、和平派でそれまで幕府との交渉を一身に担ってきた楠木正儀は南朝内で孤立、将軍義満に帰順して北朝に降る。

北朝と幕府はすかさず正儀を左兵衛督および河内・和泉両国の国司兼守護職に任じる。河内国が北朝支配下に入ったことで、長慶天皇は吉野の行宮に退いた。畿内の軍事を一身に背負っていた南朝の名将楠木正儀が北朝に降ったことで、南朝の衰退に拍車がかかったのは言うまでもない。

三月二十一日に大友氏時が病没する。氏継はしばらくすると弟の親世に大友氏の当主の座を譲り、自身は勢力を増すばかりの征西府方に鞍替えしてしまう。もっとも、いざという場合に備え、その親世（大友氏十代当主）を北朝幕府方に残留させている。

この正平二十三年・応安元年、中国大陸では洪武帝《ホンウーディ》（朱元璋）が南京で即位して「明」を建国。洪武帝は皇帝つまり自身を頂点とする世界秩序（華夷秩序）を築くため、翌正平二十四年・応安二年（一三六九）、周辺諸国に対して自身の即位を告げ、「朝貢（後述）」を促したが、日本（幕府）に対してはとくに、猛威をふるっていた「倭寇」の取り締りを強く要請する。

最強の九州探題

斯波氏経の遁走以降二年ほど空席になっていた九州探題には、十八歳の渋川義行が任じられていたが、南朝征西府の頑強な抵抗に遭い、五年もの間九州に渡ることさえできず、建徳元年・応安三年（一三七〇）に更迭される。初代一色道猷からその嫡男直氏、足利直冬、細川繁氏、斯波氏経、渋川義行と六代にわたる九州探題は、九州の守備固めと守護以下の御家人の統制、征西府が成立してからはその討滅という役目を担っていたが、征西府軍の支柱菊池武光の武勇の前に手をこまねくばかりでほとんど機能できずにいた。

総州・奥州両島津家や京で逼塞状態を余儀なくされている少弐冬資や大友親世ら九州の北朝幕府方諸将は、そうした状況をなんとか挽回しようと、渋川義行の後任派遣を幕府に要請する。そこで、管領細川頼之（七条大宮の戦いで討死した頼春の嫡男）は六月、足利一門の今川了俊（貞世《さだよ》）に白羽の矢を立てた。了俊は歌人としても名高いが、武士を統括する幕府の中核侍所頭人を務めた経験があり、所領関係の訴訟を扱う要職引付頭人でもあった。いうならばエースの投入である。

了俊は引付頭人を辞し、翌建徳二年・応安四年（一三七一年）二月十九日、一族郎党を率いて京を出発、山陽道を西に下る。その途中の三月二十三日、後光厳天皇が二宮緒仁《おひと》親王に譲位、緒仁が北朝五代後円融天皇となる。将軍義満とは同年齢で従兄弟どうしでもあった。

五月、了俊一行は備後国尾道を経て、安芸国沼田《ぬた》（広島県三原市）に到着、しばらく同地にとどまり、安芸の毛利元春（大江広元から六代後の昆孫。毛利氏四代当主）や吉川経見（吉川氏八代当主）、熊谷直明、備後の長井貞広ら有力国人衆を招集した。

了俊は六月二十六日、京から帰国させた大友親世の拠る豊後高崎山城に向けて嫡男義範を出発させた。菊池武光をおびき出して高崎山城に釘づけにし、了俊率いる本軍が容易に大宰府へ進めるようにするためである。同時に了俊は、弟の今川仲秋に肥前の松浦党を結集させ、西方からも大宰府をめざすように命じる。

了俊の九州経略の第一は、懐良親王と菊池武光らの本拠征西府が置かれている大宰府を攻撃・占拠することである。十二月十九日、長門赤間関から中国諸将をともなって豊前国門司（九州市門司区）に上陸した了俊は、赤坂（小倉区）に陣を定める。京を発ってからすでに十カ月が経っていたが、用意周到な了俊はその間、九州の情勢を慎重に探り、征西府を突き崩すための構想を練り上げていた。京で逼塞していた少弐冬資も九州に戻り、了俊と参会したようである。

碇山城の危機

大友親世と今川義範の籠もる高崎山城を攻めていた菊池武光は「新たな九州探題が門司に上陸」との知らせを受け、翌文中元年・応安五年（一三七二）正月三日、包囲を解いて大宰征西府に引き返す。二月、了俊に大将に任じられた少弐冬資と大内弘世は、征西府方の多良倉・鷹見両城（北九州市八幡東区）を攻め落とし、大宰府の北、高宮（福岡市中央区）に兵を進めた。

玄界灘に面した肥前国呼子津（佐賀県唐津市）に到着した今川仲秋はというと、松浦党を従えて杵《き》島《しま》郡白米嶽《はくまいだけ》に進軍、征西府方の嶽尾《たけお》・牟留井《むるい》両城（武雄市）を落とす。さらに、烏帽子嶽（佐賀市）では、攻め寄せる武光の嫡男菊池武政の軍勢を打ち破り、馳せ参じた島津一族の伊作親忠《ちかただ》（宗久の嫡男。

伊作家三代当主）や大隅の禰寝久清（清有の子。禰寝氏九代当主）らが率いる兵を加えながら、了俊に合流するべく筑前国に向かっていた。

了俊は大宰府を展望できる北方の佐野山に陣を移し、大宰府に陣取る懐良親王や菊池武光らの征西府軍と対峙する。

その頃南九州では、征西府に帰順した入来院重門の動きに警戒の目を光らせていた総州家師久が、居城である碇山城の守備を固め、川内川河口に近い峰ヶ城（薩摩川内市高江町）を修築、その襲撃に対して万全の備えを敷いていた。

ところが六月二十三日、入来院重門率いる軍勢一千騎が川内川河口から川船に分乗し、峰ヶ城に押し寄せた。城兵は城外に打って出て河畔から激しく矢を射たものの、入来院軍に猛反撃を受けたため、城門を閉ざしての応戦に切り替えた。重門は先陣を切って崖をよじ登り、城に襲い掛かった。城兵は矢を射ると同時に大石を絶え間なく落として防戦、重門はその大石をまともに食らって討死し、多くの将兵も折り重なるように転落した。重門の死に猛り立った入来院軍は総力を挙げて戦い、城内に乱入。城将山田忠房らは討死し、峰ヶ城も炎に包まれて落城してしまう。

勢いづいた入来院軍は、師久の居城碇山城の占拠をもくろみ、川内川北岸を東上。それに北薩摩の菱刈氏や牛屎氏、肥後の相良氏の軍勢が合流して城を包囲した。師久・伊久父子は、日向志布志城の奥州家氏久に救援を依頼。氏久はわずかな手勢を率いて薩摩東福寺城にいったん入り、軍容を整えて出陣する。

それを知った市来鶴丸城主の市来氏家（市来氏九代当主）が薩摩山（いちき串木野市）に進出し、

氏久率いる後続軍の行く手を遮断。氏久は自身の娘を嫁がせるという窮余の策をもって氏家と和議を結び、その封鎖を解かせることに漕ぎつけた。和議が成立すると、氏久は到着した援軍を率いて碇山城に急ぐ。救援軍に恐れを抱いた入来院・菱刈・牛屎・相良の連合軍は包囲を解いて退いた。

南朝征西府の陥落

大宰府の包囲開始から四カ月経った八月十日、戦機が熟すのを待っていた九州探題今川了俊は、酒見城（大川市酒見）を落として菊池武安を追い払い、合流した今川仲秋の軍勢とともに、南朝征西府の総大将菊池武光の拠る大宰府に猛攻を仕掛ける。

大宰府南方の天拝山（筑紫野市）を落とした探題軍は翌十一日、征西府軍との大合戦の末、武安の守る有智山城を落とした。十二日になると、これ以上の防衛維持は困難とみた武光が大宰府を棄て、懐良・良成両親王をともなって筑後高良山に敗走したため、大宰府は了俊の手に落ちた。懐良の大宰府入城以来十二年にわたって九州に覇を唱えた南朝の大宰征西府は、わずか二日余りの合戦で事実上崩壊した。

大宰府を九州探題の拠点に定めた了俊は、九州各地に散った征西府与党の掃討を命じると同時に、恩賞を確約して九州諸国の国人衆の懐柔を図る。征西府方だった薩摩国の入来院重頼（峰ヶ城の攻防で討死した重門の嫡男。入来院氏七代当主）、市来氏、菱刈氏、牛屎氏、日向国中部の伊東氏、同じく北部の土持一族、肥後国南部の相良氏らもこれに応じ、探題軍に加わることになった。

了俊はその後、少弐冬資を大宰府に残し、大軍を率いて南下、筑後川北岸の肥前城山（佐賀県三養《みや》基郡《き》）に陣を敷く。探題方に鞍替えした南九州の国人衆とともに、征西府軍の拠るその南岸の高良山城を挟撃するためである。

隈府城に撤退

文中二年・応安六年（一三七三）二月十四日、南朝征西府軍の菊池武政・武安の軍勢が夜陰に乗じて筑後川を渡河し、城山の南方に位置する、探題軍の先鋒が拠る肥前本折城（佐賀県神崎市）に攻め寄せた。以降、筑後川を挟んでの戦いが続いたが、七月に入っても征西府軍は探題軍を撃破できず、また、探題軍も渡河できぬまま戦線は膠着状態に陥る。

ところが十一月十六日、高良山城にあった菊池武光が急死。総大将の死は征西府軍にとって大きな打撃であった。さらに翌文中三年・応安七年五月二十六日、亡き父武光に替わって指揮を執っていた三十三歳の菊池武政も矢傷がもとで死亡。武政の嫡男武朝が、わずか十二歳で菊池家当主を継ぎ、征西府の命運を握ることになった。その補佐として老将菊池武義（武朝の祖父で博多合戦で返り討ちにされた武時の弟）と武光の弟武安が就いたが、士気の失墜は覆うべくもなかった。

八月に入ると、武政の死から立ち直ったかのように、菊池武朝・武安率いる征西府軍は再び筑後川を渡り、福童原《ふくどうばる》（福岡県小郡市）に陣を張る探題軍を襲ったが、逆に返り討ちに遭ってしまう。了俊が高良山を攻撃しようとしていた十月、菊池武朝は突如、二年もの間拠っていた城を棄て、懐良・良成両親王を奉じて菊池の本城である肥後隈府城に撤退した。

隈府城に入ってからであろうか、懐良親王は征西将軍職を良成親王に譲る。良成の御座所は隈府城北方の急峻な丘の上にある染土城（菊池市龍門染土）に置かれた。懐良はというと、股肱の臣五条頼元の子息良遠《よりとお》・頼治父子を頼って筑後国山間部の矢部郡黒木（福岡県八女市黒木町）に隠遁したとされる（懐良は弘和三年・永徳三年〈一三八三〉三月二十七日に福岡県八女市星野村で病没）。

翌天授元年・永和元年（一三七五）七月、隈府城に征政府軍を追い詰めた了俊は、嫡男今川義範を先鋒とする探題軍を派遣、義範は肥後国水島原《みずしまばる》（菊池市七城町）に陣を定める。隈府城は菊池十八外《と》城《じょう》と称される中核を成し、それぞれの外城（出城・曲輪）の一つひとつは小砦にすぎない。だが、岳や丘陵、河川などを堡塁や堀として利用した十八の城塞が数珠のように連結されているため難攻不落の一大要塞となっていた。武朝は隈府城の西方五キロに位置する外城の一つ水島城に陣取り、眼前に広がる水島原の探題軍五万余騎と対峙することとなった。

奥州家氏久、了俊から離反

水島原に陣を構えた今川了俊ではあったが、肥後国内の阿蘇氏をはじめとする国人衆の動向が定まらないため、性急な攻撃をためらっていた。考えあぐねた了俊は、九州三人衆である大隅守護の奥州家島津氏久、筑前守護の少弐冬資、豊後守護の大友親世の来援を求めた。了俊は氏久の要求する、山田忠経（宗久の子。山田氏二代当主）の所領薩摩国谷山郡山田と樺山資久の所領日向国三俣院樺山などの安堵を幕府に要請し、氏久の（大将として身にまとう）赤地錦の直垂《ひたたれ》の着用も許可した。

豊後から大友親世が参陣し、八月一日に氏久も重臣の本田氏親（重親の甥）や伊地知季弘（金隈の戦いで氏久の身代わりとなって討死にした季随《すえみち》の嫡男。伊地知氏二代当主）らをともなって日向志布志城から着陣した。しかし、所領などをめぐり了俊と対立していた少弐冬資は、招きに応じようとしなかった。そこで了俊は、氏久に冬資の来陣を促すよう依頼する。両者の対立を憂慮していた氏久が、その求めに応じて冬資を勧誘したところ、冬資も意を決して筑前から来陣した。

だが、了俊は八月二十六日、今川陣屋で歓迎の宴を張った際に、冬資を斬り殺してしまうのである(水島の変)。これを知った冬資の手勢は筑前に逃げ帰ったが、氏久の面目は丸つぶれである。了俊は島津陣屋にいる氏久に使者を送り、「冬資は征西府と通じていた。筑紫の乱れはおもに冬資に起因している。詳しくは会って述べる」と伝えさせた。氏久は了俊に面会したが、了俊の弁明に納得せず、「筋が通らぬ」と憤然として席を立つ。了俊は筑後守護に推挙することで引き留めようとしたが、了俊の不誠実な蛮行に激怒した氏久は一顧だにせず志布志城に帰城、了俊との対決姿勢を鮮明にした。

少弐冬資を刺殺した了俊は、これまで懸案事項だった冬資の持つ高麗・明両国との公的な外交・貿易両権などを接収し、自身の九州探題としての権力を強化・拡充することができた。しかし、奥州家氏久が離反したことで南九州の平定は、最終的には絵に描いた餅で終わってしまうのである。

なお、少弐氏の家督は、父頼尚・兄冬資と袂を分かち征西府方で戦っていた、冬資の実弟少弐頼澄《よりずみ》が継いだため、少弐一族全体が征西府および菊池一族と結んで九州探題了俊に抵抗することになる。

了俊の敗北

探題軍は動揺し、士気はさらに低下する。戦おうなどという意欲は高まらず、了俊の行動に疑念を抱いた将兵の多くが離反し、全軍崩壊の危機に陥ったのだ。一方水島の変は、命脈が尽きたかに見えた征西府軍からすると漁夫の利を得ることになった。了俊が孤立状態に陥ったのに乗じ、水島原の背後にあたる筑後で征西府与党が蜂起したからである。

その鎮圧に向かった長井貞広・宇都宮経景・日田《ひた》詮永《あきなが》ら了俊麾下の有力武将は、八月二十九日の筑後山崎城の戦い（福岡県八女市立花町）で討死。敗報を受けた了俊は、こうした状況の中で、豊後の大友親世が離反し、奥州家氏久と結託することを恐れ、親世に豊後国内諸所の地頭職を与えて慰撫しようと図る。

探題方に参陣していた将兵も了俊の陣営から次々と帰陣。これを好機とみた菊池武朝が水島城から軍勢を繰り出し、戦意の萎えた探題軍を攻め立てた。劣勢に追い込まれた了俊は九月八日夜、陣を払って水島原から撤退を開始。その探題軍に対し、武朝率いる征政府軍が追撃戦を展開、湿地帯で身動きのままならない探題軍を背後から襲って奇跡的な勝利を収める（水島の戦い）。

了俊は征西府軍の追撃をかわしながら北方の本拠大宰府をめざしたが、少弐頼澄（少弐氏九代当主）に阻まれ、十月になってようやく西方の肥前塚崎（佐賀県武雄市）に落ち着くことができた。

なお、水島の変のあったこの天授元年・永和元年、月日不明ながら奥州家氏久と継室（佐多氏初代当主忠光の娘）との間に久豊が生まれている。久豊は、十二歳年長の異母兄元久が薩隅日三カ国守護職を回復し「両島津家（総州家・奥州家）」を一本化、島津本宗家の当主となるが、元久の死去と同時にその家督を奪い取るのみならず、総州家を薩摩から肥前に放逐するほど、兄以上の剛腕の持ち主に成長するのである。

了俊による両島津家包囲網

今川了俊は翌天授二年・永和二年（一三七六）正月、大宰府への退路を断った少弐頼澄を討つため、長門国から呼び寄せた大内義弘（弘世の嫡男）や大友親世らとともに、頼澄の拠る大宰府の有智山城を攻め落とす。了俊は少弐氏の本拠である筑前国の実権を掌握したが、肥後に亡命した頼澄はその地で病没することになる。

水島の変後、奥州家二代当主氏久とともに了俊に抵抗していた総州家師久（島津本宗家六代当主）が三月二十一日に碇山城で病没する。享年五十二。法名道貞。遺体は称名寺（鹿児島県薩摩川内市向田町）に埋葬されたが、のちに福昌寺に改葬される。家督は十年前に薩摩国守護職を譲られていた嫡男伊久が継いで総州家二代当主となる。

八月十二日、了俊の要請を受けた幕府は、南九州制圧の妨げとなる奥州家氏久の大隅国守護職と総州家伊久（島津本宗家七代当主）の薩摩国守護職を剝奪。了俊は薩隅両国ならびに日向国の守護職をも兼帯する。

了俊はその立場を利用し、恩賞を与えることで征西府方の諸将を味方に引き入れ、両島津家を押さえ込むため、島津氏と代々対立してきた薩摩・大隅・日向・肥後四カ国の国人衆六十一人（北薩摩の市来・渋谷・牛屎、大隅の菱刈・禰寝・肝付、日向の伊東・土持・北原・野辺、肥後の相良各氏ら）に「反島津国一揆」を結ばせて神水契状に署名させる。場所は大隈国霧島神社（霧島市）。ちなみに国一揆とは、江戸時代に農民が大名の悪政に対して起こした「百姓一揆」とは意味がことなり、国人衆が特定の目的（この場合は守護島津氏打倒）のために一致団結して行動する「地域的な連合グループ」のことをいう。

今川満範（了俊の五男）はこの国人衆らを率いて日向庄内（宮崎県都城盆地）の要で北郷義久（資忠の嫡男。北郷氏二代当主）の拠る都之城（都城市都島町）制圧に向かうことになる。

了俊と菊池一族の対決

肥前国では天授三年・永和三年（一三七七）正月十三日、水島の戦いで奇跡的な勝利を得た菊池武朝率いる征西府軍五千騎が、周防の大内義弘や安芸の毛利元春、豊後の大友親世らの軍勢を加えた今川仲秋率いる探題軍一万騎と嘉瀬川東岸の千布《ちふ》・蜷打《になうち》（佐賀市金立《きんりゅう》町）で交戦する。だが、了俊が再起を賭けて挑んだその戦いで、菊池武安や武義などの一族郎党だけでなく、盟友の阿蘇惟武《これたけ》（恵良惟澄の次男）ら百余の戦死者を出して大敗を喫してしまう。敗将となった武朝は、武国や武元らとともに良成親王を奉じて隈府城に退却、防御態勢を固めた。

了俊は五月、敗走した征政府軍の撃滅を画策し、探題軍四万騎を率いて大宰府を出陣する。先鋒を務める嫡男今川義範が、三千騎を率いて隈府城北西の志々木原《ししきばる》（山鹿市志々岐）に着陣し、隈府城を威嚇。ところが六月十日の早朝、籠城しているだけで動きはすまいとタカをくくっていた菊池軍二千騎の急襲を受けると、先鋒軍は浮き足立ち西へと敗走する。敗報を受けた了俊は驚愕、弟の今川仲秋に三千騎を与えて支援に向かわせた。菊池軍は逃げる今川義範を追って肥後臼間野・大水山関《おおつむやまのせき》（南関町）を占拠、義範・仲秋と対峙する状況となった。

八月十二日、菊池軍三千騎と義範・仲秋の先鋒軍六千騎が激突。数に勝る先鋒軍によって劣勢に立たされた菊池武朝は後退。先鋒軍は逃げる征西府軍を隈府十八外城の一つ板井城（菊池市七城町）に追い詰める。ところが、堅城の板井城を攻めあぐねている先鋒軍に、軍容を立て直した菊池武朝が襲い掛かる。すると先鋒軍は南方の肥後国府（熊本市）に撤退、北方の筑後国に陣を敷く兄了俊の率いる探題軍の到着を待った。

だがこのとき、高麗からの使節が博多に到着し、朝鮮半島や中国大陸沿岸部を荒しまわる倭寇の禁圧をもとめ、了俊と協議したいという急報がとどく。了俊は嫡男義範を板井城ならびに隈府城の備えとし、仲秋には肥後国府の守備を任せ、来日した高麗使節に対応するため、探題軍を率いて大宰府にいったん引き揚げた。

日向国では九月、今川満範率いる反島津国一揆いわば〝南九州探題軍〟が北郷義久（資忠の嫡男。北郷氏二代当主）の拠る都之城を取り囲む。この切迫した危機を除くため、奥州家氏久と総州家伊久は心ならずも了俊に帰順する。満範は兵を引いて三股院高城に入った。

二　南北朝合一

託間原の戦い

天授四年・永和四年（一三七八）九月中旬、征西将軍宮良成親王を奉じた菊池武朝が征政府軍五千騎を率いて隈府城から出陣。九月二十九日、倭寇退治の兵を高麗に派遣し高麗使節を見送って大宰府から戻ってきた今川了俊と義範、仲秋率いる大内義弘・満弘兄弟や毛利元春、吉川経見らの中国勢に、豊後の大友親世や、肥後の相良前頼《さきより》（定頼の嫡男。相良氏七代当主）を加えた九州探題軍三万騎が征政府軍五千騎と託麻原《たくまばる》（熊本市中央区水前寺）で再び激突。

戦いに先立って了俊からの軍勢催促を受けていた奥州家初代当主氏久と総州家二代当主伊久自身は応じず、氏久は新納実久の弟久吉を、伊久は弟の碇山久安（碇山氏初代当主）を派遣するにとどめた。おそらく、水島の変で少弐冬資を誘殺した了俊に屈することを潔しとしなかったのであろう。だが、この面従腹背ともいえる中途半端な考えが悔やみきれない結果をもたらす。

合戦の勝敗は、乱戦の中で菊池武朝が負傷し、征政府軍は窮地に立たされたが、良成がみずから陣頭に立って探題軍に突撃。その雄姿に鼓舞された征西府軍が奮戦し、探題軍を退却させる。しかし、探題軍の一将として戦っていた新納久吉と碇山久安はともに討死してしまうのである（託麻原の戦い）。それにもかかわらず了俊は、両島津家の積極的な協力はこの先得られないと判断、しかも氏久と伊久が、自身の結成した反島津国一揆の調略（離間工作）・解体を画策しているのを知って両島津家と決別、今川満範に命じて日向都之城の再攻略を決行する。

蓑原合戦

三股院高城にあった今川満範は十二月、五千騎の南九州探題軍をもって日向都之城を再び包囲する。北郷義久（資忠の嫡男。北郷氏二代目当主）と樺山音久《おとひさ》（義久の弟で樺山氏初代当主資久の養子。樺山氏二代当主）以下わずか八十騎。

義久・音久兄弟の従兄奥州家氏久は、翌天授五年・永和五年（一三七九）二月、都之城を包囲する南九州探題軍を駆逐すべく、八百騎を率いて志布志城から北上、都之城南方の天ヶ峯（梅北町）に布陣する。氏久には守護代本田重親以下、志布志城代新納実久や伊集院久氏、肝付久兼（肝付氏八代当主兼重の弟）らが従っていた。

二月二十八日、氏久は天ヶ峰から平波瀬《ひらはせ》（平塚町平長谷）に進み、軍勢を左翼の「月一揆」、右翼の「杉一揆」、本陣の「小一揆」の三隊に分け、さらに北上して都之城北西の蓑原《みのばる》（蓑原町）で探題軍と対峙。氏久は三月一日、本田重親に探題軍の背後に回るよう命じる。

杉一揆隊三百騎を率いる本田重親は島津十文字の軍旗をはためかせながら、右翼から探題軍を貫き、その後方に躍り出た。これを見た新納実久率いる左翼の月一揆隊三百騎と氏久指揮下の小一揆隊二百騎も、それぞれ左翼・中央から探題軍に突撃する。援軍の猛攻を目にした都之城主北郷義久はわずか七十騎で出撃したが、衆寡敵せず、弟の基忠と忠宣が乱戦の渦に呑み込まれて討死、義久自身も負傷して城に引き返した。

双方入り乱れての激闘はなおも続き、探題軍の大将相良頼氏（前頼の弟）や伊東祐基《すけもと》（日向伊東氏八代当主氏祐の正室の弟であり氏祐の養子）、渋谷一族の祁答院久清をはじめ多数の将兵が討ち取られ、敗色濃厚とみた総大将今川満範は撤退を指示する。

その探題軍は軍容を立て直し、二日後の三日に再び兵を進め、蓑原に滞陣中の島津軍に襲いかかった。島津軍は本田重親ら多くの将兵を失い、重親の甥本田氏親も瀕死の負傷を負う。しかし、氏久は逆襲に転じ、勝利に浮かれている探題軍を襲って西方の下財部三俣（鹿児島県曽於市下財部町）に敗走させた（蓑原合戦）。北朝は三月二十二日、永和から康暦に改元。

　半年後の九月、ようやく傷の癒えた本田氏親は、叔父重親の仇敵《かたき》を討つべく、今川満範の拠る大隅姫木城《ひめのき》（霧島市国分姫城）とその南東の国分清水城《きよみず》（国分清水）を攻撃、満範は土持栄勝《ひでかつ》と応戦しながら、北方山沿いの真幸院（宮崎県えびの市・小林市・高原町）に敗走した。その後、満範は真幸院に軍兵を招集、二度、三度と都之城を包囲してその補給路を遮断、同時に島津勢の掃討を敢行したが、ことごとく失敗に終わった。

衰微する南朝征西府

　大隅国では十一月、今川了俊が両島津家の勢力を削ぐため、禰寝久清（禰寝氏九代当主）に命じ、奥州家氏久支配下の大隅西俣城（鹿児島県鹿屋市南町）および大姶良城を攻めさせた。その禰寝久清は天授六年・康暦二年（一三八〇）十月二日、下大隅の高須城（高須町）を落とし、翌弘和元年・永徳元年六月一日には、島津一族の佐多氏義（佐多氏三代当主）の拠る大隅佐多城（南大隅町）を制圧する。

　肥後国ではその頃、了俊自身が菊池十八外城を取り囲み、糧道を絶ち、各外城を次々と攻略していた。二十三日には、ようやくその中核を成す菊池の本城隈府城と征西将軍宮良成親王の居所染土城を陥落させる。菊池武朝は良成を奉じて阿蘇山中に身を隠したのちに南方の宇土城（熊本県宇土市神馬町）に逃げ落ちた。

両島津家軋轢の火種

総州家伊久と奥州家氏久は十月、管領斯波義将《よしゆき》の命を受け、正式に九州探題軍に復帰する。今川了俊には嫌悪感を抱き、反発しつつも鎌倉・室町両幕府の恩顧を受けてきたことが大きい。両島津家が帰順したことで、その両島津家に敵対するために結成された反島津国一揆は動揺をきたし、氏久と伊久はその乱れにつけ込んで反島津国一揆の調略をさらに推し進める。

弘和二年・永徳二年（一三八二）四月、北朝では後円融天皇が一宮幹仁《もとひと》親王に譲位、六歳の幹仁が北朝六代後小松天皇となる。後円融は院政を始めたが将軍義満がその院別当に任じられる。しかし、後小松の即位礼に対する不満や、妃厳子《たかこ》（後小松の生母）および愛妾按察局《あぜちのつぼね》との密通などによって、二人の対立は激しさを増していく。

五月三十日、両島津家が帰参したことを喜んだ了俊は、総州家伊久に薩摩半島南部の川辺郡（枕崎市・南さつま市・南九州市の一部・三島村・十島村《としまむら》〈吐噶喇《とから》列島〉）の地頭職を与え、薩摩守護にも復帰させた。だが、奥州家氏久は大隅守護に再任されることもなく、水島の変の後遺症もあってか、了俊から征西府攻撃を命じられても動かず、嫡男元久を出陣させることさえもしなかった。その一方で氏久は、島津荘大隅方などの荘園を押領・直轄領化し、一部を国人衆に宛行《あてがい》（所領・所職の給付）または安堵することによって取り込み、組織化・被官化を進めて「守護大名」への道を進んでいた。そういった計略に専念するため、さらには今川満範を日向から追い払ったことなどもあってであろうか、氏久はこの頃、志布志城から本拠を東福寺城に移し、志布志城には改めて新納実久を城主に据えたようである。

京では四カ月ほど前の潤正月、康暦の政変によって管領細川頼之が失脚し、後ろ盾を失って北朝内で孤立していた楠木正儀が南朝に復帰。正儀は南朝内で増えつつあった和平派を取り込み、主戦派の長慶天皇の弟で和平派の煕成《ひろなり》親王を擁立、翌弘和三年・永徳三年（一三八三）の冬に、その煕成を南朝四代後亀山天皇として即位させることに成功する。

南九州では、奥州家氏久による執拗で巧妙な反島津国一揆の調略が功を奏し、元中二年・至徳二年（一三八五）には、肥後人吉の相良前頼《さきより》が了俊を裏切って島津氏と和解。同じく大隅の禰寝久清も南朝征西府に寝返った。南九州で了俊の頼れる有力武将はいつしか北薩摩の渋谷五氏のみとなっていた。

元中四年・至徳四年閏五月四日、今川了俊への反抗心を貫いた奥州家初代当主島津氏久が居城の東福寺城で没する。六十歳であった。法名は玄久齢岳、即心院。受領名は越後守・陸奥守。遺体は大慈寺の一角に自身が創建した即心院（志布志市志布志町）に葬られた。

氏久は大隅国を制圧後、居城を東福寺城から日向志布志城に移し、日向国南西部の庄内への勢力拡大に努め、本領の大隈国のみならず薩摩国からも九州探題勢・征西府勢双方を排除すべく悪戦苦闘した。また、武術とくに馬術に優れていた氏久は、その奥義を記した『在轡集《ざいひしゅう》』などを書き残している。

家督は二十五歳の嫡男元久が継いで奥州家二代当主となり、父氏久が東福寺城の北方に築城していた清水《しみず》城（鹿児島市稲荷町）を完成させる。東福寺城は要害の地ではあったが、奥州家の勢力が増すにつれて手狭となり、城下町を形成・発展させるにも不向きで、新たな城が必要とされていたのだ。この清水城を核とする鹿児島は、島津領国最大の港町として栄え、博多に次ぐ国際港に発展していくことになる。

清水城は平地の居館と搦手となる裏山の詰城から成っていた。ただし、大隅守護の奥州家元久が、薩摩国内に新たな城を完成させて本拠とし、大隅のみならず薩摩の国人衆を被官化しながら勢力を広げていくことは、総州家伊久との軋轢の火種となる。

南朝征西府の敗退と南北朝合一

元中七年・明徳元年（一三九〇）九月、今川了俊の嫡男義範が肥前の深堀時勝らを率い、征西府方の河尻城（熊本市南区）および征西将軍宮良成親王と菊地武朝が逃げ込んだ宇土城を陥落させると、良成と武朝は八代の名和顕興《あきおき》（名和長年の嫡男で石津の戦いで討ち死にした義高の養子）を頼って逃れ、球磨川を越えた高田《こうだ》（八代市奈良町）に征西府を移す。義範は良成・武朝を追撃するため南進、八代の諸城を攻め落として翌元中八年・明徳二年九月には、名和顕興の居城古麓城《ふるふもと》（古麓町）をも落城させた。良成は筑後国矢部（福岡県八女市矢部村）に向かい、菊池武朝は行方をくらました。

一方京では、守護勢力の弱体化の一環として、土岐一族を没落させていた（土岐康行の乱）将軍義満が、十二月に六分之一殿（全国六十六カ国のうち十一カ国の守護を一族で占める）山名一族を挑発して挙兵させたうえで討伐し（明徳の乱）、元中九年・明徳三年（一三九二）正月には、河内国の千早城を落とし、楠木正勝（正儀の嫡男）やその嫡男正顕らを南朝の本拠吉野に追いやった。

土岐・山名両氏の弱体化に成功し、南朝勢を河内国から駆逐して守護勢力を膝下に束ねた将軍義満は、南朝と北朝の統一に向け本格的な交渉を開始する。十月三日、和睦が成り（明徳の和約）、閏十月五日には、南朝四代後亀山天皇によって三種の神器が北朝六代後小松天皇の内裏である土御門東洞院殿に移された。これにより五十七年にもおよぶ南北朝の対立が終結（南北朝合一）。合体の条件は両統迭立であった。しかし実行されることはなく、皇統は北朝一統に帰することになる。

南北朝合一の成ったこの元中九年・明徳三年、朝鮮半島では太祖《テジョ》（李成桂《イソンゲ》）が高麗王朝を滅ぼして朝鮮王朝を樹立。のちに漢城《ハンソン》（ソウル）が首都に定められることになる。

島津本宗家重宝の譲渡

翌明徳四年（一三九三）四月二十六日、将軍義満と激しく対立していた後円融上皇が崩御。義満は朝廷への介入・影響をさらに強め、事実上の上皇として「義満の院政」と言われるほどに権力をふるい、後小松天皇はまったくの傀儡に過ぎなくなってしまう。

南北朝合一が成ったことで、南朝征政府軍の中核だった、行方をくらましていた菊池武朝や阿蘇惟政（肥前蜷打の戦いで敗死した惟武の子）らが幕命を奉じて帰順。そのため南九州の両島津家とその一族の領域を除き、幕府は九州のほぼ全域を支配下に置いたことになる。

ただし、征西将軍宮良成親王は南朝の元号を使用するなど講和に従わず、新たな本拠地を、五条頼治が守る筑後国南東端の天険の要害高屋城（福岡県八女市矢部村）に定め、その再興に心を砕く。しかし、その願いはかなわず、高屋城北方の大杣《おおそま》（矢部村北矢部）に隠棲する（良成は二年後の明徳六年に三十七歳で病没しその大杣の地に埋葬されたとされる）。

良成が隠棲した頃、総州家伊久は嫡男守久に本拠の碇山城を与え、自身は了俊から新たに与えられた川辺郡の平山城（川辺城・南九州市川辺町）を居城としていた。ところが、この父子が対立し始めるのだ。原因は明らかではない。ただ、伊久が守久の激しい気性を嫌って廃嫡し、次男忠朝に家督を譲ろうとしたのではないかともされている。

その守久はこの明徳四年、月日不明ながら突如伊久の居城平山城を包囲するという挙に出る。驚いた叔父の奥州家元久が清水城から駆けつけて諫めると、守久は包囲を解いて退却。この元久の恩義に報いるため伊久は、始祖忠久が薩隅日三カ国守護職を拝命した際に源頼朝から与えられた小十文字太《こじゅうもんじのた》刀《ち》や忠久が承久の乱で着用した赤糸威の大鎧、忠時が使用した太刀「綱切」などを元久に譲渡した。

伊久自身は碇山城に移り（のちに碇山城南方二キロの平佐城〈薩摩川内市平佐〉に移る）、守久には木牟礼城を与えたようである。本来、島津本宗家累代の重宝は家督相続者に与えられるべきもので、これによって島津本宗家の家督が奥州家元久に移行したともいえる。とはいえ、伊久は三男久照を元久の養子として奥州家に入れてあり、さらに、総州家の娘室北殿（伊久の妹か娘であろうか）を正室として嫁がせているため、いずれ総州家伊久自身の血統が元久の跡を併せ継いで奥州家を吸収し、島津本宗家の一本化につながることを期待していた。

九州探題今川了俊との最後の戦い

南北合一ならびに南朝征西府の消滅後は、九州全域がほぼ九州探題今川了俊の支配下に置かれたかにみえた。だが南九州では、島津一族とその与党だけがそれに従わず、大小の紛争が絶えなかった。

将軍義満から両島津家討伐の御教書（命令書）を得た了俊は、追討の手始めとして、四男の尾崎貞兼と肥後人吉の相良前頼に命じ、日向都之城に拠る北郷義久を再び攻めさせた。穆佐城に入った貞兼と前頼は明徳五年（一三九四）正月、日向国中南部の伊東氏、北部の土持氏、西部の北原一族（大隅肝付氏庶流）ら計五千騎とともに、都之城北方に位置する北郷義久の属城野々美谷城を制圧して南下、義久の義父和田正覚《しょうがく》（娘が義久の正室）が守る梶山城（三股町）に攻め寄せた。

義久は、自身の息子であり正覚の孫でもある久秀（北郷氏三代当主）・忠通・知久三兄弟に数十騎を与えて都之城から救援に向かわせた。しかし梶山城は陥落、久秀と忠通は討死し、正覚は命からがら逃げ落ちた。これを知った奥州家元久が清水城から軍勢を率いて駆けつけ、探題軍を蹴散らすと、尾崎貞兼は穆佐城に逃げ戻り、相良前頼は落としたばかりの野々美谷城に遁走した。

後継者の久秀を殺されて激怒した義久は正月十九日、元久とともに野々美谷城に夜襲を仕掛け、前頼やその弟丸目頼書《よりふみ》、丸野頼成《よりしげ》、青井前成《さきしげ》らを討ち取った。その結果、日向国南西部の庄内（都城盆地一帯）は奥州家の支配地として確定する。北郷家の家督は、長男と次男が出家していたため、義久の五男知久が、戦死した四男忠通の娘を娶って北郷氏四代当主となった。元久は七月一日、樺山音久をあらためて野々美谷城主に据え、和田正覚を三俣院高城の城主に定めた。四日後の七月五日、朝廷は元号を応永に改める。

元久が石屋真梁《せきおくしんりょう》（伊集院忠国の十一男。久氏・元久兄弟の叔父）を開山に招き、福昌寺（鹿児島市池之上町）を建立したのはこの応永元年であった。福昌寺は戦国時代の天文十五年（一五四六）に後奈良天皇の勅願寺となり、江戸時代には島津本宗家の菩提寺として全国に一千有余の末寺を有する名《めい》刹《さつ》となる。しかし、明治維新の廃仏毀釈の嵐の中で島津師久（本宗家六代当主ならびに総州家初代当主）から島津斉彬（二十八代当主・薩摩藩十一代藩主）までの墓所のみを残して廃寺となる。

了俊更迭

およそ五カ月後の応永元年十二月十七日、京では三十七歳の足利義満が征夷大将軍職を辞し、九歳の嫡男義持を元服させて四代将軍とする。ただし政治上の実権は依然義満が握り続ける。義満は二十五日に太政大臣に任じられたが（武家では平清盛に次いで二人目）、翌応永二年（一三九五）六月三日にその職を辞し、二十日に出家して道有（のちに道義）と称す。

ふた月後の閏七月、前太政大臣義満から再び両島津家討伐（いわば息の根を止めるため）の御教書を得て、薩摩・大隅の国人衆に通達を終えたばかりの了俊が、突如、その義満から召喚命令を受ける。了俊は一族・従者とともに八月下旬に京に到着。九州に赴任した際とはことなり、あわただしい帰洛であった。

京に召喚された了俊は九州探題職を罷免される。了俊の罷免理由は、九州探題職を狙う周防の大内義弘や心底では了俊を嫌っていた大友親世の讒言、了俊の後ろ盾の細川頼之が亡くなっていたことなどが挙げられようか。了俊は、二代将軍義詮の命を受けて建徳二年・応安四年に九州に下向して以来二十五年にわたって心胆を砕き、幕府の期待を一身に担って九州探題職を務め、一族郎党数百人を失っていたが、十一月に面会した義満は、七十歳の老将了俊に何一つ慰労することもなく、わずか駿河半国を与えただけであった。

両島津家の討伐命令も撤回され、南九州制覇は立ち消えとなった。逆に、滅亡の瀬戸際に立たされていた両島津家は危機を脱しただけでなく、再び勢力を盛り返す好機を得ることになった。また、穆佐城を守備していた了俊の四男尾崎貞兼は、了俊の九州探題罷免にともない、翌応永三年（一三九六）

六月に退去・帰京した。
するとそれをいまや遅しと待っていたかのように、ふた月後の八月、日向庄内を支配下に置いて勢いに乗る奥州家元久が穆佐城を占拠してしまう。

三　島津本宗家、奥州家に移行

両島津家の逆襲

宿敵今川了俊の九州探題罷免という朗報を得た総州・奥州両島津家は早速、了俊を後ろ盾として敵対し続けてきた北薩摩の渋谷五氏（東郷・祁答《けどう》院・鶴田・入来院・高城《たき》）の討滅に着手する。とくに、薩摩国北西部の碇山城を本拠とする島津本宗家七代当主にして総州家二代当主伊久にとって、同じ川《せん》内川《だいがわ》流域に本拠を構え、たびたび自領への侵入を繰り返す渋谷五氏はこの上なく目障りな敵対勢力であった。

応永三年（一三九六）が明けると、伊久はすぐさま動き出す。渋谷五氏の中でも了俊との関係が深かった入来院重頼（峰ヶ城攻防戦で討死した重門の嫡男。入来院氏七代当主）を討つため、甥の奥州家二代当主元久の支援を得て、正月十一日に重頼支配下の樋脇《ひわき》城（薩摩川内市樋脇町塔之原城内）、十三日に前田城（塔之原金貝）、十九日には市比野城（塔之原市比野）を攻略、さらに重頼の居城清色《きよしき》城（入来院町浦之名《うらのみょう》）にも攻め入ろうとしていた。

そのさなかの四月、伊久と元久は、博多に着任した新たな九州探題渋川満頼から呼び出しを受ける。了俊の時代に悪化した両島津家と九州探題との関係を改善し、より堅固にするためであった。

そこで、両島津軍はひとまず帰城し、総州家伊久は次男の島津忠朝を、奥州家元久は異母弟の島津久豊を、それぞれ名代として大宰府に遣わした。

渋川満頼の九州探題任命は、三年前の明徳四年六月に自身三度目の管領に返り咲き、娘を満頼に嫁がせていた斯波義将《よしゆき》のはからいによるものである。また、九州に渡ることさえできずに九州探題を罷免された、満頼の父義行の名誉挽回を子息満頼にさせてやろうという義将の温情も含まれていたのかもしれない（義将の兄氏経も征政府軍に敗れて京に逃げ帰っている）。以後、九州探題職は渋川氏が世襲し、その意味合いも次第に変わっていく。九州における幕府軍を統括し、南朝征西府の討滅を主目的とした了俊までの九州探題の役目は軍略用兵にあって、行政機能は副次的なものであった。しかし、南北両朝の対立が解消し（表面的ではあっても）、政治的諸機能が室町幕府に集中するようになると、行政機能のほうが第一義とされ、地方職制としての性格が定着していくことになる。

清色城攻防戦と元久による山東河南の制圧

翌応永四年（一三九七）四月、両島津家による清色城攻めが再開された。総州家伊久は嫡男守久や一族の伊作久義（親忠の嫡男・正室は奥州家元久の娘。伊作氏四代当主）、家臣、国人衆ら二千騎を率いて碇山城から東進。一方、元久は一族の新納実久や伊集院頼久（久氏の四男。伊集院氏七代当主）、守護代本田忠親（本田氏九代当主）ら五千騎を従えて清水城から西進する。入来院重頼の居城清色城は、山上に築かれていて本丸・松尾城・西之城・中之城・物見之段、もっとも高所にある求聞持城《くもんじ》などの曲輪から成り、東南北を流れる清色川は天然の濠となっていた。

両島津軍は入来院（入来町）で合流して清色城を取り囲む。激しい攻防戦が続いたが、糧道を断たれた重頼は降伏。伊久と元久は重頼を許し、囲みの一部を解いて退かせ、清色城には伊集院頼久を城将に据えて薩摩郡（薩摩川内市）の支配にあたらせた。

また、この応永四年、南朝征政府という後ろ盾を失っていた谷山忠高は、元久の強圧に耐え切れず、拠点の谷山城を退去している。谷山氏の所領と谷山城は奥州家の支配下に置かれた。その後の谷山氏の動向ははっきりしないが、島津氏の家臣となったともされている。

日向国では応永六年（一三九九）から翌応永七年にかけて、元久の承諾・指示のもとに日向庄内の北郷知久（北郷氏四代当主）・樺山音久らが山東に侵攻、穆佐城を橋頭保として大淀川中流域と国富《くどみの》荘（大淀川河口域北岸から一ツ瀬川下流域にかけての地域。宮崎市・西都市・新富町一帯）を制圧、日向国南部を支配下に置く。元久はその中核となる穆佐城に伊東祐安（氏祐の嫡男。日向伊東氏四代当主）の反撃に備えて頼久の父伊集院久氏を城主に据えた。

総州家と奥州家の反目

両島津家間では平和裏に守護家の一本化が図られようとしていたが、日向山東で戦闘がおこなわれているさなかの応永七年（一四〇〇）、元久は守護代本田忠親の諫めにもかかわらず、養子の総州家久照を廃嫡し、正室の室北殿とも離縁してしまう。総州家の血統に奥州家が乗っ取られるのを嫌ったのか、理由はわからない。ただ、その後元久は、伊集院頼久の嫡男で自身の甥にあたる初犬千代丸（熙久《ひろひさ》・生母は奥州家氏久の娘で元久・久豊兄弟の妹）を後継者に指名。熙久の父頼久が、元久の叔父であり義弟として全幅の信頼を寄せられている立場（正室に元久の妹を、継室には元久の娘を迎えていた）を利用して、総州家による一本化の阻止を画策していた可能性はある。

かたや、一本化を反故にされた総州家伊久は激怒、両島津家の関係は険悪化・武力衝突にまで発展する。

その両島津家相はむ端緒となるのが翌応永八年九月初旬に起こる。渋谷五氏のうち四氏（東郷・入来院・祁答院・高城）が、奥州家元久に寝返った同じ渋谷氏の一人鶴田重成の拠る鶴田城（鹿児島県さつま町鶴田）を取り囲んだ際に、これに呼応した総州家伊久は嫡男守久や次男忠朝らとともに、碇山城から軍勢を率いて渋谷四氏の支援に駆けつけた。この総州家の軍事行動に対して奥州家元久は、孤立した鶴田重成を救援するため、清水城から蒲生《かもう》城（姶良市蒲生町）城主で国老の蒲生清寛《きよひろ》（蒲生氏十二代当主）以下三千余騎を率いて鶴田城に入城する。

鶴田城を包囲中の総州家伊久と渋谷四氏は、肥後人吉の相良実長（野々美谷城で討死した前頼の嫡男。相良氏八代当主）や北薩摩の大口城（伊佐市大口里）城主牛屎元息《うしくそもとやす》（高元の嫡男と思われる）らに支援を要請。九月二十五日、両軍合わせて一万余騎が鶴田の千町田（田間田）で激突する。激しい戦いが繰り広げられるなか、形勢不利とみた奥州家元久は北大隅の菱刈（伊佐市南東部）に勢力を張る菱刈久隆を頼り、重成とともに敗走する（鶴田合戦）。重成はその後、奥州家元久から鹿児島谷山郡内（鹿児島市下福元町）のわずかな土地を与えられたものの鶴田氏は四代で没落。渋谷氏は四氏となり、勝利した総州家伊久は鶴田城を入来院重頼（入来院氏七代当主）に与えることで両島津家初の武力衝突は終わった。

奥州家元久が総州家を圧迫

鶴田合戦で苦渋を舐めさせられた奥州家元久ではあったが、その前後に、日向山東河南の要である穆佐《むかさ》城に異母弟の久豊を伊集院久氏の後任として派遣し、およそ二十キロ北方の都於郡《とのこおり》城（西都市都於郡町）城主伊東祐安を倒して日向山東全域への領域拡大を画策していた。

だが、その久豊は、正室の伊集院頼久の娘が亡くなっていたからであろうか、宿敵である祐安の娘寿山《じゅざん》夫人を元久に無断で娶《めと》ってしまう。久豊は、伊東氏と通じることで日向国南部の領有権を祐安に認めさせ、その支配を安定化しようという腹づもりでいたが、裏切りにも等しいこの行為に元久は激怒、二人の間は険悪化、久豊討伐軍を派遣する。

ところが応永十年（一四〇三）五月二日、穆佐城で久豊と寿山夫人との間に虎寿丸が誕生。のちに島津本宗家を継ぐ忠国（初名は貴久だが便宜上忠国で統一）である。二年前の鶴田合戦のあった応永八年には、おそらく側室であろうか、生母は不明だが久豊に用久《もちひさ》（次男扱い）が生まれている。そういった慶事もあってであろうか、もしくは忠国が元久の人質になったのであろうか、長期化のきざしを見せていた元久・久豊兄弟の対立は、わだかまりを残しつつも解消に向かう。

その一方で、総州家伊久と奥州家元久との絶縁状態が続いていたため、前将軍義満は翌応永十一年（一四〇四）六月、自身の名代として近習の朝山師綱と朝山重綱を遣わし、元久に伊久と和解するよう説かせた。それを受け入れた奥州家元久は二十九日、幕府から大隅・日向両守護職を安堵される。日向守護の安堵が補任でないのは、元久が応永七年から五年の間、日向南半国を実効支配している事実を幕府が承認したからである。その後、師綱らは総州家伊久の説得に努めたが、伊久は元久との和睦に応じなかったようである。

応永十四年（一四〇七）三月十八日、南朝征西府の主将として北朝探題軍に終始対抗し続けていた菊池武朝が四十五歳で没し、五月四日には、総州家二代当主伊久（本宗家七代当主）が平佐城（薩摩川内市平佐町）でこの世を去った。享年六十一。法名は道哲。家督は伊久の意に反し、次男忠朝ではなく嫡男守久が継承して総州家三代当主となる。だが守久は、薩摩守護を安堵されることもなく、また、十一年前の明徳四年に父伊久が元久に譲渡した以外の島津本宗家の重宝である相伝文書も、守久ではなく忠朝が引き継いでいた。

父伊久の死後も平佐城にあったその忠朝は、伊久の死を好機とみた奥州家元久によって攻め立てられ、平佐城北方二キロにある総州家の本拠碇山城に追いやられてしまう。

奥州家元久による薩隅日三カ国守護職の回復とその上洛

京では七月二十四日、将軍義持に嫡男義量《よしかず》が生れた。義満の初孫にしてのちの室町幕府五代将軍である。しかしこの慶事は長く続かず、翌応永十五年（一四〇八）五月六日に足利義満が北山殿（鹿苑《ろくおん》寺《じ》金閣。京都市北区）で急逝してしまう。享年五十一。発病後わずか十日での死であった。

応永十六年九月十日、奥州家元久は義持から薩摩守護に補任される。これによって五年前に大隅・

日向両守護職を安堵されていた元久が薩摩・大隅・日向三カ国の守護職（三州太守）を兼帯することになった。島津本宗家の重宝の一部が総州家伊久から奥州家元久に譲渡されていたことに加え、三カ国守護職を兼帯する元久により、事実上、総州家に替わって惣領家（島津本宗家）が奥州家に移行したことになる。

島津本宗家七代当主となった元久は応永十七年（一四一〇）五月、三カ国守護職拝命の御礼言上のために鹿児島の清水城から上洛の途についた。もちろん、島津本宗家を継承したことを領国内外にアピールする意味合いもあったであろう。この上洛にあたって元久は、伊集院頼久を先発させ、新邸を築かせるとともに、自身の上洛について赤松義則《よしのり》（則祐の嫡男）ら幕府首脳と打ち合わせをさせている。

領国内に一抹の不安を抱えながらも元久は、島津一族の北郷知久や樺山教宗《のりむね》（樺山氏三代当主）、国老平田重宗、同じく国老の蒲生清寛（蒲生氏十二代当主）、北原久兼（北原氏六代当主）、阿多時成、加治木忠平、大隅の国人肝付兼元（正室は新納忠臣の娘。肝付氏十一代当主）らを従えて日向国油津《あぶらつ》（日南市油津）から出港。なお、油津で元久は、穆佐城から出向いてきた異母弟久豊と対面し和解する。だが久豊は「いつの日か一戦交えても兄元久から家督を奪う」と肚の中で叫んでいたはずだ。

元久は六月三日、伊集院頼久や幕府の使者に迎えられて堺に上陸、十一日には、花の御所室町殿（京都市上京区）で将軍義持に謁見し、御礼言上する。その際元久は、義持に太刀一腰《ひとこし》と銭二千貫、その弟の義嗣に太刀一腰と三百貫、管領畠山満家（基国の嫡男）に太刀一腰と百貫、赤松義則に太刀一腰と三百貫、その他の幕府首脳にも、太刀一腰と五十貫を贈呈した。義則への三百貫は、義則が幕府と島津氏間の「取次」を務めていたためである。当時、将軍と地方の守護・国人衆の間を仲介する取次は、京在住の有力守護が担っていた。畿内近国の守護は京在住が義務づけられ（守護在京制・関東と九州は免除）、幕閣に参与していたため領国には守護代を置いていたのである。

二十九日には、義持が管領畠山満家とその一族らを引き連れて島津邸を訪れた。このとき元久は、唐物といわれる染付の皿・青磁の壺・金紫堆紅《ついこう》（文様を施した漆製品）・麝香《じゃこう》の臍《へそ》・麝香（香料）・虎皮・毛氈（毛織物）・人参・南蛮酒・砂糖などおびただしい舶来品を献上。満家や将軍近習らは、島津氏が明・朝鮮・琉球との貿易で得ている利益の大きさに驚き、洛中で話題になったという。

島津氏と海外貿易

ここで島津氏をめぐる海外貿易について大雑把に述べておきたい。明を建国した洪武帝《ホンウーディ》は、日本をはじめ周辺諸国に対して自身の即位を伝えるとともに朝貢を促していたが、早速これに応えたのは琉球の中山《ちゅうざん》王察度《さっと》（三山統一前の「中山」の王。三山については後述）である。察度は一三七二年（応安五）に弟の泰期《たいき》を南京（のちに遷都して北京）に派遣して朝貢する。朝貢というのは、周辺諸国が中国皇帝に貢物を捧げて服従を誓うことで、見返りに皇帝が国王として承認・任命することを「冊封」という。いわば超大国明の臣下となり、現在統治している国の王であることを皇帝から認めてもらうと同時に返礼として皇帝から莫大な「下賜品」が与えられることなのである。察度は朝貢のみで冊封を受けていないが、のちに二代武寧《ぶねい》王が冊封されて「朝貢貿易」を繰り返し、入手したその中国製品を他国に転売する「中継貿易」で栄えることになる（琉球王国は当初一年ごとに一回いわゆる「一年一貢」が原則。ただし時代の変転により増減はあるが、朝貢国の中ではもっとも優遇されていた）。

元久の父氏久は文中三年（一三七四）六月、貢物の数倍から二十数倍も儲かる下賜品、その利益を狙って洪武帝に使者を派遣、朝貢をもくろんだが、陪臣つまり三代将軍義満の家臣でしかないことを理由にあっさり退けられた。

足利義満は太政大臣を辞し出家して七年後の応永九年（一四〇二）九月五日、明の三代皇帝永楽帝《ヨンラディ》から「日本国王」として冊封され、九〇七年（延喜七）に唐が滅んで以来五百年もの間絶えていた国交を明との間に回復（宋・元とは私貿易・民間貿易）。以降、朝貢体制を卑屈・屈辱とした四代将軍義持によって一時途絶えるものの、十年一貢の「朝貢貿易（一種の割札《わりふだ》をもちいていたため勘合貿易ともいう）」が天文十六年（一五四七）まで十九回、およそ百五十年続く。その多くに島津氏がかかわっている。「朝貢品（輸出品）」となる刀剣や槍、屏風、漆器などの中に硫黄島（かつて鹿ケ谷の陰謀で俊寛が流された鬼界ヶ島。鹿児島県三島村）で採掘される火薬の原料硫黄が含まれているため、その調達を幕府から命じられるからである。また、明からの「下賜品（輸入品）」は明銭や陶磁器、生糸、織物、書物などであったが、とくに明銭は国内で鋳銭するよりも安価で、多量に輸入されて国内での流通に使用された。

父氏久が朝貢貿易に失敗したからであろうか、元久は朝鮮に対し、上洛する四年前の応永十三年から毎年のように使送船を派遣、朝鮮のみならず、その朝鮮を通じた明や琉球（すでに朝鮮・琉球間では通交が始まっていた）との間接的な私貿易を盛んにおこなっている。おそらく今回の上洛を念頭に置いていたのであろう（薩琉間の直接交流が開始されて活発化するのはおよそ六十年後の文明元年、島津本宗家十代当主立久《たつひさ》の時代からではないかと思われる）。ちなみに、永楽帝の時代には、日本をはじめ琉球・満州・朝鮮・雲南（中国南部）・チベット・ネパール・安南（ベトナム）・ビルマ・暹羅《シャムロ》（タイ）・真臘《チャンラ》（カンボジア）・ジャワ・スマトラのみならず、アラビア半島や東アフリカなど、明への朝貢国は数十カ国にのぼる。

久豊による島津本宗家の家督簒奪

将軍義持に謁見後、伊勢神宮の参詣を終えて九月に京に戻った奥州家元久（島津本宗家七代当主）のもとに「総州家と渋谷四氏（東郷・入来院・祁答院・高城）が連合し、不穏な動きを見せている」との知らせが国許からとどく。元久は急遽海路で鹿児島に戻り、伊集院頼久は薩摩郡の清色城に入って防戦体制に入った。

総州家と渋谷四氏を警戒していた元久は翌応永十八年（一四一一）七月、「入来院重頼・重長父子の軍勢が清色城奪還に向けて進発した」という知らせを受け、異母弟の久豊ら三千五百を率いて清水城から出陣する。

しかし、元久が陣中で発病したため、急遽陣を払って帰城、久豊は日向の穆佐城に戻った。頼久は城内に裏切りが続出したため清色城を放棄して鹿児島清水城に撤退する。入来院重頼・重長父子は先祖代々の本拠清色城を十四年ぶりに回復した。

八月六日、病状を悪化させた奥州家二代当主元久（島津本宗家七代当主）は清水城で病没する。享年四十九。法名は恕翁《じょおう》玄忠。受領名は陸奥守。遺体は自身が創建した福昌寺に埋葬された。

生前の元久は、養子に迎えていた総州家久照を廃嫡し、総州家の正室室北夫人とも離縁した。その後、時期は不明だが元久は、宿敵伊東祐安の娘寿山夫人を正室とする久豊と還俗を拒否した自身の嫡男梅寿（仲翁守邦・生母は伊集院久氏の娘久山《きゅうざん》夫人。石屋真梁の法弟で福昌寺三世住持）を後嗣とせず、全幅の信頼を寄せる、叔父であり義弟でもある伊集院頼久（正室は氏久の娘。継室は元久の娘）の嫡男で甥にあたる初犬千代丸（熙久《ひろひさ》・生母は氏久の娘で元久・久豊兄弟の妹）を後継者に定め、異母弟の久豊にも同意させていた。

ところが久豊は、閏十月に穆佐城から駆けつけ、福昌寺に安置されていた元久の位牌を奪い取って葬儀を挙行、伊集院頼久・熙久父子を清水城から追放して島津本宗家八代当主の座を握り、その本拠である清水城に入った。

だが、このクーデターともいえる、兄元久の遺志を根底から覆した久豊の蛮行は、それまで強い絆で結ばれていた島津庶子家筆頭の伊集院頼久・熙久父子のメンツをつぶし、その深い恨みを買う。さらに、二人を支援する薩摩国の島津一門ならびにその家臣団を中心とする「伊集院派」と、大隅・日向両国の島津一門およびその家臣団を核とする「久豊派」との間に島津本宗家の後継者を認めさせるための血で血を洗う争いが勃発する。

伊集院派と久豊派によるその新たな混乱の間隙を突き、薩摩守護の回復をもくろむ、木牟礼城にあった総州家守久は、元久に占拠されていた平佐城を奪い返して弟の忠朝をその北方の碇山城から移し（のちに碇山城東方の永利《ながとし》城〈薩摩川内市永利町〉に移る）、嫡男久世を総州家の本拠碇山城に入城させた。忠朝の平佐城と久世の碇山城入りは、総州家と同じく久豊に敵意を抱く一宇治城の伊集院派の盟主伊集院頼久・熙久父子、さらには北薩摩の渋谷四氏とも組みながら久豊に対抗するためでもあった。さすがの久豊も危機感を抱いてすかさず総州家次期当主の久世と和睦する。

伊東祐立による山東河南の制圧

日向国では、この島津家の混乱に乗じ、奥州家久豊（本宗家八代当主）の義父伊東祐安が、元久の代に奪い取られた日向南部への進出を本格化させる。祐安の子息祐立《すけはる》は日向国北部の土持氏と婚姻関係を結んで連合し、応永十九年（一四一二）九月二十五日、国富荘の中心に位置する島津本宗家の重要拠点曽井城（城主曽井氏の正室は久豊の娘。宮崎市恒久）を包囲。島津一族の樺山教宗や北郷知久、和田正覚、佐多氏（久豊の生母が佐多忠光の娘）らが穆佐城などから曽井城の救援に向かい、曽井城西方の源藤川付近（八重川下流・宮崎市源藤町）で交戦したが大敗、曽井城は陥落する。

勢いに乗じた祐立は北進し、久豊不在の穆佐城を攻め、自身の姉で久豊の正室寿山夫人と子息の忠国・用久兄弟を拉致しようとした。だが、その直前に樺山教宗や北郷知久らが引き返して三人を救い出し、日向庄内南端の大隅末吉城（鹿児島県曽於市末吉町）に移して事なきを得る。

曽井城と穆佐城を奪われた久豊は顔から火を吹くほどに激怒、翌応永二十年（一四一三）九月、報復として樺山教宗と北郷知久に命じ、祐立の拠る曽井城を攻撃させたが撤退を余儀なくされた。曽井城と穆佐城を占拠したことで祐立は、大淀川河口の赤江湊（宮崎港）を擁し、海陸交通の要衝である、念願の山東河南の制圧を成し遂げたことになる。

留守中の穆佐城を奪われて面目丸つぶれの久豊は、その奪還に向けて執念を燃やす。しかし、清色城に拠る入来院重頼・重長父子をはじめとする北薩摩に勢力を張る伊集院派の渋谷四氏を討たねばならず、また、強引に家督を奪ったツケも重くのしかかっているため、日向山東はしばしば平穏を迎える。

四　総州家の断絶

伊集院頼久の乱

山東河南を失ってから三か月後の応永二十年（一四一三）十二月、島津久豊は、伊集院派の清色城主入来院重頼ら渋谷四氏を討伐すべく鹿児島の清水城を出陣。ところがその隙を突き、家督継承寸前で島津本宗家当主の座を得るチャンスを奪われた恨みを抱く伊集院頼久・熙久父子が、おそらく渋谷四氏と示し合わせてであろう、清水城を攻略。危機を知って引き返してきた久豊と東福寺城を守備していた家臣らは頼久・熙久父子を撃退し、清水城を奪還する。二人は久豊派の国老吉田城（鹿児島市東佐多町）城主吉田清正（吉田氏初代当主）や国老蒲生清寛らのとりなしにより、かろうじて死を免れることができた。ところが翌応永二十一年（一四一四）、再び頼久・熙久父子が久豊に反旗を翻す。久豊は和睦した総州家久世に支援を要請。久豊軍は麦生田《むぎうだ》（日置市伊集院町）に布陣して伊集院軍と対峙したものの、あろうことか和睦したはずの久世の裏切りに遭って敗北する。

煮え湯を飲まされた久豊は八月、その報復として伊集院頼久の所領の一つ給黎郡（鹿児島市喜入町・南九州市知覧町）に進攻。久豊は、伊作久義（伊作氏四代当主）が総州家久世とともに給黎城の援護に駆けつけてきたため一時は敗走したが、肥後人吉の相良実長（野々美谷城で討死した前頼の嫡男。相良氏八代当主）の援軍を得て逆転勝利。伊集院頼久支配下の給黎城と給黎郡を手に入れた久豊は、勝利を祝って給黎から「喜入」に地名を変更する。

応永二十二年（一四一五）、久豊に敗北した父久義から家督を譲られた伊作勝久（伊作家五代当主・

生母は元久の娘）は、伯父である久豊のもとを訪れ、それまでの非礼を詫びる。久豊はこれを赦して和解し、勝久の娘が久豊の嫡男忠国の側室となる。さらに勝久は、伊集院頼久・熙久父子に協力して久豊と対立していた久世を説得、久世・久豊両者の和解のための対面に成功する。

だが、久豊は応永二十四年（一四一七）正月十三日、麦生田で久世に裏切られた恨みを晴らそうとしたのであろうか、いや、総州家を滅亡させるためであろう、和解を目的に訪れてきた久世に対し、宿館千手堂《せんじゅ》（鹿児島市）を取り囲んだうえで、硫黄の集積港防津・泊津（鹿児島県南さつま市防津町）を擁する川辺郡と平山城の譲渡を強く迫った。だが、久世（総州家四代当主）はそれを拒否して自刃、従っていた数人の家臣も討死もしくは自害して果てた。

久世を騙し討ちにされた伊作勝久は、再び伊集院頼久・熙久父子と結んで久豊と戦うことになり、また、久世の遺臣はその嫡男久林《ひさもり》を総州家五代当主に擁立し、平山城に拠って久豊に反抗する。総州家の当主である久世を誘殺した久豊はというと、その罪を悔いてなのか、外聞を憚って弔意を示すためなのか、落髪して「義天存忠」と称す。

乱の終結

だが、それは表向きを取りつくろっただけにすぎず、久豊はいささかも悔いてはいなかった。久豊は久世の嫡男久林を討つべく、この応永二十四年九月、久林の拠る平山城を取り囲んだ。しかし、一宇治城の伊集院頼久が救援に駆けつけてきたため苦戦、敗色濃厚となった。平山城北東の川辺鳴野原の戦い（南九州市川辺町）では大敗を喫し、久豊に合力して戦った出水亀ヶ城（出水市麓町）城主の和泉直久（和泉氏五代当主）・忠次兄弟が討死してしまう。後嗣のいない和泉家は断絶し、出水亀ヶ城と和泉郡（出水市・阿久根市・長島町）は久豊つまり島津本宗家の管轄下となる（和泉家は江戸時代中期に「今和泉家」として再興される）。

この合戦は吉田清正の再度の仲介によって和解が成るかにみえた。ところが、久豊軍が伊集院頼久を急襲、頼久は久豊に助命を願い許されるという逆転劇が起こる。よく言えば久豊は抜け目がなく、しかも粘り強くしぶとい。悪く言えばそれらは他を圧倒するほどの狡猾さだ。ただし、その狡猾さは島津本宗家の当主たらんとする久豊の強靭な精神を、光芒を放っているかのように際立たせているかのようでもある。つまりダーティーだがヒーローでもある。

二人は従兄弟どうしということもあり、正室の寿山夫人（伊東祐立の姉）が死没していたからであろうか、久豊が継室として頼久の娘（無染夫人・煕久の姉）を娶り、久豊の嫡男忠国の娘が煕久に嫁ぎ、頼久が本拠一宇治城のある伊集院（日置市伊集院町）を支配することで決着する。頼久が清水城を一時占拠してから始まった「伊集院頼久の乱」と呼ばれる、四年にわたる騒乱は久豊の勝利で終結した（伊集院派の消滅）。その後、頼久は隠居し、家督を譲られた嫡男煕久は伊集院氏八代当主となる。また、もっとも頼りとしていた頼久が降伏したため、久林は平山城を脱して総州家の本拠碇山城に退いた。これによって川辺郡と平山城は久豊の手に落ちた。

衰滅に向かう総州家

応永二十六年（一四一九）八月、島津久豊は嫡男忠国を大将とし、伊作勝久や市来家親（市来氏十一代当主）、凋落の一途をたどる総州家を見限った清色城主入来院重長（入来院氏八代当主）らとともに、碇山城東方の総州家忠朝の拠る永利城を落城させた。久豊にその城を与えられた重長は、以後島津本宗家に帰順する（上辺だけは）。

永利城から脱した忠朝は、四キロほど西の二福城（隈之城・薩摩川内市隈之城町）に退いた。奥州家の圧迫が増す中で、碇山城で抵抗していた久林（総州家五代当主）は、翌応永二十七年、祖父守久の居城木牟礼城に逃げ込む。

応永二十八年（一四二一）八月、薩摩国中南部の国人衆をことごとく調略した久豊が二福城に退いた忠朝を攻め立てると、力尽きた忠朝は降伏、自身が所持する島津本宗家の重宝である相伝文書を久豊に譲った。忠朝は剃髪して「道聖」と称し、鹿児島和泉崎（鹿児島市加治屋町）に閑居して余生を送ったという。

翌応永二十九年正月、肥後人吉の相良前続《さきつぐ》（実長の子。相良氏九代当主）の支援を得た久豊は忠国を派遣。忠国が伊作勝久や相良前続の援軍とともに孤立した木牟礼城に攻め寄せると、久林は祖父守久とともに海路肥前国に逃亡する。こうして応永七年の久豊の異母兄元久による総州家久照の廃嫡と正室の室北殿の離縁に始まった総州・奥州両家間の争いは二十二年ぶりに収束する。と同時に久豊が薩摩国を実効支配することに成功したことになる。久豊は木牟礼城のある山門院《やまとの》（出水市高尾野町・野田町一帯）を相良前続に与え、さらに娘の生円院（忠国の妹）を嫁がせた。島津貞久（本宗家五代当主）が正平十八・貞治二年に三男師久に薩摩国の地頭職を、四男氏久に大隅国の地頭職を譲ってから五十九年という険しい歳月が流れていた。

ところが、伊作勝久が木牟礼城攻めに加わっているさなかの正月二十九日、伊作亀丸城（日置市吹上町）の留守を預かる父久義が、伊作家当主の座を狙う弟の伊作十忠《とおただ》によって殺害され、勝久の嫡男教久は家臣に守られながら亀丸城に籠城。久豊は、この騒動の原因は勝久にある（内容は不明）として肥後国に追放し、教久や家族は姻戚の市来家親に預けられることになった。勝久のその後はわからない。原因不明ながら十忠も忠国の怒りを買って逃亡、行方不明となる。

薩摩国を掌握し両島津家の完全な一本化をも成し遂げた久豊はこの応永二十九年、その強引な家督継承を認めずにいた四代将軍義持から、島津本宗家八代当主としての家督継承と薩隅日三カ国守護を承認された。

久豊の死と忠国の家督継承

薩摩・大隅両国を支配下に置いた島津久豊の次なる目標は、東の日向国攻略である。十年前の応永二十年以降、義弟の伊東祐立《すけはる》に奪われたままの山東河南を取り戻すため、久豊は大規模な奪還作戦を展開し始める。

最初の標的は山東河南の南端部に位置する加江田車坂城（宮崎市学園木花台南）であった。久豊は応永三十年（一四二三）十二月、領国内に大動員をかけ、みずからも海路で加江田車坂城東方の加江田川河口に上陸。同時に日向国南西部の飯野城（えびの市飯野）城主北原氏や同じく北部財部の土持兼綱らを引き入れ、南・北・西の三方から加江田車坂城を包囲する。その重厚な攻城軍を目の当たりにした城主伊東安芸守は、翌応永三十一年の年明け早々、久豊に投降した。

ところが久豊は、それを赦さずに切腹させ、曽井・清武（宮崎市清武町）両城から救援に駆けつけてきた伊東軍も撃退する。恐れをなした加江田車坂城の城兵はたまらず撤退。加江田車坂城を掌握して山東河南の一部を回復した久豊は、嫡男忠国をしばらく城主に据えて鹿児島に戻った。

その島津久豊（本宗家八代当主）は「十年もあれば山東を制圧できる」と豪語していたが、残念ながら応永三十二年（一四二五）正月二十五日、上洛して将軍義量との謁見の準備中（異母兄元久以上の多量の唐物を整えていただろう）に鹿児島の清水城で病没する。享年五十一。受領名は陸奥守、法名は義天存忠。墓碑は福昌寺と悟性寺（宮崎市高岡町小山田）に建てられた。権謀に明け暮れ血生臭い闘争を制し島津本宗家の家督簒奪に成功した久豊だが、その家中を統一・安定させたことは特筆すべきだろう。二十七歳の嫡男忠国が家督を継承して島津本宗家九代当主となる。

このとき忠国に対し、幕府から守護職補任状が下されたが、以後は幕府が追認するのみとなり（おそらく、応仁・文明の乱〈後述〉によって幕府の権威・権力が失墜してしまうからであろう）、薩隅日三カ国守護職は事実上の「家職」として島津本宗家の家督と一体化して相伝され、この忠国の時代に島津氏は守護から「守護大名」として確立することになる。

島津本宗家の支持基盤を強固にしようともくろむ新守護忠国は、四人の弟に直轄領を割いて分家させる。薩摩守を称していた用久は「薩州家」を、豊後守の三男季久は「豊州家」を、出羽守の有久は「羽州家（のちに大島氏）」を、伯耆守の豊久は「伯州家（のちに志和地氏そして義岡氏）」を興す。

また、伊東氏の支配下にある穆佐城で生まれた忠国は、父久豊の宿願である山東河南ひいては日向国制圧という執念をも引き継いでいたため、その心理的重圧のせいか、ともすると言動や態度が強権・高圧的になったのは否めない。そのため、島津本宗家の支持基盤を固めるというもくろみははずれ、これら新たな御一家のみならず旧御一家、国人衆らとの間に摩擦が絶えず、父久豊の功績を台無しにしてしまい、島津氏の領国全域を巻き込む未曾有の騒乱を引き起こすことになる。

忠国は応永三十四年（一四二七）、日向伊東氏を排除しようと山東河南に進攻したが、三回とも大敗を喫し、叔父の伊東祐立と和睦する。おそらく父久豊が掌握した加江田車坂城を譲渡したのではなかろうか。ただ、和睦はしたものの、伊東氏と領境を接する日向庄内北部の三俣下城（都城市高城町）に末弟伯州家豊久を、南部の梅北城（梅北町）には、同じく弟の羽州家有久の子息忠福《ただよし》を配置する。

琉球王国の誕生・総州家の断絶

琉球では一四二九年（永享元）、その中核を成す沖縄本島で「琉球王国」が誕生した。沖縄本島南端部の佐敷（南城市）の按司《あじ》（土豪）尚巴志《しょうはし》が、沖縄本島中部に君臨する「中山」の武寧王、北部を統治する「北山《ほくざん》」の攀安知《はんあんち》王、南部を支配する「南山《なんざん》」の他魯毎《たろみい》王を滅ぼし、いわゆる「三山時代（山とは国とか村という意味）」と呼ばれる琉球の戦国時代を制して沖縄本島の統一を成し遂げたのである。外交・貿易活動を積極的に展開していた尚巴志（第一尚氏王統二代国王。初代は巴志の父思紹《ししょう》）は、明の四代皇帝洪熙帝《ホンシーディ》から冊封を受けていたこともあり、朝貢貿易を盛んにおこなう。明から砂糖の原料となる甘蔗（サトウキビ）が輸入されて栽培が盛んになるのもこの尚巴志の時代からである。

永享二年（一四三〇）、肥前国に逃亡していた総州家久林（総州家五代当主）は、日向真幸院の飯野城主北原氏を頼り、その支城の一つ徳満城（宮崎県えびの市東川北）に潜んでいた。しかし、それを察知した守護忠国が派遣した軍勢に急襲され、追い詰められて自刃する。久林とともに肥前国に逃げ落ちた祖父の守久（総州家三代当主）は八年前の応永二十九年にその地で客死していた。久林が自刃したことで総州家の嫡流は事実上断絶する。

島津氏略系図（五）

- 貞久⑤
  - 頼久（貞久の庶長子。「川上氏」初代当主）― 親久（川上氏二代当主）
  - 宗久（貞久の次男。事故死）
  - 師久⑥（貞久の三男。「総州家」初代当主）
    - 伊久⑦（師久の嫡男。総州家二代当主。本宗家の重宝の一部を奥州家元久に譲渡）
      - 守久（伊久の嫡男。総州家三代当主。肥前国で客死）
        - 久世（守久の嫡男。総州家四代当主。千手堂で自刃）
          - 久林（久世の嫡男。総州家五代当主。徳満城で自刃。総州家断絶）
      - 忠朝（伊久の次男。本宗家の相伝文書を久豊に譲って隠居）
      - 久照（伊久の三男。奥州家元久の養子となるが廃嫡）
    - 久安（師久の次男。「碇山氏」初代当主。託麻原の戦いで討死）
  - 氏久（貞久の四男。奥州家初代当主）― 元久⑦（氏久の嫡男。薩隅日三カ国守護と本宗家を継承）

久豊⑧（元久の異母弟。本宗家の家督を奪取）

忠国⑨（久豊の嫡男。総州家を滅亡させる）─立久⑩（忠国の次男）─忠昌⑪（立久の嫡男）

友久（相州家初代当主）

用久（久豊の次男。「薩州家」初代当主）─国久（用久の嫡男。薩州家二代当主）

重久（国久の嫡男。薩州家三代当主）─忠興（重久の子。薩州家四代当主）

実久（忠興の嫡男。薩州家五代当主）─義虎（実久の嫡男。薩州家六代当主）

忠辰（義虎の嫡男。薩州家七代当主）

季久（久豊の三男。「豊州家」初代当主）─忠廉（季久の嫡男。豊州家二代当主）

忠朝（忠廉の嫡男。豊州家三代当主）─忠広（忠朝の嫡男。豊州家四代当主）

忠親（北郷忠相の子で忠広の養子。豊州家五代当主）

朝久（忠親の嫡男。豊州家六代当主）

有久（久豊の四男。「羽州家」初代当主。のちに「大島氏」を名乗る）

豊久（久豊の五男。「伯州家」初代当主。のちに「志和地氏」そして「義岡氏」を名乗る）

第五章　戦国大名島津その格闘

一　果てしなき泥濘の道

三州動乱

永享四年（一四三二）六月、薩隅日三カ国守護島津忠国（本宗家九代当主）は、亡父久豊の宿願でもある日向国制圧を実現するため、叔父の都於郡城《とのこおり》（宮崎県西都市鹿野田）城主伊東祐立《すけはる》（日向伊東氏五代当主）と五年前の応永三十四年に結んだ和睦を一方的に破棄し、樺山教久《のりひさ》（樺山氏四代当主）ら庄内勢を率いて山東河南に侵攻、六野原《むつのばる》（宮崎県国富町）に五カ所の陣を構えて祐立の指揮する伊東軍と戦った。しかし、さしたる成果も得られぬまま、いったん大淀川を渡ってその左岸の内山（宮崎市高岡町内山）に陣を引く。忠国は七月十四日、内山の東方河骨（高岡町飯田）で伊東軍と再び交戦。だが、この戦いでは大敗を喫し、穆佐城の奪還どころか、その北西の飯田城（飯田天神ヶ迫）をも祐立に奪われるという失態を犯す。

こうした忠国の山東河南侵攻の虚を突くかのように、その膝元の薩摩国では忠国の父久豊と十五年前の応永二十四年に和解したはずの伊集院熙久（頼久の嫡男で久豊の継室無染夫人の弟。正室は忠国の娘。伊集院氏八代当主）が、北薩摩の渋谷四氏（東郷・祁答院・入来院・高城）や牛屎氏、北大隅の菱刈氏らと「永享の国一揆」を結び、忠国に対して大規模な反乱を起こす。永享の国一揆の結成を支援した肥後人吉の相良前続（正室は忠国の妹生円院。相良氏九代当主）は、この永享の国一揆が島津氏の北上阻止すなわち島津氏の南九州封じ込めにつながると期待していた。

結果として忠国による永享の国一揆の鎮圧は失敗する。窮地に立たされた忠国は、異母弟の薩州家用久を守護代に任じて永享の国一揆に対処させ、自身は日向庄内（都城盆地）南端の大隅末吉城に一時退去する。

十一月四日、鹿児島の清水城であろうか、忠国と側室（肥後に亡命した伊作勝久の娘）との間に庶長子友久（のちの相州家初代当主）が、翌五日には忠国と正室心萃《しんすい》夫人（新納氏三代当主忠臣の娘）との間に次男が生まれた。幼名は安房《あわ》丸、通称は又三郎。のちの島津本宗家十代当主立久である。

永享五年（一四三三）、伊作勝久の娘が友久を産んだことが吉兆になったのであろうか、十一年前に勝久が肥後国に追われた際に、市来家親に預けられていた勝久の嫡男伊作教久が、守護代用久によって家督を継ぐことを許され、所領は大幅に削られたものの、伊作氏六代当主として伊作亀丸城（日置市中原）に復帰できることになった。

日向国では翌永享六年三月五日、伊東祐立の父で隠居中の祐安が病没する。これを好機とみた忠国は、永享の国一揆が決着していないにもかかわらず、再び山東河南に軍勢を進め、十月十日に木脇却《こう》生寺《しょうじ》前（宮崎県国富町木脇）で伊東・土持連合軍と戦った。勝敗は定まらなかったものの、祐立が奪ったばかりの飯田城を忠国に返還することで和睦が成立。このとき忠国は、宿願の穆佐院（宮崎市高岡町一帯）およびその枢要を成す穆佐城も回復したと思われる。

永享八年（一四三六）、永享の国一揆への対処を続けていた守護代用久は、伊集院熙久をはじめ渋谷四氏や牛屎氏、菱刈氏らを帰順させ、その鎮静化に成功する。ところが、領国内をまとめ上げた見事な手腕に加え、人望のある用久を忠国に替わって守護に推戴するための「用久擁立一揆」が結成され、しかも翌永享九年には、まんざらでもなかったのか、その期待に応えるかのように用久自身が島津本宗家の家督継承を公言し始める。こうして忠国・用久兄弟間で家督をめぐる新たな対立抗争が起きてしまうのである。この内紛は忠国が隠居して用久に島津本宗家の座を譲ることで妥結。ただし、強制的に隠居させられたのであろう忠国は、この譲渡を一時の方便と考え（おそらく島津本宗家の重宝は譲渡しなかったのではないか）、いずれ自身の子息立久か友久に継承させるつもりだったようである。だが、この一方的な思い込みがまたも家督に絡む御家騒動を引き起こす一因となり、立久によって再隠居させられるどころか追放される破目に陥る結果をもたらす。

大覚寺門跡義昭の首

嘉吉元年（一四四一）三月十三日、大覚寺義昭《ぎしょう》（還俗して尊有《たかもち》と名乗る）が日向国で自害するという事件が起こる。義昭は故三代将軍義満の子息で、異母兄の義教らとともに六代将軍の候補者の一人だった。

五代将軍義量が十六年前の応永三十二年二月二十七日に十九歳の若さで早世して以降、法体のまま前将軍として政務を執っていた義持が重体に陥ったのはその三年後の応永三十五年正月十六日のことである。管領畠山満家（基国の嫡男）・満慶《みつのり》兄弟をはじめ斯波義淳《よしあつ》（義将の孫）、細川持元（前管領満元の嫡男）ら幕府重臣は、醍醐寺三宝院門跡の満済（義満の猶子）を介し、病床の義持に後継者についての意向を尋ねさせたが、死の床にあった義持は「どうせ思い通りにはなるまい」との思いからか、指名を拒む。そこで、重臣と諸大名が評議し、義持に籤《くじ》引きを提案したところ、しぶしぶながらそれを承諾する。

義持には四人の弟がいた。現役の天台座主で青蓮《しょうれん》院門跡義円、梶井門跡義承、大覚寺門跡義昭、相国寺虎山永隆で、四人とも僧侶だった。義持の承諾を得た重臣らは、満済が四人の兄弟の名を書いた四枚の籤《くじ》をつくり、義持の死後に開封することに決めた。要するに、足利将軍家の血縁者ならば、将軍なんて誰でも良い、しかも、どうせ担ぐ神輿（将軍）なら軽い方がより都合が良いということだ。

四代将軍足利義持が十八日に四十三歳で没し、畠山満家が開封した籤には「青蓮院殿」とあった。六代将軍に選ばれた義持の同母弟青蓮院門跡義円は三月十二日に還俗、一年後の永享元年（一四二九）三月十五日に義教と名を改めて征夷大将軍に就いた。

世にいう「籤引き将軍」「還俗将軍」である。籤引は当時、神意を伺うための神聖にして侵すべからざる方法だった。ところが、諸大名らの協調を旨とする聖なる新将軍選定とは裏腹に、将軍就任後の義教は、軽い神輿どころか「万人恐怖」と怖れられる冷酷な将軍専制政治を展開し、神意ではなく天魔の意思で選ばれたのかのごとき所業の数々を重ねていたのだ。

猜疑心のかたまり、将軍義教から謀反の疑いをかけられた義昭は、自害より四年前の永享九年（一四三七）に大覚寺から逐電、従僧《ずそう》の鬼束源澄の兄久次が住む日向国島津荘中之郷（都城市南東部）に逃げ落ちていた。久次の主君で都之城主の北郷持久（知久の嫡男。北郷氏五代当主）はそれを黙認していたが、おそらく、義教による追及・探索の手が中国・四国を経て九州にまで伸びてきたことに不安を感じたのだろう。持久は義昭を日向国南端の櫛間城（宮崎県串間市西方）城主野辺盛仁（野辺氏十三代当主）のもとに移らせた。以降、義昭はその所領内にある永徳寺（北方）に潜伏していた。

樺山教久の通報によって義昭の潜伏先を知った義教は、島津氏にその追討を命じる。将軍の命を執行せずにいた薩州家用久に代わって隠居中の忠国が志布志に出向いてみずから指揮を執り、黙認していた北郷持久をはじめ樺山教久、義父新納忠臣、国分清水城《きよみず》（霧島市国分府中町）城主本田重恒（元久の守護代忠親の弟）、肝付兼忠（生母は新納忠臣の娘。忠兼の子。肝付氏十二代当主）と重臣山田忠尚《ただひさ》（『山田聖栄自記』の著者）らを派遣、永徳寺を包囲して義昭を自害に追い込んだのである。長い逃亡の果てに待ち受けていたものは不本意な死であった。義昭に付き従っていた鬼束源澄もいたたまれずにあとを追う（大覚寺義昭事件）。忠国にしてみれば守護に返り咲く絶好の機会、強制隠居させられたからといっておめおめと引き下がってなどいられないのである。

山田忠尚が打ち落とした義昭の首級は塩漬けにされて京に送られた。義教はこれに狂喜し、追討を成し遂げた諸将に太刀や感状を、忠国には直筆の感状と国安の太刀、浅葱の腹巻鎧、青毛の馬を勲功賞として与えるまでしている。

その後、義昭をかくまった罪で盛仁が罰せられた野辺氏は衰退、盛忠（野辺氏八代当主）によって築かれた野辺氏累代の居城櫛間城と所領の櫛間院（宮崎県串間市一帯）は忠国の管理下に入る。将軍義教の絶大な信頼を獲得した忠国はというと、用久治罰《じばつ》の御教書をタテに、用久を鹿児島（おそらく守護所の清水城）から追放することに成功、島津本宗家の当主および三カ国守護としての実権を取り戻した。

血祭りに上げられた将軍義教

ところが人間の運命はわからない。大覚寺義昭の首級が四月十日に京にとどいてからわずか二カ月半後の六月二十四日に〝前代未聞の珍事〟が起こる。有頂天になっていた将軍義教が、赤松満祐《みちすけ》（義則の嫡男）の邸（中京区槌屋町）で催された、結城合戦（義教に対する反乱。栃木県結城市）の勝利を祝う宴席で首を刎ね飛ばされてしまったのである。あっけなくも冴えない死の訪れであった。

その義教は、満祐の父赤松義則が五十年前の明徳の乱の軍功を賞されて三代将軍義満から恩賞地として与えられ、満祐の実弟義雅が受け継いでいた摂津国昆陽野荘《こやのの》（兵庫県伊丹市北部）を没収したのみならず、その非道の処分に猛抗議した侍所頭人の満祐をためらうことなく罷免。しかも、一色義貫（初代九州探題道猷の玄孫。丹後・若狭・三河・山城四カ国守護）や土岐持頼（伊勢守護）、富樫教家（加賀守護）など、有力守護大名の粛清を強行していた。巷では「満祐もいずれ所領（播磨・備前・美作の守護）を没収されて将軍義教に誅殺されるにちがいない」という風評が立っていた。義教に恨みを抱く満祐は、義教に殺されるか、義教を殺すか、という苦況に追い詰められていたのである。

管領以下諸大名の居並ぶ祝宴は血の海に染まり、細川持春（備中国浅口郡などの郡司）は片腕を切り落とされ、山名熙貴《ひろたか》（石見守護）や侍所頭人京極高数（佐々木道誉の曾孫）は討ち取られ、重傷を負った大内持世《もちよ》（義弘の嫡男。周防・長門・豊前・筑前四カ国守護）はのちに死亡。管領細川持之はいち早く遁走し、細川持常（阿波・三河両国守護）や山名宗全（但馬・備後・安芸・伊賀・播磨五カ国守護）、権大納言正親町《おおぎまち》三条実雅（妹の尹子《ただこ》が義教の継室）らは土砂降りの雨の中を命からがら逃げ散った。瞬間湯沸し器にして世にもまれな嗜虐心に支配された義教の死に、どれほど多くの人が胸をなで下ろしたことだろうか。諸大名や将軍近習がいたにもかかわらず遺骸は討ち捨てられたままで、右往左往したのは幕府内だけ、洛中での混乱は起こらなかった。

義教の首級を手にした満祐は歓喜雀躍、その首級を剣先に奉じて都大路をまかり通り、義昭の首級が運ばれてきた西国街道を逆に下って領国播磨に帰国していった。世にいう「下剋上の時代」の幕が切って落とされたのである。その赤松満祐も幕府軍によって播磨城山《きのやま》城（兵庫県たつの市）に追い詰められ、九月十日に一族とともに自害して果てた（嘉吉の乱）。

伊東祐堯の躍進

薩摩国では嘉吉二年（一四四二）正月十九日、伊作教久が急逝、わずか一歳の嫡男犬安丸が家督を継いで伊作家七代当主ならびに亀丸城主となる。十月二十五日、前年の十二月に続き、幕府から薩州家用久治罰の御教書を再び手にした守護忠国は、鹿児島追放のみにあきたらず用久の討伐に乗り出す。隠居させられたことが恨み骨髄に徹していたのだろう。

京では十一月七日、惨殺された将軍義教の後継者に定められていた嫡男足利義勝（千也茶丸）がわずか九歳で七代将軍に就任。ところが、それから八カ月も経たない翌嘉吉三年七月二十一日、義勝は赤痢で夭折してしまう。義教・義勝と二代続けて将軍が尋常ならざる死に方をしたことは、幕府ならびに朝廷にも不吉な衝撃を与えた。八代将軍には義勝の同母弟で八歳の義政が選ばれる（将軍就任は六年後の文安六年四月二十九日)。

文安元年(一四四四)六月十一日、上洛途上にあった伊東祐立が播磨国疣河《いぼかわ》の渡し(大阪府茨木市)で渡河中に落馬、六十歳で死没する。嫡男祐武《すけたけ》が早世していたため、次男で三十六歳の祐堯《すけたか》が激しい相続争いの末に家督を継いで日向伊東氏六代当主となり、都於郡城に入城する。

その祐堯は十月、島津忠国・用久兄弟の激化する抗争が日向国内におよぶのを防ぐため、樺山教久・高木殖家《のぶいえ》・和田正存《ありただ》・野辺盛吉と契状を取り交わし、日向国中部から南部にまたがる広域的な「日向国一揆」いわば〝南日向防衛団〟を結成する。樺山教久は庄内の野々美谷城(都城市野々美谷町)を本拠とする島津氏の有力庶子家、高木殖家は三俣院の志和池城(上水流《かみずる》町)を、和田正存は三俣院高城(高城町)をそれぞれ本拠とする国人、野辺盛吉は大覚寺義昭事件で罰せられた櫛間城主野辺盛仁の一族で飫肥院(日南市・宮崎市南部)の国人と思われる。

この五人による日向国一揆結成で足下を固めた祐堯は翌十一月、自身の家督継承に異を唱えた反抗的な一族の掃討に乗り出し、手始めに曽井祐勝の曽井城を攻略。さらに南下して、島津氏被官の長井式部少輔の守る紫波洲埼城(折生迫《おりゅうざこ》)を開城させ、文安二年(一四四五)六月には反転して北上、山東(宮崎平野)北端の門川城(門川町)を制圧する。

かたや、日向国一揆の分断・切り崩し工作を進めていた忠国ではあったが、自身の生まれ故郷であり、山東河南の伊東氏に対する島津氏最後の牙城穆佐城を祐堯によって攻略されてしまう。その祐堯は、大淀川下流域の支配強化を図る。

祐堯は文安三年(一四四六)六月、忠国に内応した大淀川北方の土持氏の支城宮崎城(池内町)を奪い取ると、大淀川を越えて南下、島津氏支配下の細江城（細江）を攻略。こうして祐堯だけが勢力を伸ばし続ける中で、樺山教久が忠国に寝返り、同じく忠国に恭順した和田正存によって高木殖家が滅ぼされたため日向国一揆は自壊する。さらに祐堯は翌文安四年十一月に穆佐城東方の石塚城（浮田）を直轄化、文安五年四月には曽井城南方の清武城をも接収する。

忠国、文安の国一揆を鎮圧

清武城が攻略された頃の薩摩国では、幕府を後ろ盾とする守護忠国が、対立する異母弟の薩州家用久を鹿児島南方の谷山城（鹿児島市下福元町）に追い詰めていた。ところがその二人の抗争に乗じ、北薩摩では、かつて永享の国一揆の中核を成した渋谷四氏や牛屎氏らの国人衆が勢力を盛り返し、総州家忠朝の三男で伊集院広済寺（日置市伊集院町）の住職忠長を還俗させて盟主に擁立、肥後の菊池・相良両氏の支援を受け、大規模な「文安の国一揆」を結成して再蜂起した。

文安五年（一四四八）九月、足下に広がる文安の国一揆討滅という新たな難題を突き付けられた忠国は、義父新納忠臣（娘の心苹夫人は忠国の正室で立久の生母）の諫めを聞き入れる。それは、用久と和解してその軍事支援を得ること、さらに、伊東祐堯とも和睦して日向方面の憂いをなくすことであった。

祐堯と用久の協力を得た忠国ではあったが、祐堯と和睦したことによって、父久豊の宿願でもあった山東河南の奪還は絶望、およそ百三十年後の天正五年に島津義久（本宗家十六代当主）が伊東義祐（祐堯の曾孫。日向伊東氏十一代当主）を日向国から追いやるまで、島津氏は山東河南を回復できないのである。その間、日向伊東氏の宗家は庶子家のみならず外戚の土持氏とそれらに連なる国人衆をも傘下に収め、山東を中心に日向国全域に勢力を広げていく。

忠国と用久は協力して北薩摩の渋谷四氏や牛屎氏、莫禰《あくね》氏ら国人衆の討伐に向かい二年後の宝徳三年（一四五〇）頃に、文安の国一揆、その鎮圧に成功する。

忠国は牛屎氏・莫禰氏らの所領を没収したが、渋谷四氏には重い段銭《たんせん》（税金）を課す一方で融和を図り、互いに契状を取り交わす。その際に邪魔になったのが文安の国一揆の盟主に担ぎ上げられた総州家忠長だ。忠長は祁答院虎居川（川内川かその支流であろうか）で溺死したとされるが、忠国に命じられたか、もしくは忠国の心中を察した虎居城主祁答院徳重《とくしげ》（祁答院氏九代当主）によって謀殺された可能性がある。

さらに、勢いに乗る忠国は肥後国内に攻め入り、文安の国一揆を支援した肥後の菊池為邦（菊池氏二十代当主）・相良長続《ながつぐ》（相良氏十一代当主）両氏と戦って勝利、相良氏からは父久豊が二十七年前の応永二十九年に前続に与えた山門院を取り上げた。

伊集院氏の凋落

守護忠国は、文安の国一揆鎮圧に東奔西走していた頃、薩摩半島中部の伊集院石谷村（鹿児島市石谷町）を、一族で旧来の領主町田高久（町田氏十二代当主）に与えた。石谷村は、三十三年前の応永二十四年に忠国の父久豊が伊集院頼久と和睦し、その条件として頼久の娘無染夫人が継室として久豊に嫁ぐ際に、頼久が与えた化粧料（持参金）であった。

この石谷村が（すでに無染夫人は亡くなっていたのだろう）町田高久に与えられたことに不満を抱いた伊集院熙久は宝徳元年（一四四九）、高久を居城の伊集院一宇治城に招き、妙円寺（日置市伊集院町）の山門付近で謀殺してしまう。これを知った忠国は激怒し、翌宝徳二年三月、一宇治城を襲撃。熙久は肥後国に逃亡する。以降、石谷村は町田氏の所領となり、一宇治城および伊集院領（日置市伊集院町など）は島津本宗家の支配下に置かれることになった。

伊集院氏の勢力は弱体化したが、熙久の弟伊集院倍久《ますひさ》（頼久の四男）は本宗家に従って宿老となり、孫の忠朗《ただあき》は島津氏の家老として薩摩・大隅の戦いで戦功を挙げて筆頭家老に、忠朗の子息忠蒼《ただあお》は筆頭家老を受け継いで島津氏による薩隅両国の平定に、忠倉の子息忠棟《ただむね》も筆頭家老として島津氏の領域拡大・九州平定（未完）に貢献、さらに忠棟は、島津氏の家臣にもかかわらず、その能力を高く評価されて関白豊臣秀吉から大隅国肝属郡（二万一千石）を、そして日向庄内（都城盆地〈八万石〉）を与えられるなど、伊集院氏は権勢の頂点をきわめることになる。

将軍義昭の悪夢再燃

薩州家用久と和解後の守護忠国は、父久豊に味方して和泉直久が三十三年前の川辺鳴野原の戦いで討死し、断絶して以降島津本宗家の管理下にあった薩摩国北西部の和泉郡（出水市）と相良・莫禰両氏から没収した山門・莫禰両院（用久により莫禰から阿久根に改称。阿久根市）などを文安の国一揆鎮圧に協力した用久に与えた。その用久は和泉直久の本拠だった出水亀ヶ城を居城とする。ただし忠国は、用久との関係を回復させたもののその傲慢・強圧的な振る舞いは相変わらずで、家臣団や国人衆との対立をより深めてしまうのである。

そうした状況の中で、将軍が義政に代替わりしたことにより、大覚寺義昭事件という悪夢がぶり返す。北郷持久が「義昭をかくまってその逃亡を幇助《ほうじょ》した」と言いがかりをつけられて、過去の責任を負わされることになったのである。幕府は持久の申し開き（義昭を自害に追い込んだ功績）を一切認めず、禰寝氏などに持久追討の指令を下す。事態を重くみた忠国は享徳二年（一四五三）、持久の居城都之城（宮崎県都城市都島町）を没収、その正室（和田匡盛《ただもり》の娘）の出身である和田正存の居城三俣院高城に閉居させることで、持久の助命ならびに幕府との折り合いをつけた。嫁の実家だ。さぞかし肩身が狭かったであろう。

持久は、曽祖父の北郷氏二代当主義久が、水島の変の起こった天授元年・永和元年に築城して庄内北郷（薩摩迫・都城市山田町）の居館から移り住んで以降、三代久秀、四代知久、そして自身と七十数年、住み慣れたその都之城を追われることになった。持久が閉居を許されるのは十三年後の寛正六年、このとき持久は薩摩迫の館に移り、応仁二年（一四六八）に、嫡男敏久（北郷氏六代当主）とともに安永城（庄内町）を築いて居城とする。しかし、持久は文明二年（一四七〇）に没してしまうため、持久自身の都之城への帰還はかなわず、敏久が都之城に帰還できるのは文明八年（一四七六）になってからのことになる。

忠国追放

長禄二年（一四五八）十二月四日、幼くして伊作家七代当主の座を継いだ犬安丸が、伊集院諏訪神社（日置市伊集院町野田）の祭典出席後、わずか十六歳の若さで急逝し、伊作家はお家断絶の危機に陥る。伊作家の家臣は、守護忠国の三男亀房丸（立久の同母弟）と犬安丸の妹を結婚させ、伊作家を継がせることを忠国に要請したが拒否された。そこで家臣らは、亀房丸を拉致して（穏やかではないが）家督に立てたという。これが伊作家八代当主島津久逸《ひさやす》である。

この長禄二年、薩摩国の国人衆が再び結束し〝武力こそ正義〟を信奉するかのように威圧的・独裁的な支配を続ける忠国を排除し、忠国の異母弟薩州家用久もしくはその嫡男国久を島津本宗家の当主に擁立しようとする動きが活発化する。翌長禄三年（一四五九）二月二十九日、薩州家用久が急死。享年五十九。忠国の次男立久は十月、薩州家二代当主となった国久や新納忠治（忠臣の嫡男。忠国の正室であり立久の生母心苹夫人の兄。新納氏四代当主）・樺山長久（樺山氏六代当主）らとともにクーデターを起こし、父忠国を強制的に隠居させて薩摩国南西部の加世田（南さつま市加世田）に追放、島津本宗家十代当主の座に就く。立久は急逝した用久の娘芳雲《ほううん》夫人（国久の姉妹）を娶るとともに、国久を養子に迎えて次期島津本宗家の当主に定めることで、領国内最大の権勢を誇る薩州家とその与党との妥協を図った。

新当主（守護）立久は、義兄の新納忠続（忠治の嫡男。正室は忠国の娘。新納氏五代当主）を日向国救仁院からその東方の飫肥院（宮崎県日南市・宮崎市南部）に所替えし、実弟伊作久逸を薩摩国伊作荘から、忠続の飫肥院と北接する日向国南端の櫛間院（串間市）に所替えする。日向灘に面する油津《あぶらつ》（日南市油津）や外之浦《とのうら》（南郷町）、志布志湾に臨む櫛間湊（串間市）は、遣明船や琉球渡航船の船籍地、さらに京へとつながる寄港地として重要な天然の良港だった。新納忠続と伊作久逸は従兄弟どうしでもあり、立久は二人が連携して南九州東岸域における海上交通の掌握ならびに伊東祐堯の南下に備えさせたのである。その期待に応えるかのように久逸は、のちに忠続の弟新納是久《これひさ》（忠治の三男）の娘常盤（梅窓《ばいそう》夫人）を嫡男善久の正室に迎えて結びつきを深める。また立久は、庶兄の島津友久に田布施《たぶせ》・阿多《あた》・高橋（南さつま市と日置市）などを与え、田布施に移った友久は田布施亀ヶ城（南さつま市金峰町）を築城して本拠とし、受領名の相模守から「相州家」を興す。

なお、立久は家督を相続した直後に朝鮮に遣使している。おそらく自身の家督相続の報告と貿易継続を要請するためであろう。

立久による平和への模索、京の新たな騒乱

守護立久は寛正三年（一四六二）、反島津国人衆の討伐を進めるため、市来久家（家親の子。市来氏十二代当主）・忠家父子の居城市来鶴丸城（日置市東市来町）を攻め、市来父子を討ち取った。市来氏初代当主政房が宝亀年間（七七〇〜七八一）に市来院（いちき串木野市および日置市東市来町）に下向して以降、およそ七百年続いた市来氏は、この久家の代で没落して嫡流家は絶える。立久は市来鶴丸城とその所領の市来院を守護家（島津本宗家）の経済基盤充実のため直轄領とする。

寛正四年五月三日、清水《しみず》城で立久と側室茂山《もさん》夫人（梶原弘純の娘）との間に嫡男忠昌が誕生する。忠昌はのちに島津本宗家十代当主に就くが、父立久が薩州家用久の嫡男国久を養子にしていたことで、五歳になると喝食として立久が建立する市来院の龍雲寺《りゅううんじ》（東市来町長里）に入ることになる。

立久は寛正五年（一四六四）四月、島津・伊東両勢力圏の境界に位置する鵜戸山（鵜戸神社・宮崎

島津氏略系図（六）

⑧久豊（元久の異母弟）―⑨忠国（久豊の嫡男）

├⑩立久（忠国の嫡男）―⑪忠昌（立久の嫡男）
│　├⑫忠治（忠昌の嫡男）
│　├⑬忠隆（忠昌の次男）
│　└⑭勝久（忠昌の三男）
├友久（忠国の庶長子。「相州家」初代当主）―運久 一瓢斎（友久の嫡男。相州家二代当主）―忠良 日新斎
├久逸（忠国の三男。「伊作家」八代当主）―善久（久逸の嫡男。伊作家九代当主）
│　└忠良 日新斎（善久の嫡男。伊作家十代当主。運久の養子として相州家三代当主を兼ねる）→忠良
└忠弘（忠国の七男。給黎〈喜入〉郡を与えられて「喜入氏」を名乗る。もしくは五代・曽孫の島津季久から名乗る。本宗家二代当主忠時の四男で忠経の嫡男宗長が興した給黎氏は不明。おそらく没落してその所領の給黎郡は本宗家の直轄領になっていたと思われる）―頼久（忠国の八男。喜入氏二代当主）
　　└忠誉（忠弘の嫡男。喜入氏三代当主）―忠俊（忠誉の嫡男。喜入氏四代当主）

県日南市宮浦）で伊東祐堯と会見し、立久の父忠国と祐堯の父祐立が十六年前の文安五年に結んだ和睦を確認後、改めて和睦し、用久の娘芳雲夫人を喪っていたのであろうか、翌寛正六年（一四六五）二月には、鵜戸城で祐堯の娘鏡堂《きょうどう》夫人との婚儀を成立させて領国の安定化を図る（島津本宗家の当主が日向伊東氏から正室を迎えるのは祖父久豊に次いで二度目）。

京では十一月二十三日、八代将軍義政と正室日野富子との間に次男義尚《よしひさ》が生まれた。のちの九代将軍である。

文正二年（一四六七）正月十八日、京の御霊神社（上京区）で、畠山氏の家督をめぐって畠山義就《よしなり》（将軍義教を籤引きで決めた管領満家の孫）の軍勢とその従弟の畠山政長の軍勢が衝突（御霊合戦）。三月五日に改元されて応仁元年となる。五月二十六日には、細川勝元（管領持之の嫡男）が畠山義就に味方した山名宋全を襲撃（上京《かみぎょう》の戦い）。細川勝元を総大将とする東軍と山名宗全を総帥と仰ぐ西軍による、理由なき大乱「応仁・文明の乱」と呼ばれる騒乱が始まった。応仁二年（一四六八）十一月、西軍は将軍義政の異母弟足利義視（首を刎ね飛ばされた六代将軍義教の十男）を「新将軍」として擁立、以後「西幕府」と呼ばれるようになる。ここに八代将軍義政を擁する東軍と、義視を新将軍として担ぐ西軍、いわば幕府が東西に並立する状態に陥ってしまったのである。

幕府が東西に分裂したこの応仁二年、月日・生母ともに不明ながら相州家友久に嫡男運久《ゆきひさ》が誕生し、また、伊作久逸と正室常盤との間に嫡男善久《よしひさ》が生まれている。善久は成長して伊作家九代当主となり、のちに相州家二代当主となる運久は、若くして善久が殺害されると、その常盤を娶ることになる。

立久は文明元年（一四六九）に細川勝元の東軍に身を投じる。ただし、京へ出兵するのではなく、勝元の命を受けて、活発化し始めた琉球に行き来する船舶（堺や博多などの商人による琉球との私的な貿易船）の取り締まりなどにあたった。立久はおそらく、この文明元年に第一尚氏王統七代国王尚徳が病没した直後にクーデターを起こし、第一尚氏王統を倒した第二尚氏王統初代国王尚円に、私貿易船の取り締まりを要請する使節を派遣したのではないだろうか。これをきっかけとして、島津氏は琉球との直接交流および両国間の貿易いわば対等な善隣友好関係を築くようになる。

文明二年（一四七〇）正月二十日、追放・隠居の身に甘んじていた島津忠国（本宗家九代当主）が坊津一条院（南さつま市坊津町）で亡くなった。享年六十八。法名は大岳玄誉・深固院。受領名は陸奥守。墓碑は六角堂（加世田麓町）に、のちに鹿児島の福昌寺にも建てられた。

立久によって領国内の支配体制は安定化し、全国的に応仁・文明の乱による恒常的な騒乱状態に陥っていく中で、南九州に「平和」が訪れていたが、翌文明三年（一四七一）九月十二日、その島津領国を未曽有の自然災害が襲う。桜島が大噴火（文明の大噴火）を起こしたのだ。不吉な前兆である。

二　島津本宗家の暗黒時代

国中大乱

二年後の文明五年（一四七三）、桜島が再び噴火し、以降四年にわたって断続的に続く。大量の火山灰が北東方向の大隅国北部から日向国南部にかけての農地を襲い、多数の死者が出ただけでなく、その地域に所領を持つ領主や農民は困窮、所領争いや逃散が頻発する。

鹿児島で世情が不穏化し、治安も悪化していくさなかの文明六年（一四七四）四月一日、守護島津立久（本宗家十代当主）が病没する。享年四十三。法名は節山玄忠。受領名は陸奥守。遺体は自身が建立した龍雲寺に葬られ、墓碑ものちに福昌寺に建てられた。

島津本宗家の家督は、立久の養子となっていた薩州家国久が辞退したことで、龍雲寺で修行していた十二歳の源鑑が還俗して忠昌と名を改め、十一代当主に就いて薩隅日三カ国守護職を継承した。

文明八年（一四七六）二月、長びく桜島の噴火の影響もあって島津領国内で有力御一家の反乱が勃発する。薩州家国久や豊州家季久・忠廉《ただかど》父子、伯州家豊久らが守護忠昌に反旗を翻したのだ。これに反島津氏の日向国中南部の伊東祐堯《すけたか》、肥後人吉の相良為続（長続の三男。相良氏十二代当主）、為続の義父で大隅の国人菱刈道秀、さらに、ここぞとばかりに、抑圧されていた北薩摩の渋谷四氏（東郷・入来院・祁答院・高城）も加わり、「国中大乱」と呼ばれる事態となる。三月一日、いったんは停戦にこぎつけたが、その後、伯父の相州家友久も忠昌に反旗を翻したことで再び戦いが始まった。

弱り果てた忠昌は、反島津勢力の鹿児島侵攻が目前に迫った文明九年（一四七七）四月十九日、薩州家国久や豊州家忠廉（季久の嫡男。父季久は六月二十七日に病死。豊州家二代当主）、相州家友久、羽州家忠福（羽州家二代当主）、伊作久逸、新納忠続、樺山長久など有力御一家十人との間に「一家中《いっかち》一揆《ゆう》」の契状を取り交わして和睦を成立させる。つまり「共食いをしている暇はない。反島津勢力の反乱拡大を抑え込むには、我ら島津一族が団結してあたらねばならぬ」ということだ。忠昌の守護職としての地位が認められて有力御一家の協力も得られることになったが、一家中一揆という島津氏における「最高決議機関（合議・多数決）」の決定を尊重しなければならなくなった。守護としての専断権や成敗権、軍事指揮権、重臣らの権限も大きく制限された忠昌は、牙を抜かれた〝象徴的存在〟に祭りあげられてしまったのである（四年後の文明十二年十月にも再度交わされる）。

ここで守護島津氏領国内の島津一族と帰属する国人の呼称について説明しておこう。「御一家」は島津氏一族・庶子家（分家）で自身の城と所領を持ち（「一所持《いっしょもち》」という）、もっとも家格が高い。「御内《みうち》」は島津氏の譜代被官・直臣、または島津一族でも自身の城や所領を持たない者を指す。「国人衆・国衆」は非島津一族の有力国人で、平安末期以来の郡司や郷司などの荘官、または鎌倉期に地頭として南九州に移住土着した御家人（西遷御家人）らの後裔である。

南九州で一家中一揆の契状が交わされて国中大乱が収束した七カ月後の十一月、京では、劣勢にあった足利義視《よしみ》（義教の十男）が美濃国に下り、西幕府は解散。応仁元年以来十一年もの間ずるずると続いていた、京を焼亡させただけで勝者のいない「応仁・文明の乱」がようやく終結した。ただし、この内乱を契機とする下剋上の風潮が全国に広がり、国人衆が平然と守護大名に逆らい始めて収拾がつかなくなる地域が続出。以降百有余年、日本は「守護大名の時代」から群雄割拠の時代、すなわち自身の才覚によって敵地を略奪し放題の「戦国時代」に入る。

南九州戦国時代の開幕と琉球王府からの綾船

日向国でも同じような様相を呈し始める。文明十二年（一四八〇）、飫肥院の領主新納忠続が北上し、山東（宮崎平野）を支配する伊東祐堯の紫波洲崎城を攻撃、これに憤慨した祐堯は、十六年前の寛正五年に島津立久（本宗家十代当主）と結んだ和睦を破棄し、佐土原城（佐土原町）から南下、五十六年前の応永三十一年に島津久豊（本宗家八代当主）に奪われた、紫波洲崎城北西の加江田車坂城に攻め寄せた。その攻勢に圧倒された城兵が城に火を放って逃走したため、祐堯はさらに南下して内海峠城（内海）にまで軍を進めた。これによって南九州（薩隅日三カ国）の戦国時代が始まる。

こうしたキナ臭い時期ではあったが、慶事もあった。翌文明十三年秋、琉球王府から「綾船《あやぶね》」が派遣されてきたのである。綾船とは舳先に青雀黄龍を描いた華麗な装飾船のことで、善隣友好を願う第二尚氏王統二代国王尚真が、七年前の文明六年に島津本宗家の家督を継いだ忠昌に祝儀言上するため、派遣した使節船である。実際は、若い尚真の背後にあって神女《ノロ》の属する御内原《うーちばる》（後宮）の支配者にして絶大な権力を握る母后世添御殿《よそえうどぅん》（オギヤカ）が綾船派遣を決定したのであろう。ともあれ、これを端緒として琉球王府から綾船が、おもに新たな島津本宗家の当主就任のたびに派遣されてくるようになる。あくまでも善隣友好を願ってである。

伊作久逸の挙兵

新納忠続は二十六年前の長禄二年に日向国飫肥院に所替えされて以降、伊東祐堯の南下に備えていたが、同様に所替えされて南接する櫛間院の伊作久逸の勢力拡大を恐れ、文明十六年（一四八四）十月に久逸を旧領の伊作荘（鹿児島県日置市吹上町）に戻すよう守護忠昌に訴え出た。

忠昌はその訴えをいともあっさり聞き入れる。これに反発した久逸は十一月、日向真幸院（宮崎県南西部山沿い地域〈えびの市・小林市・高原町〉）の北原立兼《たつかね》（北原氏九代当主）や北大隅の菱刈氏重、豊後守護大友政親（大友氏十六代当主）に加え、あろうことか島津氏に敵対する伊東祐堯・祐国父子の支援を求めて忠昌に反旗を翻し、新納忠続の飫肥城を取り囲む。

豊州家忠廉は久逸と忠続間の調停を図ろうとして久逸のもとに向かったが、新納忠明（忠治の次男で忠続の弟是久の兄）に阻まれて失敗、それが返って「久逸に加担するためだ」と疑われて忠昌から離反、しかし薩州家国久らの説得に応じて忠昌に帰順する。

結果は、飫肥城を陥落させた久逸らの連合軍が、忠昌の居城清水城に攻め寄せるほどの勢いをみせたものの、豊州家忠廉らを率い病身を押して指揮を執った忠昌に惨敗、久逸は櫛間城に退いて降伏、忠続は飫肥城を回復する（伊作久逸の乱）。ただし、その飫肥城攻城戦の過程で、忠続方の伯州家豊久が十二月二十二日に討死し、翌文明十七年（一四八五）四月二十八日には、久逸方で七十七歳と高齢の伊東祐堯が急死。六月二十一日には、祐堯の嫡男伊東祐国（日向伊東氏七代当主）や北原立兼に加え、忠続の弟ではあったが、娘常盤の婿に久逸の嫡男伊作善久を迎えていたこともあって、久逸方の大将の一人となっていた新納是久が討死してしまう。

この混乱は北薩摩にも波及し、薩州家国久によって水引城（薩摩川内市御陵下町）を攻め落とされた城主高城《たき》重頼（高城氏十一代当主）が同じ渋谷一族の祁答院重度《しげのり》（徳重の子。祁答院氏十代当主）を頼って落ち延びたため、領主としての高城氏は滅ぶ（渋谷氏は東郷・祁答院・入来院の三氏となる）。ただ、重頼が祁答院氏の家老となったことで、高城氏は細々とではあるがその命脈を保つ。

忠昌は翌文明十八年（一四八六）十月、戦後処理をおこなう。櫛間城の伊作久逸と飫肥城の新納忠続をそれぞれの旧領である伊作荘（伊作亀丸城）と救仁院（志布志城）に戻し、櫛間・飫肥両城には、豊州家忠廉を大隅国帖佐郷（姶良市）から所替えして新城主とする。なお、忠廉の居城瓜生野《うりゅうの》城（胡麻ケ城・のちの建昌城。西餅田）はいったん廃城となったとも、弟忠明が継いだともされている。

島津本宗家、日向庄内を失う

長享三年（一四八九）正月二十七日、鹿児島の清水城で守護忠昌と天真夫人（大友政親の娘）との間に嫡男安房丸が生まれた。のちに島津本宗家の家督を継ぐ忠治である。

忠昌は十一月十九日、家老の村田経安を長らく交流が絶えていた京の近衛家のもとに遣わし、太政大臣政家（近衛家十四代当主）に香炉や唐紙、絹などを献上する。これ以降、長らく途絶えていた近衛家と島津氏の交流が再開されることになる。

明応元年（一四九二）九月二十三日、亀丸城で伊作善久（伊作家九代当主）と正室常盤との間に待望の嫡男が誕生した。幼名は菊三郎、のちに伊作家十代当主となり、相州家三代当主を兼ね、さらに島津本宗家の実質的な当主となる忠良《ただよし》である。

明応三年四月十八日、善久が馬の世話をめぐり馬丁に撲殺されるという一大事が起こる。二十七歳という若さであった。伊作家は善久の父久逸が健在ではあったが、重罪に問われなかったとはいえ謀反人のレッテルを貼られているため前面に出ることができず、善久の正室常盤が伊作家の当主名代とみなされるようになる。

この明応三年の夏、忠昌は一家中つまり島津氏の最高議決機関になんの相談もなしに、突如、大隅国中南部の肝付兼久・（肝付氏十四代当主）討伐に乗り出し、その本拠高山《こうやま》城（鹿児島県肝付町）を包囲した。

ところが、その肝付氏と重縁関係にある日向国志布志城の新納忠武（忠続の甥。新納氏七代当主）が、義父の日向都之城主北郷数久（敏久の嫡男。北郷氏七代当主）や北薩摩の祁答院重度、大隅の禰寝茂清（禰寝氏十二代当主）、日向南西部の北原兼蔵《かねくら》（肝付氏庶家）らと結び、忠昌に反旗を翻す。新納忠武と北郷数久は、庄内（都城盆地）南部の守護方最後の拠点梅北城（都城市梅北町）や大隅百引《もびき》城（鹿屋市輝北町）を、祁答院重度は守護直轄領の大隅蒲生城（姶良市蒲生町）を襲撃、騒乱は領国全体に広がっていった。

しかも、日向山東の伊東尹祐《ただすけ》（祐国の嫡男。日向伊東氏八代当主）が、九年前の文明十七年六月に討死にした父祐国の雪辱を果たして版図を広げるため、叔父の伊東祐夏を三俣院に派遣、庄内最後の守護直轄領三俣院高城を襲撃させた。手に余った忠昌は、義父の大友政親に和睦の仲介を依頼。翌明応四年（一四九五）十一月、忠昌が尹祐に三俣院一千町と三俣八城（三俣院高城・山之口城・野々美谷城・梶山城・勝岡城・下ノ城・松尾城・小山城）を譲渡することで和睦が成立し、伊東祐量《すけかず》が三俣院高城の城主として入った。

都之城南方の梅北城はすでに陥落し、城主羽州家忠福《ただよし》（有久の子。羽州家二代当主）が降伏していた。そのため忠昌は、日向庄内の拠点をすべて失うと同時に、一部の御一家だけでなく、守護家を支える家臣の御内とも敵対することになってしまったのである。肝付氏の本拠である高山城の包囲失敗、その代償はきわめて高いものとなった。

伊作家の苦悩

明応六年（一四九七）八月十四日、守護忠昌と正室天真夫人との間に忠治の弟にあたる次男百坊丸が生まれた。通称は又六郎。忠治の病没後に島津本宗家の家督を継ぐ忠隆である。

翌明応七年二月二十九日、島津本宗家を凌ぐほどの勢威を誇る薩州家二代当主国久が没すると、嫡男重久が家督を継ぎ薩州家三代当主に就いた。しかし、この相続をめぐって御家騒動が勃発、それが他の庶子家にまで波及する。

故伊作善久と正室常盤の次女（忠良の姉）は、薩州家の庶子昌久（薩州家二代当主国久の弟延久《のぶひさ》の子）に嫁いでいたが、昌久の弟が加世田別府城（南さつま市加世田武田）城主島津忠福《ただよし》だった。忠福は薩州家を継いだ重久に異議を唱え蜂起する。

激怒した重久が嫡男忠興を加世田別府城に派遣すると、忠福は善久の父伊作久逸に援軍を要請する。久逸は孫娘の婿の弟や伊作家の安泰を願い、その要請を快諾、還暦を迎えようかという老体に鞭打ち加世田別府城の救援に向かった。しかし、明応九年（一五〇〇）十一月十一日、久逸は忠興率いる薩州家軍との乱戦の中で討死。善久・久逸と相次いで当主を失い、御家断絶ともいえる危機的状況の中で、善久の未亡人常盤が実質的な伊作家当主としての重責を担うことになった。海蔵院（日置市吹上町）の住職頼増《らいぞう》に預けた善久の遺児忠良はわずか九歳。目に余る悪戯好きの乱暴者で手に余るため、常盤は甥の新納忠澄を呼び寄せて仏教・儒教・政治などを学ばせていた。

こうしたなか、伊作氏の血を引く島津御一家筆頭の、世継ぎのいない相州家二代当主運久（運久の父友久は忠国の庶長子で、善久の父久逸は忠国の三男であるため二人は従兄弟どうし）が、常盤を妻に迎えたいと申し出る。常盤は翌明応十年（一五〇一）、不肖の息子忠良を相州家の次期当主とすることを条件に運久に再嫁する。

島津本宗家当主忠昌の自刃

文亀三年（一五〇三）八月十八日、守護忠昌と天真夫人とのあいだに嫡男忠治と次男忠隆に続き三男官房丸が生まれた。のちに島津本宗家十四代当主となる島津勝久だが、三男ということもあり、幼少時は継嗣のいない頴娃《えい》城（南九州市頴娃町）城主頴娃兼心（頴娃氏三代当主）の養子となる。

翌永正元年、三俣院一千町を獲得した伊東尹祐が日向庄内全域の掌握を謀り、十一年前の明応四年に忠昌と結んだ和睦を破棄、都之城に向けて進軍する。その伊東軍を都之城東方の小鷹原（宮崎県都城市上長飯《かみながえ》町）で撃ち破った北郷数久は、父敏久（北郷氏七代当主）とともに都之城に拠り、年ごとに勢力を拡大させる尹祐の動きを防ぎ続けることになる。

永正三年八月、忠昌は肝付兼久を討伐するべく、再び大隅国に出陣、高山城北西側の柳井谷（肝付町）に本陣を定め、みずから陣頭指揮を執った。しかし十月十二日、またも新納忠武が志布志から高山城の背後に来援したため、撤退を余儀なくされてしまう。忠昌は当主として島津本宗家の弱体化に歯止めをかけるため軍事力を行使してきたが、それが逆に忠昌自身を追い詰めていた。忠昌は心身ともに崩れ去り、鬱病状態に陥っていく。

永正五年（一五〇八）二月十五日深夜、守護島津忠昌（本宗家十一代当主）は鹿児島の清水城で柱にもたれて座ったまま自刃。法名は円室玄鑒《えんしつげんかん》。官職は修理進《しゅりのしん》、受領名は陸奥守。墓碑は島津本宗家の菩提寺福昌寺に建てられた。

　国中大乱と呼ばれる島津本宗家の暗黒時代の中にあって、忠昌は三十四年もの間、その当主として政治・軍事に心魂を傾けたのみならず、学問の振興に力をそそぎ、応仁・文明の乱の混乱を避けて京から九州に下向してきた高僧桂庵玄樹や画僧の高城秋月（雪舟に師事）らを鹿児島に招き、朱子学の一派である「薩南学派」の基礎を築くなど、武闘派というよりは文人派であった。島津本宗家十二代当主の座は嫡男忠治が継承したが、名君と賛えられるに相応しいこの優秀な忠昌を失って以降は国中大乱どころか「薩隅日三州大乱」とも言える、より広範囲で慢性的な騒乱時代に突入し、また、琉球からの綾船派遣も途絶えることになる。

三　島津本宗家、奥州家から相州家に移行する

忠良の相州家相続

　永正七年（一五一〇）、十九歳になった伊作忠良は、十年前の明応九年に祖父久逸を薩州家の家督争いの中で薩州家忠興に討たれて喪っていたが、薩州家との関係を改善するため、仇敵であるにもかかわらず、薩州家重久の三女で忠興の妹（通称寛庭《かんてい》夫人）を娶った。

　そして二年後の永正九年三月二十四日、相州家運久は、父友久の所領の一つ阿多城（南さつま市金峰町宮崎）を占拠していた調所《ずしょ》恒房を攻めて奪い返し、愛妻常盤との約束を果たして相州家の家督と

領地を忠良に譲り、隠居して阿多城に移居して「一瓢斎《いっぴょうさい》」と号する。おそらく常盤も一瓢斎に従って阿多城に移ったと思われる。

二十一歳の伊作家十代当主忠良は、伊作亀丸城から相州家の本拠田布施亀ヶ城（金峰町尾下《おくだり》）に入城、島津御一家筆頭の家格を誇る相州家その三代当主を兼ねるとともに、本領の伊作（日置市吹上町）に相州家の所領である田布施・阿多・高橋（南さつま市と日置市）を併せ持ち、薩摩国中西部から南西部にかけて勢力を広げることになった。

貴久の誕生

永正十一年（一五一四）五月五日、田布施亀ヶ城で相州（伊作）家忠良と寛庭夫人との間に嫡男虎寿丸が誕生。のちに庶子家の身から島津本宗家の主となる貴久である。忠良は「薩摩の聖君」、貴久は「島津の英主」と賛えられ、父子は薩隅日三州大乱によって存亡の極みに達していた島津本宗家再興の祖となり、また貴久は、のちに戦国島津氏の全盛期を築く島津四兄弟（義久・義弘・歳久・家久）の父となる。以後、この系統が島津本宗家を継承していく。ゆえに、始祖忠久の生母宣秋門院丹後を島津氏の子孫繁の源泉すなわち元祖〝福マン〟として崇め奉るならば、常盤と寛庭夫人は島津氏再興の福マンと尊ばれるに相応しい女性（生母）である。

翌永正十二年八月二十五日、島津忠治（本宗家十二代当主）が、謀反を起こした大隅吉田城（鹿児島市東佐多町）城主吉田位清（正室が伊作善久と常盤の長女で忠良の姉。吉田氏五代当主）を攻めているさなかに陣没する。享年二十七。法名は蘭窓津友《らんしつしんゆう》。墓碑は津友寺（吉田町）に建てられたが、のちに福昌寺に移される。

守護忠治は、父忠昌同様に島津一族や国人衆による内乱に悩まされていたが、温厚かつ学問好きで『織鷹（しょくおうと読むのであろうか）秘訣集』を著し、幕命によって曽祖父忠国に討たれた大覚寺義昭の菩提を弔うために大興寺（鹿児島市稲荷町）を建立した。なお忠治は、伊東尹祐の娘玉蓮夫人を正室に迎えていたが（島津本宗家の当主が日向伊東氏から正室に迎えたのは高祖父久豊・祖父立久に続いて三人目）、子女はいなかったようである。おそらく忠治は、勢いを増すばかりの御一家・国人衆に対抗し、島津本宗家を立て直すために日向国南部を掌握した伊東氏の勢威を取り込もうとしたのであろうが、この婚儀が花を咲かせることはなかった。

島津本宗家十三代当主の座に就いた忠隆（忠昌の次男）が兄忠治の遺志を継ぎ、永正十四年（一五一七）二月に吉田城を攻め落とす。吉田位清は逃げ落ちる途中、薩州家忠興配下の島津安久（忠国の曾孫）に討ち取られてしまう。以後、接収された吉田城は島津本宗家の直轄となる。

兄忠治の遺志を果たした守護島津忠隆（本宗家十三代当主）ではあったが、永正十六年（一五一九）四月十四日、二十三歳で病没する。法名は興岳龍盛。遺体は龍盛院（鹿児島市）に葬られたが、墓碑は福昌寺にも建てられた。忠治と忠隆はともに数多の憂いを残したままこの世を去ったのではないだろうか。急遽、忠昌の三男で忠治・忠隆の同母弟にあたる、頴娃城主頴娃兼心の養子になっていた十七歳の勝久が、島津本宗家十四代当主ならびに薩隅日三カ国守護の座を継承することになった。なお、頴娃兼心の新たな養子には、頴娃氏の本家肝付氏から兼興の弟兼洪《かねひろ》（肝付氏十四代当主兼久の次男）が迎えられた。

ただし、島津本宗家はこの十年ほどの間に忠昌、忠治、忠隆と三代の当主が立て続けに死去したうえに、新たな当主勝久は十七歳と若年で、しかも他家の養子となっていたこともあって、政権基盤の心もとなさは隠せない。さらに、一家中一揆による締め付けによってその権力が抑制されているため、薩隅日三カ国守護（三州太守）とはいえ、その内情はかなり厳しいものがあったにちがいない。しかも勝久が、兄忠治と忠隆に仕えていた家老・重臣を排除して新たに編成し直したことで、直臣団が動揺・反発したため本宗家自体も大きく揺らいでしまう。

永正十七年（一五二〇）五月五日、忠良と寛庭夫人との間に次男菊寿丸が生れた。のちに実兄貴久の補佐として薩摩・大隅両国の各地を転戦する島津氏きっての武闘派忠将《ただまさ》である。

島津本宗家継承の混乱

大永五年（一五二五）十月五日、相州家一瓢斎の継室常盤（梅窓夫人）が五十四歳で病没。常盤は新納是久（伊作久逸の乱で討死）の娘で、良妻賢母として知られ、伊作善久の正室として産んだ嫡男忠良が伊作・相州両家の当主を兼ねるようにはからった。法名は梅窓院。遺体は義父友久の眠る常珠寺（南さつま市金峰町）に葬られた。

その四日後の九日、島津領国最大の勢力を誇り、島津本宗家の当主勝久の守護代でもある薩州家忠興が四十歳で病没する。家督は嫡男で十四歳の実久が継承し、薩州家五代当主となった。薩州家は薩摩国北西部の和泉郡・山門院（ともに出水市）を本拠とし、その西側の阿久根院（阿久根市）、南部の加世田（南さつま市加世田）、川辺郡（枕崎市・南さつま市の大部分・南九州市の一部・三島村・

十島村）、大隅国西部の帖佐郷（姶良市）など広大な領域を有していた。

この忠興の死により、島津御一家筆頭の相州家（伊作家）忠良と養父一瓢斎は、薩州家に替わって守護勝久の後見人的立場に立った。

薩州家実久は大永六年（一五二六）九月、守護職の簒奪をもくろんで勝久（正室が実久の姉）に背く。それに呼応した辺川《へがわ》忠直は帖佐郷に新城を築いて兵を置き、自身は帖佐城（姶良市鍋倉）に籠もった。

勝久は十一月、存亡の極みに達していた島津本宗家の補強ならびに動揺する直臣団を抑えるため、御一家筆頭の相州家忠良の嫡男貴久を養子に迎えることに決める。もちろん一瓢斎の強い後押しがあってのことだろう。

勝久の命を受けた忠良は十二月、帖佐城と新城を攻め落として辺川忠直を敗死させ、実久に派遣されてきた島津安久らも返り討ちにする。忠良は義兄島津昌久（正室が伊作善久と常盤の次女で忠良の姉）を帖佐城主として入れ、本拠伊作亀丸城に凱旋した。勝久はその恩賞として、伊集院熙久《ひろひさ》の肥後国への逃亡以降、島津本宗家の支配下にあった伊集院（日置市伊集院町）を忠良に与えた。

勝久は翌大永七年（一五二七）四月十六日、忠良から譲られた伊作亀丸城に移って隠居・剃髪する。

忠良は十八日、十四歳の貴久をともなって清水城に入った。貴久は島津本宗家十五代当主となり、薩隅日三カ国守護職も譲られた。それを見届けた三十三歳の忠良はただちに出家して「日新斎《じっしんさい》」と号し、貴久の後見役となる。ところが、本宗家の当主の座を狙う薩州家実久は、貴久による本宗家の家督継承に激しく反発する。

悔返し

翌五月六日、相州家貴久による島津本宗家の家督継承に反対していた加治木城主伊地知重貞・重兼父子や帖佐城主で日新斎の義兄島津昌久が、薩州家実久と結託して日新斎・貴久父子に反旗を翻す。しかし、ひと月後の六月七日、日新斎は加治木城を攻めて伊地知重貞・重兼父子を自刃させ、さらに帖佐城の昌久も討ち取った（正室の日新斎の姉と子どもらは一瓢斎のいる阿多城に移されたようである）。日新斎は、加治木城主に勝久の家老で相州家寄りの肝付兼演《かねひろ》（肝付氏庶流兼固《かねかた》の子）を据え、同じく重臣伊地知重辰を帖佐郷の地頭とする。なお、この地頭というのは鎌倉時代の地頭とことなり、本宗家直轄領の代官で、おもにその行政と軍事の指揮にあたり、指揮下には「衆」と呼ばれる本宗家の中・下級家臣が配置された。これを「地頭衆中制」という。

ところが、日新斎が鹿児島を離れ戦っている隙に、薩州家実久は家老川上忠克（次女が実久の継室）を伊作亀丸城で隠居中の勝久のもとに遣わし、守護職に復帰するように勧めていた。と同時に日新斎の所領伊集院一宇治城や守護直轄の谷山城（鹿児島市下福元町）を奪取し、一宇治城に家臣町田久用《ひさむね》（町田氏庶子盛久の子）を、谷山城には同じく家臣の禰寝播磨守を城代として据える。実久自身は清水城を取り囲み、貴久に守護職の返上を迫っていた。稲荷川河口の戸柱湊（春日町）に帰港した日新斎は、その知らせを受けて相州家の本拠田布施亀ヶ城に帰城する。

その頃、清水城内では、薩州家実久に呼応した旧勝久の家臣らが貴久襲撃を謀っていた。父日新斎との連絡を遮断されて窮地に陥っていた貴久は十五日、家臣園田実明の進言を受け入れ、数人の供回りだけをともない、夜陰に紛れて清水城を脱出。実久の追手をかわしながら甲突川《こうつきがわ》沿いの実明の所領小野村（鹿児島市小野）を経て、日新斎の待つ田布施亀ヶ城に落ち延びた。

実久に担がれた勝久は考えを改めて還俗。二十一日に伊作亀丸城から清水城に戻り、貴久との養子縁組を解消して薩隅日三カ国守護職の悔返しを宣言、島津本宗家当主とその守護職に復帰する。悔返しとは譲与した財産や所領を無効にして譲り主が取り戻すことを意味し、「御成敗式目」の中に規定されている武士の権利である。その勝久は、悔返しに反対して貴久の脱出に協力した家老土持政綱を殺害してしまう。

日新斎は七月二十三日、勝久に隠居城として譲り、勝久の家臣が守備していた伊作亀丸城を攻め、翌朝陥落させて自身の居城とする。その結果、島津本宗家・薩州家・相州家（伊作家）による三つ巴の騒乱となる。

享禄の和平会議と貴久の婚姻

享禄二年（一五二九）正月二十二日、島津氏と対立する薩摩虎居城（さつま町）城主祁答院重武（祁答院氏十二代当主）・良重《よししげ》父子が守護直轄の大隅国帖佐に侵攻。伊地知重辰を討ち取って帖佐城を占拠し、翌二十三日には北方の山田城（姶良市上名《かみみょう》）も陥落させて帖佐一帯を占拠する。

こうした騒乱が相次ぐ領国内の事態を憂慮し、この享禄二年の六月から七月にかけて大規模な和平会談（享禄の和平会議）が鹿児島で開催された。有力御一家の北郷忠相（日向国都城領主・北郷氏八代当主）、豊州家忠朝（日向国飫肥院および櫛間院領主・豊州家三代当主）は、新納忠勝（日向国志布志領主・新納氏八代当主）や樺山善久（大隅生別府《おいのびゅう》城主・日新斎の次女御隅《おすみ》が正室。樺山氏八代当主）、相州家の隠居一瓢斎、禰寝清年（大隅国禰寝院領主・禰寝氏十五代当主）、勝久の家老肝付兼演、国老本田董親《ただちか》（兼親の孫。本田氏十四代当主）、喜入忠誉《ただよし》（薩摩喜入領主・本宗家九代当主忠国の七男忠弘の嫡男。喜入氏三代当主）、肝付兼続（大隅高山城主・肝付氏十六代当主）ら薩隅日三カ国の各地を領有する錚々たる面々が守護勝久を諫め、日新斎・貴久父子と和解させようとした。しかし、いきさつはわからないが〝薩隅日三カ国和平〟はご破算となる。一同は憤慨もしくは落胆したままそれぞれの在所に戻るしかなかった。

享禄四年（一五三一）正月十五日、日新斎と側室桑御前《くわ》（上木貞時の娘）との間に、貴久と忠将の異母弟となる三男尚久（のちの宮之城家初代当主）が生まれた。八月二十三日、日新斎・貴久父子とその忠臣伊集院忠朗《ただあき》（肥後に逃亡した熙久の弟倍久の孫）は、薩摩半島南端部の揖宿（指宿市）・頴娃（南九州市頴娃町）の領主頴娃兼洪《かねひろ》と契状を交わして同盟する。

ただ、この同盟は力づくであった。かつて兼洪は、勝久が自身の養父頴娃兼心の養子だったこともあり、勝久に加担していた。日新斎は兼洪に鹿児島出府を命じたが応じないため、兼洪の居城頴娃城（頴娃町郡）を攻め立てた。落城間際に兼洪は家臣津曲道三《つまがりどうさん》の意見を入れ、嫡男稲千代（兼友）を人質に差し出す形で降伏していたのである。

貴久は清水城退去後ほどなく大隅の肝付兼続の妹を正室に迎えていたが、その正室は子をもうけることなく病没していた（兼続は日新斎と良好な関係をたもつため、日新斎の長女御南《おなみ》を正室に迎える）。その後貴久は、島津本宗家の忠治（十二代当主）・忠隆（十三代当主）・勝久と結んで勢力を伸ばしてきた渋谷三氏（東郷・祁答院・入来院）のうち、清色城主入来院重聡《しげふさ》（重豊の嫡男。入来院氏十一代当主）の娘雪窓《せっそう》夫人を継室に迎える。巻き返しに向けて布石を打つため、父日新斎が重聡と交渉して結実したのである。

日新斎にとってこの婚姻は、薩摩国北西部の和泉郡・山門院を本拠とし、南部の加世田や川辺郡を領有する薩州家の軍事力を南北に分断することができ、また、重聡としては、山間部の祁答院から川内川下流域（薩摩川内市中心部）への進出を果たすために薩州家と抗争を繰り広げていたこともあって好都合であった。

日向庄内三俣院の奪還

日向国南部では天文元年（一五三二）十一月、都之城主北郷忠相が娘婿の伊東祐充《すけみつ》（尹祐の嫡男。日向伊東氏九代当主）との同盟（九年前の大永三年の尹祐急死にともなって締結）を破棄、三俣院高城に向かった。目的は、島津忠昌が四十年前の明応四年に祐充の父伊東尹祐に割譲した庄内三俣院（一千町および三俣八城）を奪還するためである。

飫肥城主豊州家忠朝（正室が北郷忠相の姉）と飯野（宮崎県えびの市大河平《おおこうびら》）・志和池《しわち》（都城市上水流町）両城主の北原久兼（北原氏十一代当主）ら二万の軍勢から成る連合軍と、三俣八城の伊東軍が、三俣院高城外西側の不動寺馬場で白兵戦を繰り広げた。連合軍は伊東軍を攻め立てて数百人を討ち取り、祐充に大打撃を与えた（不動寺馬場の戦い）。伊東軍は退いた社ヶ原《やしろがはら》でも敗れて北方の石山城（都城市高城町）に敗走する。忠相らの連合軍は八城のうち七城を攻略し、三俣院高城主伊東祐量《すけかず》を敗死させたものの、三俣院高城だけは落とせずにいた。

日向伊東氏略系図（二）

③氏祐—④祐安（氏祐の次男。娘の寿山夫人が島津久豊の正室）—⑤祐立（祐安の嫡男）

⑥祐堯（祐立の次男。娘の鏡堂夫人が島津立久の正室）

⑦祐国（祐堯の嫡男。佐土原城を支配下に置く）

⑧尹祐（佑国の嫡男。娘の玉蓮夫人が島津忠治の正室）

⑨祐充（尹祐の嫡男。正室は北郷忠相の娘）—⑩祐吉（尹祐の三男）—⑪義祐（尹祐の次男）

⑫義益（義祐の嫡男）—⑬義賢（義益の嫡男）—⑭祐兵（義祐の次男。初代飫肥藩主）

しかし、天文二年（一五三三）八月二十八日に祐充が二十四歳で早死にすると、家督継承をめぐって伊東家中に内紛が起こる。その影響で翌天文三年正月、新城主落合兼佳《かねよし》が北郷忠相に降り、忠相は都之城を嫡男忠親に譲ってその三俣院高城に本拠を移す。伊東家の家督は激しい内部抗争の末、祐充の同母弟祐吉（尹祐の三男）が継ぎ、その祐吉が急逝すると同じく忠充の同母弟義祐（尹祐の次男）が継承して十一代当主となり、その義祐が佐土原城（宮崎市佐土原町上田島）に入って以後、伊東氏の全盛期が築き上げられていくことになる。

貴久・忠将兄弟の初陣

一方薩摩国では、それより一年ほど前の天文二年（一五三三）二月九日、伊作亀丸城で貴久と雪窓夫人との間に嫡男虎寿丸が誕生していた。通称は島津本宗家当主代々の名乗りである又三郎、諱《いみな》は祖父と同じ忠良（天文二十一年〈一五五二〉六月に将軍義輝から偏諱を与えられて義辰と改名）。のちに祖父日新斎が「三州（薩隅日三カ国）の総大将たる才知人徳おのずから備わり」と評価したとされ、島津本宗家の当主・総帥として九州制覇に突き進む義久である。

満を持していた日新斎・貴久父子は薩州家実久への反撃を開始する。日新斎が目をつけたのは、自身の領する伊作亀丸城の北方わずか八キロにある南郷城（日置市吹上町）。城主桑波田《くわはた》栄景《ひでかげ》は薩州家実久有利とみて日新斎に背き、実久方に鞍替えしていた。

日新斎は三月二十九日、栄景が狩猟に出ている隙を狙い、わずかな手勢を率いて電光石火のごとく南郷城を攻略。貴久・忠将兄弟はこの戦いで初陣を飾り、日新斎は、南郷という地名を永吉《ながよし》に、南郷城を永吉城と改め、二人に守備を任せた。

驚いた清水城の守護勝久は八月、永吉城を奪還しようと、家老平田清宗を派遣する。だが清宗は、日新斎に背後から攻められて討死し、永吉城のみならず、十二月には薩州家領の日置郷（日置市日置町）も相州家の支配下に組み込まれてしまう。

勝久追放

尾張国では翌天文三年（一五三四）五月十二日、勝幡城《しょばた》（愛知県愛西市）で、幼少時は気性が荒く、奇妙奇天烈な振る舞いで〝たわけ〟〝大うつけ〟と陰口を叩かれながらものちに天下人となる織田信長が生まれた。父は織田家飛躍の基礎を築いた織田信秀、母はその継室土田御前。信長は義久の一歳下ということになる。

鹿児島では勝久が守護として清水城に復帰してからすでに七年が経とうとしていた。ところがその勝久は朝令暮改が多く、自儘に振る舞うため政務を執るには器量・力量不足とみなされ、その悪影響もあってであろう、清水城内では家臣らの諍いが絶えず混乱が続いていた。

こうした状況を危惧した直臣団は、勝久排斥の動きを活発化させる。家老川上昌久（川上氏十代当主）は十月二十五日、勝久を諫めるため、他の重臣十六人とともに勝久の奸臣末弘忠重を退けるよう進言する。それが聞き入れられなかった昌久は、忠重を殺害。〝昌久謀反〟と勘違いした勝久は恐怖に駆られ、継室天空夫人（すでに勝久の正室薩州家実久の姉は離縁されていたか、病没していたのであろう）の実家である大隅の禰寝清年（天空夫人の兄。禰寝氏十五代当主）を頼って逃走した。しかし、豊州家忠朝や新納忠勝の仲介で間もなく清水城に戻ることができた。

ところが、帰城した勝久は翌天文四年（一五三五）四月、末弘忠重を殺した川上昌久を大興寺（大覚寺義昭の菩提寺）で切腹させ、さらに昌久の居城川上城（鹿児島市川上町加栗山）を攻撃する。しかし、昌久の正室と嫡男川上久隅《ひさずみ》（川上氏十一代当主）らに撃退されてしまう。そこで勝久は、直臣団を押さえ込むため、本来なら敵である、大隅国帖佐一帯（姶良市）を押領した祁答院重武（祁答院氏十二代当主）や同じく横川（霧島市横川町）を席捲していた日向国真幸院の飯野城主北原兼孝（久兼の次男）に支援を要請。かたや勝久を見限った直臣団は、鹿児島南方の谷山城にあった薩州家実久のもとに走る。昌久殺害に憤慨した実久は、勝久の追放を決断する。

混乱する鹿児島をよそに、七月二十三日に薩摩国南部の伊作亀丸城で貴久と雪窓夫人との間に次男義弘が生まれた。通称は又四郎。のちに祖父日新斎が「勇武英略をもって傑出す」と評したとされるように、戦国時代屈指の猛将として〝鬼島津〟の異名で呼ばれる（内面は実直で思いやりのある典型的な武士）人物である。

八月に入ると、薩州家実久や川上久隈の軍兵が鹿児島に乱入、城下に火を放った。追い込まれた勝久は、清水城から北方の大隅国帖佐に逃れたが、ただちに反撃を開始、九月には、祁答院重武や肝付兼利らとともに鹿児島を奪い返す。ところが、薩州家の拠点の一つである谷山城に向けて兵を進める中で肝付兼利が討ち取られ、あえなく敗北する。

勝利した薩州家実久に対し、島津本宗家の直臣団や有力御一家の北郷忠相、豊州家忠朝らが支持を表明。勝久からも「御神判（起請文）」と「屋形」の称号を授けられ（実際は強要されて）、島津本宗家の家督と薩隅日三カ国守護職を継承する（ただしこの不都合な事実は、のちに日新斎・貴久父子によって島津氏の歴史から消し去られる）。勝久は包囲を解いてもらい、島津氏相伝の重宝や相伝文書を携えて鹿児島を退いて帖佐へ、そこからさらに北原兼孝を頼って真幸院般若寺に移り、御屋形実久は清水城に入った。

しかし、実久への譲渡を承服できない勝久は、貴久の義父入来院重聡を通じて日新斎・貴久父子と連携する。この提携は日新斎・貴久父子にとり、旧勝久家臣団をみずからの家臣団に取り込む好機となった。

反撃の狼煙

天文五年（一五三六）三月七日、勝久と協力関係を結んだ日新斎と貴久・忠将兄弟は、伊集院忠朗や日新斎の義弟で知覧城主の佐多忠成《ただなり》（正室が日新斎の妹。佐多氏八代当主。四代当主親久の頃に大隈佐多城から移る）とともに、薩州家実久に奪われた町田久用《ひさむね》が城代を務める伊集院一宇治城を取り戻す。日新斎は薩摩国南部の伊作亀丸城から、中部のその一宇治城に居城を移し、鹿児島奪還の拠点とする。

京では十日、十二代将軍義晴と慶寿院との間に、のちに十三代将軍となる嫡男義輝が東山南禅寺（左京区）で生まれている。のちに〝剣豪将軍〟と称される義輝は、これも同様にのちに鬼島津と恐れられる義弘の一歳年下ということになる。

一宇治城に入った日新斎と貴久・忠将兄弟は、城の周辺ならびに鹿児島へ通じる諸城の攻略に着手する。九月二十三日に大田原城（日置市伊集院町野田）、十一月二十八日に長崎城（土橋）、翌二十九日に神殿城《こうどの》（上神殿）の攻略に成功すると、石谷城（鹿児島市石谷町）の城主町田忠栄《ただえい》（町田氏十六代当主）は日新斎に寝返った。翌天文六年（一五三七）正月七日には、薩州家の武将肥後盛治の拠る竹之山城（伊集院町竹之山）や犬迫城《いぬざこ》（鹿児島市犬迫町）なども手中に収める。その破竹の勢いに圧倒された薩州家勢は、鹿児島の南方谷山城に退いた。

日新斎と貴久・忠将兄弟は鹿児島に凱旋、かつて奥州家の居城だった東福寺城に重臣村田経定を据え、守護所清水城にはあえて入城しなかった。代わりに、大隅国府（霧島市国分府中町）周辺を制圧中の本田董親《ただちか》を入れ、日新斎と貴久・忠将兄弟は伊作亀丸城に帰城する。

尾張国では二月六日、日吉丸《ひよし》（のちの豊臣秀吉。以下秀吉と表記）が愛知郡中村郷（名古屋市中村区）の貧農の子として産声を上げ、七月十日には、伊作亀丸城で貴久と雪窓夫人との間に、嫡男義久、次男義弘の弟となる三男歳久《としひさ》が生れた。のちに祖父日新斎が「終始の利害を察する智計は並ぶものがない」と評したとされ、兄の義久や義弘らとともに島津軍の軍師・参謀として九州各地を転戦する智将である。また、京では十一月十三日に将軍義晴の次男義昭《よしあき》が生れた。義昭は足利将軍家の継嗣として同母兄の義輝がいるため、慣例に倣って仏門に入り、覚慶と名乗って奈良興福寺の塔頭一条院門跡となる。歳久と秀吉、義昭は同い年ということになるが、奇妙なめぐり合わせの結果とでもいえようか、後年に至り、歳久は秀吉によって死に追いやられ、義昭は十五代将軍となったものの没落し、秀吉に従うことになる。

新納氏の没落

天文七年（一五三八）七月、薩州家実久と結んだ豊州家忠朝や北郷忠相、肝付兼続らは、実久の島津本宗家継承を認めずに勝久の復帰を画策する新納忠勝（忠武の子。新納氏八代当主）・忠茂父子の排除に乗り出す。豊州家忠朝、北郷忠相らの連合軍は、新納氏支配下の梅北城（宮崎県都城市梅北町）・龍虎城（鹿児島県曽於市財部町）・末吉城（末吉町）・松山城（志布志市松山町）・大崎城（大崎町）、安楽城（安楽）を相次いで攻略、新納氏の本拠志布志城（志布志町）に迫った。

新納忠勝は日新斎に加勢を依頼していたが間に合わずに降伏。嫡男忠茂は伊東義祐を頼って佐土原に亡命し、忠勝は次男忠常とともに、本拠の飫肥城を嫡男忠広に任せて志布志城に居を移した豊州家忠朝のもとに身を寄せる羽目に陥って一族は離散する。建武二年に新納氏初代当主時久が新納院高城（木城町）を築いて本拠に定め、その後、日向国大将畠山直顕にその新納院高城を奪われて南方の救仁院（志布志市）に本拠を移して以来およそ二百年続いた新納氏嫡流家は没落する。

ただし、忠勝の家臣新納祐久《すけひさ》（日新斎の生母常盤の父是久の曾孫。新納氏庶流）は、十三歳の子息忠元をともなって田布施に移り、日新斎の学問の師である叔父新納忠澄の助力を得て日新斎に仕えることになる。その忠元は戦国時代に入ると〝島津四勇将（他の三人は肝付兼盛・鎌田政年・川上久朗《ひさあき》）〟の一人として小柄ながらも島津軍きっての猛将に成長、島津本宗家の重臣として活躍することになる。

なお、新納忠勝の所領は、薩州家実久を支持する豊州家忠朝・北郷忠相・肝付兼続・禰寝清年・本田忠薫によって分割・併呑された。

日新斎・貴久父子の苦闘

新納氏が没落したことで、薩州家支持の御一家による次なる標的が相州家であることを察知していた日新斎・貴久父子は、薩州家実久との全面抗争を決意。最初の攻撃目標を薩州家の南薩摩における最重要拠点加世田別府城（南さつま市加世田武田）に定める。それには、薩摩半島南部の薩州家領川辺郡の制圧とその要港坊津の掌握、薩州家の本拠北薩摩につながる街道の遮断、さらには、日新斎の祖父伊作久逸《ひさやす》が実久の父薩州家忠興に討ち取られた雪辱を晴らすという意味もあった。

十二月二十八日夕刻、日新斎と貴久・忠将兄弟が率いる相州家勢は、伊作亀丸城から南進、加世田別府城に夜襲を仕掛けて翌二十九日早朝に落城させ、城将阿多飛驒守をはじめ多数の城兵を討ち取った。さらに、城の後詰めに駆けつけてきた大寺《おおてら》越前守および鎌田政真《まさざね》らに貴久・忠将兄弟が馳せ向かい、これを撃破（加世田別府城の戦い）。この勝利によって日新斎は、自領に南接する川辺郡全域を支配下に収めることに成功する。

川辺郡に属する硫黄島は硫黄の産地であり、坊津はその硫黄を明に持ち込む際の船載地とあって、薩州家の経済基盤は大きく揺らぐことになった。以後、日新斎は居を加世田別府城に移して薩摩国南部を、伊集院一宇治城を居城とする貴久は鹿児島およびその中北部を担当し、薩摩国内に散在する薩州家の拠点掌握に挑む。

同じ頃、薩摩半島南端部の有力国人衆頴娃兼友（兼洪の子）や喜入（鹿児島市喜入町）領主喜入忠俊（喜入氏四代当主）らが貴久に帰順する。

貴久は天文八年（一五三九）三月、守護所清水城南方の上之山（城山・鹿児島市城山町）に新たに築いた城砦に入る。すると、その城塞を攻めるべく、退いたはずの薩州家の軍勢が谷山城から北上。貴久は十三日、入来院氏・東郷氏・頴娃兼友・御一家の喜入忠俊らの軍勢とともに、谷山紫原《むらさきばる》で薩州家軍を迎え撃ち、禰寝播磨守ら数十人を討ち取った（紫原の戦い）。

貴久らは敗残兵を追ってさらに南進し、谷山にある薩州家方の三城に肉薄する。十四日、苦辛城《くらら》（皇徳寺台）の城主平田宗秀は、伊集院忠朗と北郷忠相の仲介を受け入れてみずから開城。城主禰寝播磨守を失っていた谷山城の城兵は神前城《こうさき》（和田町）に撤退したものの、神前城主薩州家忠悟《ただざと》および城代大野駿河守が二十四日に開城したことで、薩州家一族とその家臣は降伏する。

薩州家の勢力を鹿児島から駆逐したことで、それまで貴久による島津本宗家ならびに薩隅日三カ国守護職継承を認めずにいた勝久の旧家臣団が貴久支持にまわった。再復帰の望みを断たれた勝久は、生母天真夫人の実家である豊後の大友義鑑《よしあき》（天真夫人の従弟の子。大友氏二十代当主）のもとに亡命することになる。

薩摩統一

一方、薩摩半島南西端の加世田別府城にあった日新斎は、川辺古殿《ふるどの》（南九州市川辺町）に出陣、三月二十八日に薩州家支配下の川辺高城（野崎）を、翌二十九日には平山城（平山）を開城させた。

日新斎はさらに、薩摩国西端に残る薩州家最後の拠点攻略に向けて動く。貴久・忠将・尚久三兄弟をはじめ、貴久の義兄の入来院重朝（妹が貴久の継室雪窓夫人。入来院氏十二代当主）、樺山善久（正室が日新斎の次女御隅。樺山氏八代当主）、喜入忠俊、佐多忠成、頴娃兼友らを従え、肝付兼続や肝付兼演、禰寝清年、伊地知重武（伊地知氏八代当主）らの軍勢をも動員し、閏六月十七日に平之城（日置市東市来町）を落とし、串木野城（いちき串木野市上名）を包囲する。

だが、そのさなかの七月一日、日新斎の養父一瓢斎（運久）が病没する。法名は大年寺《だいねんじ》大年道登《だいねんどうと》。受領名は相模守。享年七十二。亡くなった場所はおそらく自身の隠居城阿多城ではないかと思われる。遺体は父友久と十四年前に亡くなった愛妻常盤が眠る相州家の菩提寺常珠寺に葬られた。

運久の喪に服すためであろうか、城攻めはおこなわれずに包囲だけが続いていたが、ふた月ほど経った八月二十八日、串木野城主川上忠克（川上氏庶流。次女が実久の継室）が開城、薩州家の本拠和泉郡に退去した。

日新斎は翌二十九日、貴久・忠将・尚久三兄弟や喜入忠俊、入来院重朝、種子島恵時《しげとき》（種子島当島主で種子島氏十三代当主）らを率いて一宇治城の北西六キロにある市来鶴丸城の攻略に取り掛かった。持久戦となったが、薩州家実久の実弟忠辰が討ち取られて孤立状態に追い込まれた市来鶴丸城の守将新納忠苗《ただなえ》と実久の叔父島津忠房が降伏（市来鶴丸城の戦い）。この勝利によって日新斎・貴久父子は、薩摩国中南部における薩州家の拠点のすべてを掌握したことになる。

さらに入来院重朝は、薩州家実久に奪われていた薩摩国北部の百次城《ももつぎ》（薩摩川内市百次町）を、九月には、島津忠治（本宗家十二代当主）から父重聰に与えられていたにもかかわらず、薩州家に実効支配されていた二福城（薩摩川内市隈之城町）の奪還にも成功、薩州家勢を川内川北部に追いやった。

貴久は再び島津本宗家の当主に返り咲き「三州太守」を自認するようになったが、豊後国に亡命した勝久に遠慮して島津本宗家の本拠清水城には入らず、改めて伊集院一宇治城を居城とする。

島津本宗家の家督をめぐる相州家と薩州家との抗争は、相州家日新斎・貴久父子の勝利に終わった。相次ぐ大敗により薩摩国北西端の本領和泉郡・山門院以外の城・領域を失った薩州家実久は、最後に残された出水亀ヶ城で、それなりに勢威をたもちはするものの逼塞を余儀なくされる。

日向国では天文十一年（一五四二）八月、伊東義祐・北原兼孝（北原氏十一代当主久兼の次男）連合軍が三俣院高城に再び攻め寄せたが、北郷忠相は嫡男忠親《ただちか》とともにその連合軍を挟撃、将兵数百を討ち取り撃退する（大楽合戦）。

この大敗以降、伊東義祐は三俣方面から完全に撤退して矛先を南に転じ、豊州家領の飫肥院攻略に全力をそそぎ、勢いに乗った北郷忠相・忠親父子は、北原兼孝から山田・志和池両城を奪取し、日向庄内（都城盆地一帯〈宮崎県都城市・三股町・高原町〉）を掌握してその最盛期を迎えることになる。

なお、この天文十一年十二月二十六日、三河国の岡崎城（愛知県岡崎市康生町）で松平竹千代（のちの徳川家康。以下家康と表記）が生れている。父親は存亡の危機にあった戦国大名松平広忠、生母は於大（のちの伝通院）。

鉄砲伝来

日本国内が戦国の世に突入したこの時代、世界はすでに、ポルトガルやスペインが牽引する「大航海時代」の様相を呈していた。両国はヨーロッパから西へ新大陸探しに出ると同時に、東のアジアにも探検隊を派遣、インドから東南アジアへと船を進めていた。

天文十二年（一五四三）八月二十五日、大隅半島の南東海上に浮かぶ種子島（鹿児島県種子町）の最南端門倉岬の小浦の浜に、台風の直撃を受けた一艘のジャンク船（明国の木造帆船）が座礁。乗り込んでいたポルトガル商人が鉄砲（火縄銃）を所持していた。興味を抱いた島主種子島時堯《ときたか》（恵時の嫡男。種子島氏十四代当主）は一行を引見、その威力に感嘆して鉄砲二挺を金二千両で購入した。時堯は鉄砲の製造を鍛冶屋の八板金兵衛に、火薬の製造を家臣篠川秀重に命じ、二人はおよそ一年で国産化に成功する。

まさにその頃であろう。鉄砲伝来の翌天文十三年五月、錦江湾口に位置する大隅国小禰寝（南大隅町根占）で、百隻以上のジャンク船に乗った中国人とポルトガル人との間に交易がらみの紛争が起こり、その鉄砲や火砲で多数のジャンク船が破壊され、仲裁に入った禰寝氏の家臣と思われる池端重尚《いけはたしげひさ》が流れ弾を受け死亡するという事件が発生する。

太守貴久は妹の御西《おにし》（日新斎の三女で御南と御隅の妹。時堯との間に生まれる次女妙蓮《みょうれん》夫人は日新斎の養女として貴久の嫡男義久の継室となる）が時堯に嫁いだことや小彌寝の騒動を知って、いち早く新兵器鉄砲の導入に取り組み、他の戦国大名に先駆けて鉄砲隊を組織する。その後鉄砲は、近江国国友村（滋賀県長浜市）や和泉国堺、紀伊国根来《ねごろ》村（和歌山県岩出市）などで大量生産されるだけでなく、今井宗久《そうきゅう》などの堺商人とつながる南蛮人（東南アジア経由で来日するポルトガル人やスペイン人）やマカオなどから渡来する東アジアの武器商人によっても持ち込まれる。諸国の戦国大名や国人衆が積極的に購入し、それまで弓箭や槍、刀が主体だった合戦のあり方を根本から覆すことになる。

貴久、晴れて島津本宗家の当主となる

天文十三年（一五四四）八月十五日、太守貴久の継室雪窓夫人が伊集院一宇治城で病没する。入来院氏出身の雪窓夫人は、日新斎に請われて貴久に嫁ぎ、〝島津四兄弟〟と呼ばれる貴久の子息のうち、長男義久・次男義弘・三男歳久の母となる。雪窓夫人が亡くなったとき義久は十一歳、義弘は九歳、歳久はまだ七歳だった。いまだ母が恋しい年頃である。どれほど辛かったであろうか。三兄弟は後年、一宇治城の北側に菩提寺千秋山雪窓院を建立して母の冥福を祈った。

ところが雪窓夫人の没後、兄の入来院重朝は謀反の容疑をかけられ、重朝は貴久に弁明したものの聞き入れられることなく出仕停止となり、さらに郡山城（鹿児島市郡山町）も没収されてしまう。これを恨んだ重朝は、同じ渋谷一族の東郷・祁答院両氏とともに貴久に反旗を翻すことになる。

天文十四年（一五四五）正月、日向国南部では矛先を南に向けた伊東義祐と豊州家忠広（忠朝の嫡男。豊州家四代当主）との和睦交渉が決裂し、義祐の飫肥侵攻が本格化する。義祐は二月、飫肥城を西に見下ろす中ノ尾砦（日南市殿所《とのところ》）を攻略し、豊州家の本拠飫肥城に迫る。追い詰められた豊州家は、その出城である鬼ヶ城（東弁分）から撤退せざるを得ない状況に陥ってしまう。

追い詰められた飫肥城主豊州家忠広は三月、伯父の北郷忠相（妹が忠広の生母）やその長男忠親（翌天文十五年に忠広の養子となる）をともない、伊集院一宇治城を訪れて貴久に見参、参集してきた御一家・御内・国人衆とともに貴久を「太守」と仰ぎ、従うことを誓った。この豊州家忠広や北郷忠相・忠親父子による貴久の守護承認は、飫肥城に迫りくる伊東義祐に対し島津本宗家ぐるみで対処してもらう狙いもあったが、ともあれ、大永七年の勝久による「悔返し」から十八年、三十二歳の貴久

が、晴れて島津本宗家十五代当主ならびに薩隅日三カ国守護として承認・推戴されたのである。それにともない、奥州家二代当主島津元久によって百三十六年前の応永十六年に薩隅日三カ国の守護職が統一され、総州家から奥州家に移っていた島津本宗家が、奥州家から再び相州家に移行したことになる。なお、相州家の家督は貴久の実弟忠将が継承し、四代当主に就いたが、島津久長（本宗家三代当主久経の次男）に始まる伊作家は、継承者がいなくなったため廃絶された。

天文十五年十二月二十日、わずか十一歳の足利義輝が、父義晴から将軍職を譲られて十三代将軍に就任する。

四　終わりなき戦い

本田薫親の没落

天文十六年（一五四七）、月日不明ながら、義久・義弘・歳久の異母弟として、太守貴久と雪窓夫人没後に迎えた則室の橋姫（本田親康の娘）との間に四男家久が生まれている。のちに祖父日新斎が「軍法戦術に妙を得たり」と評したとされる、合戦上手な戦国武将に成長する貴久の末子である。

翌天文十七年六月、国分清水城《きよみず》（霧島市国分清水）城主本田薫親《ただちか》が、北西二キロに位置する支城の一つ大隅姫木城（国分姫城《ひめぎ》）に立て籠もった同族の本田実親を攻め立てた。籠城理由は無実の家臣を殺害するなど横暴な振る舞いが目立つ薫親の施政に抗議するためだったとされる。実親を救《たす》けるために貴久は、伊集院忠朗《ただあき》や樺山善久、佐多忠成らを派遣。北郷忠相は、孫時久の正室が薫親の娘という関係から薫親支援のために出陣したが、最終的には薫親と貴久の間を取り持って和睦させた。

だが薫親はそれをあっさり反故にする。そのため、八月に伊集院忠朗の攻撃を受け、継嗣親兼《ちかかね》とともに国分清水城を棄て、北郷忠相を頼って日向国庄内へ落ちていった。島津氏初代当主忠久に仕えて九州に下向した本田貞親以降、島津本宗家の守護代・国老を代々担ってきた本田宗家は、島津本宗家からの独立をもくろんだものの没落するハメに陥ってしまった（親兼の子公親《きみちか》の代になり島津義久から本田氏の惣領職を安堵されて国老となる）。

その後貴久は、交通の要衝であるこの国分清水城主に実弟忠将（相州家四代当主）を据え、南大隅の肝付兼続・良兼父子や日向山東の伊東義祐、日向国真幸院の飯野城主北原兼孝に対する備えとする。と同時に伊集院忠朗を大隅姫木城の城代に据えた。

肝付兼演と蒲生茂清の降伏

天文十八年（一五四九）五月、太守貴久は、薩州家実久に調略されて背き、島津本宗家直轄の吉田城（鹿児島市東佐多町）を攻撃した肝付兼演を討つため、伊集院忠朗や樺山善久、北郷忠相、菱刈隆秋らをともなって再び大隅加治木城（姶良市加治木町反土）を攻撃する。これに対し、北大隅の蒲生茂清（種子島氏十二代当主忠時の子で蒲生充清《みつきよ》の養子。蒲生氏十七代当主）や菱刈重猛《しげたけ》（菱刈氏十五代当主）、謀反の疑いで貴久に郡山城を没収されて反旗を翻した北薩摩の入来院重朝・重嗣父子、祁答院良重（重武の子。祁答院氏十三代当主）、東郷重治（東郷氏十五代当主）の渋谷三氏が救援に駆けつけ、矢の応酬と小競り合いが続いた。

十一月、伊集院忠朗の子息忠蒼《ただあお》が音を立てて吹き始めた北風に乗せて火矢を放つと、肝付方の陣屋が炎上。来援した軍兵が混乱している隙に島津軍が奇襲を仕掛けた。軍陣を乱された肝付兼演は敗退する（加治木城攻防戦）。兼演・兼盛父子は降伏・謝罪後に赦されてともに貴久に帰順、のちに本領の加治木の安堵のみならず、飫肥院楠原（宮崎県日南市楠原）なども与えられ、祁答院良重らと袂を分かつ。この加治木城攻めの際、南方の黒川崎における矢戦の応酬の中で、種子島時堯から貴久に贈られた「鉄砲（火縄銃）」を伊集院忠朗が日本で初めて使用したとされる（黒川崎の戦い）。

ザビエルとの会見

加治木城攻防戦のさなかの九月九日、太守貴久は戦場から引き返し、伊集院一宇治城に向かった。七月二十二日に坊津に上陸し、島津本宗家の菩提寺福昌寺に滞在中のイエズス会宣教師フランシスコ・ザビエルと会見するためである。

ザビエルは、パードレ（神父）のコスメ・デ・トーレスやイルマン（修道者）のジョアン・フェルナンデス、鹿児島出身のアンジロー、ジョアネ、アントニオの日本人三人をともない、ポルトガルのアジア支配の拠点、インド西岸部のゴアからやってきた。ザビエルは鹿児島の人々に歓迎されたという。すでに、国際的なにぎわいを見せて異国情緒漂う鹿児島では、南蛮人は珍しい存在ではなくなっていたのだ。

ポルトガルとの貿易を望んでいた貴久はというと、九月九日におこなわれた一宇治城におけるザビエルとの会見の席で、「臣下の中でキリスト教の信者になりたい者は許可する」とキリスト教に理解を示す。貴久は日本で最初にザビエルに宣教の許可を与えた戦国大名だったのだ。ザビエルは薩摩に十カ月ほど滞在、のちに日本人初のヨーロッパ留学生となる鹿児島のベルナルド（ザビエルが最初に洗礼を授けた日本人）などにもこのとき出会ったと伝えられている。

ザビエルはこの間、市来鶴丸城を訪れ、城主新納康久（日新斎の学問の師である忠澄の子）や家老ミゲル（日本名は不明）に歓待される。また、康久の正室や家臣など十七人が洗礼を受けたとされ、福昌寺の住職忍室とは熱心に宗教論争をしていたという。

しかし、仏教との軋轢が生じたことで貴久は、両者の対立を気遣って禁教の方針に傾いていく。

この天文十八年、男子のいない豊州家忠広が六十八歳で隠居し、養子となっていた四十五歳の北郷忠親（北郷氏九代当主）がその家督を継いで豊州家五代当主となったが、領有する飫肥を執拗に狙う伊東義祐との争いが激しさを増していた。

なお、北郷氏は忠親の嫡男時久が継承し十代当主となった。

日新斎の隠居

翌天文十九年（一五五〇）七月、ザビエルは日本国王（天皇）から布教の許可を得るため、アンジローを鹿児島に残し、太守貴久が用立てた船で肥前国平戸を経て応仁・文明の乱で荒れ果てた京へ向かった。ところが献上品を平戸に忘れてしまったザビエルは天皇への謁見をあきらめて周防国山口の大内義隆（義興の嫡男。大内氏十六代当主）、そして豊後国府内の大友宗麟のもとで、庶民のみならず、宗麟ら戦国大名さえも信者として獲得していくことになる。

貴久は薩隅日三カ国統一の本拠として、鹿児島清水城の南西に位置する海岸沿いに内城《うち》（御内・鹿児島市大龍町）を築いていたが、完成したため十二月十九日に伊集院一宇治城からその内城に本拠を移す。大隅国の掌握、さらには、日向国の平定に乗り出すための〝本営〟であり、貴久が戦国大名として飛躍する大いなる秋《とき》でもあった。だが、行く手には多くの敵対勢力が互いに結束して立ちはだかっているのだ。

貴久が内城に居を定めると、日新斎は加世田別府城で隠居生活に入る。ただ、政務の実権は握り続け、三州大乱によって絶えていた琉球を通じた対明貿易の再開や鉄砲の大量購入に心を砕き、家臣団の育成に励む。

また、薩摩半島中部を流れる万之瀬川に橋を架け、「麓」と呼ばれる、武家が居住する城下町を整備、養蚕などの産業も興している。さらに、神道・儒教・仏教に加え、中国の古典である四書五経にも通じていた日新斎は、家臣団の日常生活の規範となる「いにしえの道を聞きても唱えてもわが行いにせずばかいなし」で始まる「いろは歌」を考案した。

大内氏の滅亡・信長・秀吉・家康

天文二十年（一五五一）九月一日、周防の大内氏の居館（山口市大内御堀）では、大内義隆の重臣で周防守護代陶晴賢《すえはるかた》が謀反を起こし、義隆とその一族を逃げ落ちた長門大寧寺（長門市）で殺害（大寧寺の変）。周防・長門・石見・安芸・豊前・筑前六カ国に覇を唱えた大内氏は事実上滅亡する。

翌天文二十一年三月、尾張国では、末森城（名古屋市千種区）の病床にあった織田信秀が亡くなり、〝美濃のマムシ〟斎藤道三（美濃守護）の娘濃姫を正室に迎えていた織田信長が家督を継いだ。十六歳になった秀吉はというと、継父竹阿弥との折り合いが悪く、戦傷がもとで亡くなった実父弥右衛門の遺産の一部の一貫文（五万円）を母の仲からもらって家を出て、それを元手に清州城下（愛知県清須市）で木綿針を買い、針売り（ほぼ乞食同然）をしながら、駿河・遠江・三河三カ国を支配する〝海道一の弓取り〟今川義元の駿府城下（静岡市）をめざして東海道を放浪中だった。その駿府城では、十歳の松平家康が、家臣の岩松八弥に刺殺された父広忠の庇護者今川義元の命により、人質としての生活を送っていた。

貴久、修理大夫となる

天文二十一年（一五五二）六月十一日、三十九歳にして無位無官だった太守貴久は、将軍家の外戚で元関白近衛稙家《たねいえ》（政家の嫡孫。妹の慶寿院《けいじゅ》は十二代将軍義晴の正室で十三代将軍義輝と十五代将軍義昭の生母。近衛家十六代当主）の仲介により、従五位下修理大夫（忠国・勝久が任官。島津本宗家の当主が任官される官職とされる）に叙位・任官された。その半月後、同じく稙家のはからいにより、嫡男義久（当時は父と同じ忠良）が将軍義輝から偏諱《へんき》の「義」を与えられ「義辰」、のちに再改名して「義久」と名乗る（奥州家初代当主氏久が将軍尊氏から偏諱を受けて以来）。

天文二十二年閏正月、薩州家実久が将軍義輝に拝謁する。その後半年ほど京に滞在していたが、おそらく貴久に対抗するため、官位獲得工作をしていたのではないだろうか。だが、薩摩国に帰る途中で病を発症し、七月七日に本拠の出水亀ヶ城に帰り着いたものの二十二日に死去。享年四十二。薩州家の家督は嫡男義虎が継承し六代当主となる。義虎は父実久とことなり、島津本宗家と友好関係を結び、義久と正室花舜《かしゅん》夫人（祖父日新斎の四女で御南・御隅・御西の妹）との間に生まれた長女御平《おひら》をのちに正室に迎えることになる。

また、貴久の次男で十八歳の義弘はこの頃、北郷忠孝（忠相の次男）の娘と婚儀を挙げたようで、翌天文二十三年には、月日不明ながら長女御屋地《おやち》が生まれている。

岩剱城攻城戦

太守貴久の次の標的は、北方で領域が接する北大隅の蒲生範清（蒲生氏十八代当主）であった。範清は四年前の天文十九年に没した父茂清から家督を継いで以降、茂清とはことなり、貴久に敵対していたのである。

範清はこの天文二十三年九月、祁答院良重や入来院重嗣（重朝の嫡男・入来院氏十三代当主）、北原兼守（北原氏十三代当主）、菱刈隆秋と結び、貴久に寝返った肝付兼盛（父兼演は天文二十一年に没。正室は日新斎の三女で貴久の妹御西。種子島時堯と離縁していた御西は、この頃兼盛に再嫁したようである）の本拠であり、貴久の大隅進出の橋頭保でもある加治木城（姶良市加治木町反土）を攻撃する。島津方の肝付兼盛と、反島津方の蒲生・祁答院・入来院・北原・菱刈連合軍との間で戦いが繰り広げられた。城主兼盛が加治木城から打って出て奮戦したが、連合軍は城を包囲し肝付軍を締め上げた。

貴久は九月十二日、連合軍の攻撃の矛先をそらすため、加治木城の南西に位置する祁答院良重の築いた岩剱城（姶良市平松）攻めを決め、兼盛の救援を名目として出陣する。

祁答院領南端の岩剱城は、そそり立つ断崖上に築城された、まさしく天然の要害だった。城主祁答院良重と救援に駆けつけた蒲生範清の重臣西俣盛家が立て籠もり、内城から北進してきた貴久の島津軍を迎え撃った。

この戦いに貴久は父日新斎をともなったほか、実弟忠将、異母弟尚久（生母は日新斎の側室桑御前。薩摩鹿籠《かご》桜之城〈枕崎市佐倉山町〉城主）をはじめ島津一族一門の諸将を引き連れて臨んだ。嫡男義久、次男義弘、三男歳久にとっては初陣である。

貴久の軍勢は西側から城を取り囲み、十四日には、忠将が海路東方の脇元に上陸する。忠将率いる鉄砲隊が本格的に鉄砲を使うと、籠城軍も同様に鉄砲で応戦。その頃、手勢を率いて南方の白銀坂《しらかねざか》に着陣した義弘は、打って出る城兵をことごとく撃ち破っていた。守る祁答院良重や西俣盛家らは島津軍の猛攻に対し、城兵を指揮・鼓舞して奮戦する。岩剱城の苦戦を知った蒲生範清は、貴久の思惑通り加治木城の包囲を解いて岩剱城に駆けつけ、また、祁答院良重の嫡男重経も北方の帖佐城（姶良市鍋倉）から出撃した。

日新斎・貴久父子率いる島津軍は三十日、岩剱城北部の平松で蒲生・祁答院連合軍と激突。結果は、島津軍が祁答院重経や西俣盛家らを討ち取って連合軍を撃破。祁答院良重は帖佐城に逃げ去った。城将を失ったうえに援軍さえも潰走した岩剱城の残兵は孤立無援、夜陰に紛れて城から退散し、岩剱城は島津軍の手に落ちた（岩剱城の戦い）。

戦後、岩剱城に二十歳の義弘が城代として入り、その東麓に平松城（平松上星原）を築いて居城とし、蒲生城攻略の拠点とする。

貴久は翌天文二十四年（一五五五）三月、帖佐城に拠る祁答院良重を攻め立て、忠将・尚久兄弟もともに討ち入って奮戦、翌四月には良重をその本拠である薩摩国北西部の祁答院に敗走させた。貴久は大隅帖佐を直轄領として重臣鎌田政年をその地頭（荘園を支配させた鎌倉時代の地頭とはことなり、本宗家の直轄領の代官）とする。

安芸国では十月一日未明、毛利元就が、大寧寺の変で主家の大内義隆を自害させた陶晴賢の敵討ちを名目とし、嫡男隆元（毛利氏十三代当主）・次男吉川元春（興経の養子）・三男小早川隆景（興景の養子）以下二千の軍勢を率い、厳島の陶軍三万を奇襲して破り、晴賢を自刃させた（厳島の戦い）。この大勝により、安芸国の有力国人の一人でしかなかった毛利氏は、中国地方の覇者として不動の地位を確立していくことになる。十月三日、朝廷は各地で戦乱が頻発しているため弘治と改元する。

豊州家・北郷氏と肝付兼続の対立

弘治二年（一五五六）三月、帖佐城を掌握していた太守貴久は、その西方六キロに位置する蒲生範清の居城大隅蒲生城の攻略を本格化させる。貴久はまず、蒲生院と祁答院をつなぐ重要拠点で、祁答院勢が拠る松坂城（姶良市蒲生町）を攻めた。猛将義弘がみずから城内に攻め入り、矢傷を負いながらも陥落させると、貴久はただちに軍勢を南進させ、蒲生城を取り囲む。ところが、そこに北大隅の菱刈重豊・重猛兄弟が大軍を率いて駆けつけ、松坂城北方の北村に陣を敷いたことによって持久戦となった。

貴久が蒲生城を取り囲んでいるさなかの九月、日向国南部では、水ノ尾城（日南市宮浦）に進出していた伊東義祐が、豊州家忠親の領有する飫肥に侵攻して目井城（日南市南郷町）を攻略。翌弘治三年（一五五七）三月には東光寺砦（戸高）を築き、徐々に包囲網をせばめて飫肥城に迫りつつあった。

そうした緊迫した状況の中で、貴久にとって頭の痛い不測の事態が起こる。豊州家と北郷氏はともに長い間伊東義祐に対抗していたが、十九年前の天文七年に、義久の義兄肝付忠続（正室は日新斎の長女であり貴久の姉御南。二十二年前の天文四年には二人の間に嫡男良兼が生まれている。しかも、貴久の正室は二十歳で病没しているが忠続の娘だった）は豊州家や北郷氏らとともに新納忠勝との戦いに勝ち、その旧新納領を分割・併呑した。

その後も肝付忠続が勢力を拡大したことで薩州家領と領域が接するようになり、豊州家およびその父子関係にある北郷氏と一触即発の状態に陥っていたのである。

蒲生城攻防戦

太守貴久は四月、一年もの間蒲生城を取り囲み、菱刈重豊・重猛兄弟と対峙、ときには激しい戦いを繰り広げてきたが、ついに総攻撃に打って出る。隠居の身で六十六歳の日新斎までもが陣頭に立って指揮し、先陣を切った義弘が体に五本の矢を受けたまま奮戦するという激戦になったが、結果は島津軍が菱刈軍を撃退して勝利。菱刈重豊は自刃、重猛も降ったため菱刈軍は崩壊する（蒲生合戦）。

四月二十日、籠城していた蒲生範清は、初代舜清《ちかきよ》が保安四年に築いてから四百三十五年もの間、蒲生氏の居城だった城にみずから火を放ち、祁答院良重を頼って落ちていった（のちに貴久によって範清の祖父蒲生充清の孫清綱が家督を継いで蒲生氏十八代当主に就き、島津氏の家臣となる）。ところが、菱刈重豊に斬られた刀傷がもとで樺山忠副《ただそえ》（善久の嫡男。生母は日新斎の次女御隅で貴久の姉）が十五日、大隅長浜城（霧島市隼人町）で死去。二十一歳だった。家督は次男忠助が継いで樺山氏九代当主となる。

蒲生合戦の勝利により、天文十八年（一五四九）四月から九年もの間続いていた大隅国北西部の制圧戦が終結する。大隅国北西部を掌中に収めた貴久は、蒲生院を島津本宗家の直轄領とし、領域拡大の足掛かりとして譜代家臣の比志島国守（比志島氏庶子）を地頭とし、戦後の治安維持にあたらせた。蒲生範清との戦いに区切りはつけたものの、大隅国中部の肝付兼続、日向国山東の伊東義祐との戦いが始まるのだ。弘治四年（一五五八）二月二十八日、改元されて永禄元年となる。

豊州・北郷連合軍の大敗

改元からおよそ二十日後の三月十九日、太守貴久が危惧していた通り、豊州・北郷連合軍と勢力拡大にひた走る肝付軍が恒吉城（鹿児島県曽於市大隅町恒吉）南東の宮ヶ原（荒谷）で激突。北郷時久（豊州家忠親の嫡男。北郷氏十代当主）の叔父北郷久厦《ひさいえ》（忠相の三男）や北郷久親、石坂久武、豊州家忠親の重臣日置久範、平田宗仍《むねなお》・宗徳《むねのり》父子ら二百余人が討死し、豊州・北郷連合軍は肝属軍に大敗した（宮ヶ原合戦）。

十月二十三日、肝付忠続は大勝した勢いに乗じ、豊州家領の志布志に兵を進める。これを迎える忠親率いる豊州家軍は、重臣日置久岑《ひさみね》の奮戦によって辛くも肝付軍を退けたが、その久岑を戦死させてしまう。

豊州家にとってさらに悪いことに、翌十一月には、肝付忠続と結んだ伊東義祐が東光寺砦（宮崎県日南市戸高）から出陣、豊州家忠親の居城飫肥城を東に見下ろす支城新山城（星倉）を攻め立てた。救援にきた豊州家忠親の実弟で北郷時久の叔父北郷忠孝（忠相の次男・義弘の義父）や城主知覧忠幸らが敗死する。結果は新山城が飫肥城攻めの出城とされ、飫肥城西方の鎌ヶ倉にも新たな城砦を築かれたことで飫肥城は孤立してしまった。

少弐・菊池・渋川三氏の滅亡と大友宗麟の絶頂期

一方、九州北部の肥前国では翌永禄二年（一五五九）正月十一日、少弐冬尚《ふゆひさ》（少弐氏十七代当主）が自刃して少弐氏が滅ぶ。およそ百八十年前の天授四年・永和四年、九州探題今川了俊によって肥前に追いやられた少弐頼澄はその地で没していたが、少弐氏の家督は貞頼（病死）・満貞（討死）・教頼（自刃）・政資（自刃）・資元（自害）と合戦に明け暮れながらもかろうじて継承されていた。しかし資元の嫡男冬尚が、龍造寺隆信に居城の勢福寺城（佐賀県神埼市）を攻撃され、逃れた先の真正寺（神崎町城原）で命を絶ったのである。この冬尚の敗死によって、鎌倉時代初期に武藤資頼が大宰少弐に任じられ、その子息資能《すけよし》が少弐を称してから三百数十年、西九州に武威を誇った名門少弐氏の嫡流家は滅亡する。九州三人衆の一角が消滅したのだ。

かたや大友宗麟（豊後・肥後・肥前三カ国守護）は、五年前の天文二十三年に肥後の菊池義武（宗麟の叔父。菊池氏二十六代当主）を殺害、名門菊池氏を滅亡に追い込み、この永禄二年六月に豊前・

筑前・筑後三カ国つまり薩隅日を除く六カ国の守護職に補任され、さらに十一月には、周防の大内義隆（大内氏十六代当主）によって渋川義長が二十五年前の天文三年に自害に追い込まれて渋川氏が滅亡して以降不在だった九州探題にも任じられ、その絶頂期を迎えていた。

　この永禄二年、薩隅日三州大乱によって中断していた琉球王国と島津氏との交流が再開された。日新斎・貴久父子は三年前の弘治二年蒲生城の攻略以前に交流再開を求める使節を琉球王府に送っていたようで、それが実り、尚元王（第二尚氏王統五代国王）から貴久の島津本宗家当主就任を祝う綾船が派遣されてきたのである。以後、琉球・島津間の交流が再び始まる。

琉球王国における中継貿易の盛衰

　島津忠昌（本宗家十一代当主）に綾船を派遣した尚真王（第二尚氏王統三代国王）はその治世五十年のあいだ、中央集権体制を確立し、第二尚氏王統の基盤を安定させ、南は台湾に近接する与那国島から宮古・八重山の先島諸島、北は吐噶喇《とから》列島（鹿児島県十島村）北端の臥蛇島《がじゃじま》に至る琉球王国最大の版図（南北九百五十キロ）を実現していた。琉球の貿易船が東南アジア海域を駆けめぐる海洋国家琉球の黄金時代が築かれていたのだ。

　ところが、尚真王時代の後期には、すでに大航海時代にあったポルトガルやスペインが明の冊封下にある東南アジア海域の諸国・諸港市《こうし》国家を次々と占拠していた。しかも、明の海禁政策は有名無実化し、倭寇（大半が中国人の後期倭寇）と呼ばれる海賊集団が東アジア海域を荒らしまわり、明や日本、ポルトガル、スペインの貿易船による私貿易・密貿易が活発化し、対明朝貢貿易を主体とする琉球の中継貿易は衰退を余儀なくされていたのである。

尚真王の跡を継いだ尚清王（第二尚氏王統四代国王）の時代（種子島に鉄砲が伝来する十六年前の天文十二年〈一五四三〉）の琉球王府は、激しさを増す私貿易・密貿易競争になんら対抗策を見い出せずにいた。太守貴久に綾船を派遣した尚元王の時代にはすっかり覇気を失い、対明朝貢貿易で輸入した製品を日本を相手に売るのがせいぜいであった。

将軍義輝の和平勧告

日向国南部はどうなったのかというと、守護貴久が、孤立した豊州家忠親の居城飫肥城を救うため、義兄肝付兼続と義絶、対決姿勢に転じていた。貴久は永禄三年（一五六〇）三月十九日、次男義弘を豊州家忠親（忠孝の兄。豊州家五代当主）の養子とし、自身がもっとも信頼する伊集院忠朗と手勢を与え、忠親の援軍として飫肥城に派遣した。

その飫肥情勢の悪化を危惧した十三代将軍義輝は六月二日、貴久に対して伊東義祐との和睦を命じる御内書（幕府の公式な命令書である下文《くだしぶみ》・御教書に準じる将軍個人が発する私的命令書）を近衛稙家の添状とともに発給、上使として伊勢貞運《さだかず》を日向国に下向させた。

貞運は伊東義祐の言い分を聞いたあと、十月に日向・大隅国境に位置する大隅国末吉に入る。貞運と対面した貴久は七日、側近の新納忠元・義兄樺山善久（正室が貴久の姉御隅）・義弟肝付兼盛（正室が貴久の妹御西）を貞運との折衝にあたらせた。貞運は、争いの原因である、日明・南蛮貿易の要港油津・外之浦を有する飫肥を幕府直轄領にすることで両者の対立を棚上げすることを提案する。

幕府にとって誠に都合の良い、オイシイどころ取りの調停ではあったが、貴久は、㈠伊東氏に領土（豊州家の飫肥・北郷氏の庄内）を割譲しないこと、㈡和睦に九州探題大友宗麟を加えること、㈢伊東氏を末代まで日向国守護職に補任しないことを条件として提示し、幕府による飫肥の直轄領化を受け入れた。

貞運はこの条件を携えて伊東義祐を再訪し交渉にあたったが、軍事的優位にある義祐はそれを呑まず、義輝の和睦勧告は破綻する。この条件で和睦が成れば、貴久は領国内の平定事業に専念でき、大友宗麟も六カ国におよぶ領国経営に集中できるばかりか、両氏とも日の出の勢いにある伊東義祐から背後を突かれる不安を解消できるはずであった。

桶狭間の戦い

五カ月ほど前の五月十九日、尾張国では、清州城（愛知県清須市）から先頭を切って出陣した織田信長が、二万五千の大軍を率いて桶狭間（名古屋市緑区）に本陣を敷く今川義元をわずか一千にも満たない軍勢で奇襲、見事討ち取っていた（桶狭間の戦い）。この大雨の中の奇跡的な大勝利は信長の武名を天下に轟かせただけでなく、今川氏に西進・上洛を断念させ、さらに、信長による尾張国の平定そして美濃国制圧への道を開くことになった。また、木綿針売りをやめて信長に仕えて二年ほどの秀吉は、このとき足軽か足軽頭の一人としてその戦塵の中にあった。

今川義元の人質になっていた徳川家康はというと、今川軍の先鋒隊の一武将として桶狭間の北西に位置する織田方の丸根砦（大高町）を落城させ、人馬を休ませていたが、義元討死による今川軍の混乱・撤退に乗じ、父祖伝来の三河岡崎城に入城、自立への一歩を踏み出していた。

猛将忠将、討死する

将軍義輝の和平勧告が破綻したことで、大隅国では永禄四年（一五六一）五月十四日、伊東義祐と同盟関係にある肝付兼続が、錦江湾奥部に位置する島津方の廻城《めぐり》（霧島市福山町）に夜襲を仕掛けて奪い取った。

盲目の城主廻久元とその幼い嫡男頼貞が拠る廻城は、北郷氏の所領である北東の日向庄内に、豊州家の所領である東方の飫肥・志布志へ、島津忠将が統治する北西の国分清水城《きよみず》に、さらに、守護貴久の居城内城へと通じる主要街道の入口に位置していた。廻城攻略の目的は、貴久による北郷氏と豊州家への支援ルートを遮断し、伊東義祐による飫肥城攻略を側面から支援するためであった。

その廻城を奪い返すため、貴久は六月二十三日、嫡男義久や次男義弘、実弟忠将、異母弟尚久らを率い、さらに隠居の身で七十歳の日新斎までもが陣頭に立ち、総勢およそ五千で出陣する。日新斎・貴久・義久は廻城北東の惣陣《そうじん》ヶ丘に、尚久と貴久の四男家久は攻撃の最前線となる廻城南方の竹原山に、忠将は廻城南東の馬立《うまだて》と呼ばれる峰に陣を敷いた。

しかし、肝付兼続の娘婿で富田城（南大隅町）城主の禰寝重長や下大隅の伊地知重興らが廻城に来援する。七月十二日、その肝付・禰寝・伊地知の連合軍が竹原山に布陣する島津軍を襲撃。それを目にした忠将は、家老町田《まちだ》忠林《ただとき》（久用《ひさむね》の子）の懸命の制止を振り払ってわずか数十騎で救援に向かった。その勇姿は怒気を漲《みなぎ》らせた武神そのものであった。だが、雲霞のごとく押し寄せる連合軍に突撃、激闘・奮戦もむなしく討死する。熱い男、熱すぎてその熱を自身でコントロールできずに焼かれてしまったのだ。初陣以降、数多の戦をともにした貴久より六歳年下の猛将島津忠将は四十二歳。弟の死を知った貴久は総掛かりで奮戦したが敗北に終わる（廻城合戦）。なおこの戦いで、貴久の四男で十五歳の家久が、敵将工藤隠岐守を槍で討ち取って初陣を飾っている。

豊州家の凋落

廻城の戦いにおける島津軍の大敗は、北から伊東義祐に、西からは肝付兼続に攻め立てられながらも飫肥城で孤軍奮闘している豊州家忠親に雷に撃たれたかのごとき衝撃を与えた。不死身のごとき忠将の討死に加え、大隅半島中南部の要衝のみならず、錦江湾の制海権をも依然として敵対勢力の手中にあるため、太守貴久による海上からの支援も受けられなくなってしまったからである。

そのため、貴久の命を受けた家老伊集院忠朗は、伊東義祐と豊州家忠親との和睦を働きかけてもらうよう、九州探題大友宗麟に依頼する。だが宗麟は、博多の支配をもくろんで大友領の豊前・筑前両国に侵攻してきた安芸の毛利元就と門司城（福岡県北九州市門司区）をめぐる戦いのさなかにあるため、豊州家と伊東氏の和睦に介入できるような状況にはなかったのである。

孤立無援の豊州家忠親は、「これ以上の戦闘継続は困難」とみて、みずから伊東義祐との和睦協議に入る。その結果、忠親が飫肥城の曲輪の一つ宮ノ城を伊東氏に割譲することで停戦が成立した。ところが十一月、伊東義祐が宮ノ城のみならず本城の飫肥城も明け渡すよう要求。一歩退けば二歩も三歩も踏み込まれるのは世の常である。飫肥城の守備を任されていた貴久の次男義弘は、意に反して薩摩国に引き揚げることになり、豊州家忠親との養子縁組も解消となった。義弘は正室（北郷忠孝の娘）との間に長女御屋地をもうけていたが、その正室とも離縁（のちにこの正室は北郷氏十代当主時久に嫁ぐ）、この頃良好な関係にあった相良義陽《よしひ》（義晴の嫡男。相良氏十八代当主）の異母妹亀徳《かめとく》を継室に迎えることになる。

豊州家忠親は翌永禄五年（一五六二）二月までに飫肥城から退去し、五月には伊東義祐への引き渡しが完了、義祐の次男でわずか十歳の祐兵《すけたけ》が城主として入城する。しかしその五月に入ると、豊州家忠親にさらなる不運が重なる。日向国松山（志布志市松山町）に侵攻してきた肝付兼続に迫られ、志布志城を明け渡さなければならなくなったのである。「水に落ちた犬は叩け」のごとき追い打ちで志布志城を掌中に収めた兼続は、肝付氏としては最大の領土を形成することになった。逆に、豊州家の所領は志布志城東方の櫛間院（串間市）と飫肥城南方の飫肥南郷（日南市南郷町）のみとなってしまった。

五　薩摩・大隅両国の統一

日向北原氏の没落

廻城を奪われたうえに、実弟の相州家忠将をも喪って苦衷の底にあった守護島津貴久と、飫肥城ばかりか志布志城まで手放すことになった豊州家忠親に思わぬ好機が訪れる。

忠親が飫肥城から退去する直前の永禄五年正月初め頃、北原兼守（北原氏十三代当主）が病没し、

相良氏略系図

長氏④（頼俊の嫡男。鎮西探題滅亡に参加）―頼広⑤（長氏の嫡男）―定頼⑥

前頼⑦（定頼の嫡男。野々美谷城で討死）―実長⑧（前頼の嫡男）

前続⑨（実長の子。正室が島津忠国の妹生円院）―堯頼⑩（前続の嫡男。十六歳で死亡）

長続⑪（相良氏庶子）―為続⑫（長続の三男）―長毎⑬（為続の嫡男）―長祇⑭（長毎の嫡男）

長定⑮（長続の孫）―義滋⑯（長祇の兄）―晴広⑰（義滋の養子）

義陽⑱（晴広の嫡男。妹の亀徳は一時島津義弘の継室）―忠房⑲（義陽の嫡男。早世）

頼房⑳（義陽の次男。肥後人吉藩初代藩主）

その後嗣をめぐって兼守の正室麻生の父伊東義祐が介入。北原氏の支配領域は日向国南西端の真幸院（宮崎県南部山沿い地域。えびの市・小林市・高原町）から霧島山を挟んだ西側の大隅国吉松・栗野（鹿児島県湧水町）、横川（霧島市横川）、踊（牧園町）にまで広がっていた。義祐はその北原氏の家督と所領に狙いを定め、飫肥城からも兵を繰り出し、北原一族や重臣らの反対勢力を粛清したうえで所領の乗っ取りに掛かっていたのである。

義祐は正月二十二日、北原氏の家督継承者と目されていた北原兼孝（兼守の叔父）を誘殺、後家となった娘の麻生を北原一門の馬関田《まんがた》城（えびの市西川北）城主馬関田右衛門佐に再嫁させ、北原氏の家督とその所領を手中に収めることに成功する。

豊州家忠親は九月、飫肥城の守りが手薄になった隙を突いて夜襲を仕掛け、飫肥城と西方五キロにあるその支城酒谷城を奪還する。飫肥城を明け渡してからわずか七カ月であった。

一方、肥後人吉城主相良義陽に庇護されていた北原兼親（北原氏八代当主貴兼の玄孫）は、義陽や島津貴久、北郷時久らの支援を受けて横川城や馬関田城などを攻略、一度義祐に奪われた旧領を取り戻し、飯野城（えびの市飯野）に入城して北原氏十四代当主の座に就いた。義陽に攻められた右衛門佐は馬関田城から遁走。総大将として横川城を落城させた貴久の三男歳久は、四十五年前の永正十四年に島津忠隆（本宗家十三代当主）が接収して以降守護家の支配下にあった大隅吉田城（鹿児島市東佐多町）の城主を命じられて入城、肝付兼続や禰寝重長、伊地知重興ら大隅の国人衆らの侵攻に備えた。

だが、北原領を奪還された義祐も、おめおめと引き下がりはしなかった。義祐は島津氏の躍進に危機感を募らせる義陽と密かに結び、永禄六年（一五六三）に大明神城（えびの市大明司）を、翌永禄七年五月には今城《いま》（大河平《おおこうびら》）を攻め落とすなど、飯野城を除く真幸院一帯の再攻略に成功する。義祐の圧迫に対応策を見い出せぬ兼親は、家臣にも見限られ、領内経営は困難な状況に陥ってしまった。

これに危機感を覚えた貴久は、兼親に伊集院上神殿村《かみこうどの》（日置市伊集院町上神殿）三十町を与えて所替えさせたうえで、日向国で勢力を拡大する伊東氏への備えとして、平松城の義弘を飯野城主とする。義弘は、薩摩・大隅・日向・肥後四カ国の国境いわば島津氏の最前線飯野城を修復・補強すると同時に、その西方五キロに位置する断崖上に加久藤《かくとう》城（加久藤）を築き、家老川上忠智を城代に据えた。

この永禄七年三月十四日、将軍義輝の許可を得た関白近衛前久《さきひさ》（稙家の嫡男。近衛家十七代当主）の奔走により、修理大夫に任じられていた貴久が島津本宗家由来の陸奥守に、義久がその修理大夫に任官される。

将軍義輝殺害

永禄八年（一五六五）五月十九日、畿内に勢力を張る三好義継や三好三人衆（三好長逸《ながやす》・三好宗《そう》渭《い》・岩成友通）、松永久通らの軍勢一万が将軍義輝の二条御所（上京区）を包囲・乱入し、御所内に詰めていた将軍直属の奉公衆を討ち取った。剣豪将軍として知られた将軍義輝もみずから薙刀を振るい、さらに抜刀して斬って斬りまくって防戦したが、衆寡敵せず壮烈な死を遂げてしまう。享年三十。義輝の生母慶寿院は自害し、実弟の一条院門跡覚慶は興福寺内に幽閉された（永禄の変）。

その覚慶は、義輝の遺臣細川幽斎（藤孝）らの手引きによって七月二十八日深夜に興福寺からの脱出に成功し、奉公衆の一人和田惟政《これまさ》の居城和田城（滋賀県甲賀市）に入った。身を落ち着けた覚慶は、越後の上杉謙信や三河の松平家康、安芸の毛利元就、薩摩の島津貴久・義久父子らに義輝の敵討ちや自身の上洛に尽力するように依頼する。

その後覚慶は、近江守護六角義賢を頼って琵琶湖南東岸の野洲郡矢島村（滋賀県守山市矢島町）に、さらに越前守護朝倉義景のもとに移った。この間、上洛して将軍に就くため還俗し、名を義秋そして義昭と再改名する。しかし、義景のもとでの上洛は成らず、のちに明智光秀の仲介を受けて信長を頼ることになる。かたや三好三人衆らは、阿波国平島（徳島県阿南市那賀川町）に逼塞していた足利義栄（十二代将軍義晴の異母兄義維《よしつな》の嫡男）を将軍候補に擁立していた。

貴久の出家と義久の家督相続

永禄九年（一五六六）正月、日新斎・貴久父子に抵抗し続けてきた祁答院良重が、虎居城（さつま町宮之城）の寝屋（寝室）で泥酔して寝入ったところを正室虎姫（薩州家六代当主義虎の姉）に刺殺された。虎姫も良重の小姓村尾重侯《しげあり》（のちに島津義弘の家臣となる）に屛風で押さえ込まれ、刺し殺されてしまう。理由はわからない。うがった見方をすれば、義久の長女御平を正室に迎えた兄義虎の立場を慮った（もしくは示唆された）虎姫が、島津本宗家に従わずにいる、粗暴でもともと夫婦仲のよくない良重を殺害したとも考えられる。当主を欠いた祁答院氏は、家老の大井実勝・高城重治・久《く》富木《ぶき》重全が連判し、祁答院領（薩摩川内市）すべてを同じ渋谷三氏の入来院重嗣（入来院氏十三代当主）に譲渡、祁答院氏は没落する。

太守貴久は二月、五十三歳で出家して「伯囿《はくゆう》」と号し、島津本宗家の家督と薩隅日三州太守の座を

歴代室町（足利）将軍

①尊氏―②義詮（尊氏の嫡男）―③義満（義詮の嫡男。優美で華やかな「北山文化」が栄える）

④義持（義満の嫡男）―⑤義量（義持の嫡男）―⑥義教（義満の子。首を討ち飛ばされる）

⑦義勝（義教の嫡男）―⑧義政（義教の庶子五男。義勝の同母弟。わびさびの「東山文化」が発達）

⑨義尚（義政の次男）―⑩義稙（義政の実弟）―⑪義澄―⑫義晴（義澄の長男または次男）

⑬義輝（義晴の嫡男。討死）―⑭義栄（義晴の異母兄義維の嫡男）

⑮義昭（義晴の次男で義輝の同母弟）

嫡男義久に譲って隠居する。島津本宗家十六代当主に就いた義久は三十四歳。

その頃、島津本宗家の支配下にあったのは、薩摩国中南部と大隅国北部、義弘の飯野城がある日向国真幸院西端部のみで、大隅国中南部は、高山城（肝付町）を本拠とする肝付兼続（正室が貴久の姉御南《みなみ》。肝付氏十六代当主）、小禰寝の富田城（南大隅町根占）城主禰寝重長（正室が肝付兼続の娘。禰寝氏十六代当主）、下大隅の垂水城（垂水市本城）などを本拠とする伊地知重興（重武の嫡男。伊地知氏九代当主禰寝重長の叔母を娶ったことで島津氏を裏切る）ら大隅の国人衆が連合し、島津氏と敵対していた。この肝付・禰寝・伊地知連合によって、大隅半島西沿岸域における制海権が握られていたため、島津本宗家は日向国南部に援軍を送れず、また、御一家で真幸院の北郷時久や日向国南東部の飫肥南郷（日南市・宮崎市南部）および最南端の櫛間（串間市）を領する豊州家忠親は、この三氏連合と結託した日向国山東の伊東義祐に圧迫され、孤立無援の戦いを強《し》いられていた。そのため伯囿（貴久）は、隠居後も新当主義久らを率い、領国とみなす薩隅日三カ国平定の指揮を執らねばならなかった。隠居したからといって安穏としていられる状況ではなかったのである。

十一月には、肝付兼続が没して嫡男良兼が家督を継いで肝付氏十七代当主となり、また、北大隅の菱刈重猛が三十五歳で亡くなり、重猛の嫡男重広が菱刈氏十六代当主となった。しかし、重広が幼少のため家督代に重猛の実弟隆秋が就いて対島津強行路線を引き継いだ。

中国路ではその十一月、毛利輝元（隆元の嫡男。隆元は永禄六年八月に死去。毛利氏十四代当主）が祖父元就とともに、長年の攻防の末に仇敵の尼子三兄弟（義久・倫久《ともひさ》・秀久）の月山富田城《がっさんとだ》（島根県安来市）を降し、領国の安芸・周防・長門に尼子三兄弟の領国である備中・備後・因幡・伯耆・出雲などを加え、西国随一の戦国大名となっていた。

また、三河統一を成し遂げていた家康は十二月、従五位下三河守に叙任され、ほぼ同時に近衛前久の斡旋によって松平から「徳川」に改姓した。

北大隅の菱刈氏を追い詰める

永禄十年（一五六七）が明けて早々、菱刈氏の実権を握った菱刈隆秋は肥後人吉の相良義陽や日向山東の伊東義祐らと結託し、再び反島津氏の狼煙を挙げる。祁答院良重刺殺を好機と捉えていた御居伯囿は、北大隅の菱刈院（伊佐市）侵攻を決断。八月には次男義弘の守る飯野城に入り、伊東義祐に奪われていた真幸院諸城の奪還が目的であるかのごとく装い、義祐が築いたばかりの小林城（小林市真方）を別動隊に攻撃させた。その隙に、白囿自身が総大将となって義弘や新納忠元、肝付兼盛を率い、密かに飯野城から険阻な般若寺越（鹿児島県湧水町）を通って西方およそ二十四キロにある菱刈院に侵攻した。十月二十三日、菱刈氏の支城馬越《まごし》城（伊佐市菱刈前目《まえめ》）に夜襲を仕掛け、翌二十四日には城将井手籠《いでかご》重猛《しげたけ》以下城兵ことごとくを討ち取って落城させた（馬越城の戦い）。

これに目を剝くほど驚いた菱刈隆秋は、本城の太良城（菱刈南浦）のみならず湯之尾城（菱刈北）・市山城（菱刈市山）・曽木《そぎ》城（大口曽木）・山野城（大口山野）・羽月城（大口下殿）、平和泉《ひらいずみ》城（大口平和泉）などの支城を放棄、相良義陽が支配する北薩摩の牛屎院（牛山院・伊佐市）の拠点で、その北方八キロに位置する大口城（大口里）に籠城する。

白囿と太守義久は馬越城に入り、接収した馬越城をはじめ各支城に、新納忠元らの直臣や肝付兼盛らの国人衆を、山野・羽月・平和泉の三城には薩州家義虎（正室が義久の長女御平。永禄九年、二人の間に嫡男忠辰《ただとき》が生まれている）を在番衆（守備勢）として配置した。だが、大口城に籠もった菱刈軍に後方から相良義陽が支援を続けたため、苦戦を強いられることになる。

この頃であろうか、義弘は、敵対することになった相良義陽の異母妹亀徳と離縁し、新たに継々室として宰相殿（実窓夫人・貴久（伯囿）が家督を悔返される直前の大永七年六月に、その貴久を清水城から無事に田布施亀ヶ城に送り届けた園田実明の娘）を娶り、長女御屋地とともに加久藤城に住まわせた。

天下布武

清州同盟（五年前の永禄五年正月十五日に織田信長と徳川家康間で締結）成立後の信長は、さらに、武田信玄の継嗣勝頼に姪の龍勝院を嫁がせて東方からの脅威を取り除いたうえで、八月十五日、攻めては負けを繰り返していた稲葉山城（岐阜市大宮町）を奇襲し、城下を焼き払って城を丸裸にし、城主斎藤龍興（道三の孫）を追い落とした（稲葉山城の戦い）。命拾いした龍興は北西の揖斐《いび》城（斐川町）に逃げ込んだ。正室濃姫の父であり自身の舅でもあった斎藤道三が築城した難攻不落の名城を奪い、美濃国を掌握した信長は、新たな支配拠点として居城をこの稲葉山城に移し、本格的に伊勢制圧に本腰を入れる。また、信長によって稲葉山城下一帯の地名である井之口が「岐阜」に改められたことにより、稲葉山城も岐阜城と呼ばれるようになった。さらに信長は、その余勢を駆って北伊勢支配に駒を進める。

信長はこの頃、足利義昭の上洛要請を受け、妹の市を北近江小谷城（滋賀県長浜市湖上町）城主浅《あざ》井《い》長政の継室として嫁がせ、浅井氏と同盟を結んだ。来るべき上洛に備えるためである。

十一月九日、正親町天皇からその信長に「決勝綸旨」がとどく。それは、信長の美濃攻略を称賛し、信長の武力行使・領土拡張を承認するとともに、尾張・美濃の禁裏御料所の年貢公事の徴収と上納や内裏の修復を命じていた。信長は正親町天皇の保護を大儀名分として上洛に向けて動き出す。この頃から信長は「天下布武」の朱印を使用するようになる。天下布武とは、武いわば徳をもって天下を統一するという意味。

日向伊東氏の最盛期

馬越城の落城によって太良・曽木・羽月などから菱刈軍が大口城に集結、その勢力は五千を数えるまでになっていた。翌永禄十一年（一五六八）正月二十日、その軍勢が羽月村堂ケ崎に出陣したとき、島津義弘に従う軍勢はわずか三百余。伊集院久治らの援軍が到着していないにもかかわらず、島津軍きっての猛将義弘は勇み立ち、廻城合戦で討ち死にした叔父忠将の影を追うように連合軍に突撃する。結果は火を見るより明らか、惨憺たる敗北に終わった。義弘は家老の川上久朗《ひさあき》（島津四勇将の一人）の奮戦によって九死に一生を得たが、久朗はそのときに負った傷がもとで死亡した（堂ヶ崎の戦い）。

その直前、日向南部では、肝付良兼（肝付氏十七代当主。庶流の兼演や兼盛は島津本宗家の家老）と結託している伊東義祐が、豊州家忠親の拠る飫肥城を再掌握するため、みずから二万の大軍の先頭に立ち、佐土原城を出陣。鬼ヶ城（日南市東弁分）に諸将を集結させ、篠ヶ峰城（吉野方）を本陣に定めて飫肥城を包囲していた。

父忠親の危機を知った都之城主北郷時久は、六千の兵を率いて飫肥西方の酒谷城に駆けつける。二月二十一日、豊州・北郷連合軍七千は、伊東軍二万と激戦を繰り広げたものの名だたる武将を討ち取られて大敗（小越の戦い）。その後も伊東軍による飫肥城の包囲が続いたため兵糧が欠乏、島津以久《もちひさ》（廻城合戦で討死した忠将の嫡男。正室が北郷時久の長女池上。国分清水城主）が救援に向かい、酒谷城に到着したが、その酒谷城も伊東軍に包囲されてしまう。

島津氏の総帥伯囿は、小越の戦いで豊州・北郷連合軍が壊滅的な大敗を喫したことや伊東軍の強力な包囲網を知り、豊州家忠親を救うために伊東義祐と和睦し、六月六日、飫肥・酒谷の両城を明け渡す。忠親は日向南部から撤退し、自身のかつての居城でもあり、嫡男北郷時久が本拠を置く西部の宮之城に退いた。

伊東義祐と肝付良兼は白囿との和睦によって得た豊州家領を分け合い、義祐は飫肥院（日南市・宮崎市南部）を、良兼はその南方の櫛間院（串間市）を領有することになった。宿願の飫肥城を掌握した義祐は次男伊東佑兵《すけたけ》を城主に据える。これにより義祐は、日向国内に居城佐土原城を中心とする、いわゆる〝伊東四十八城〟を構え、最盛期を迎えるのである。

織田信長の上洛

北伊勢の諸将を降して伊勢国北部を平定した織田信長は九月七日、越前朝倉義景のもとから岐阜城に迎えていた足利義昭を奉じ、尾張・美濃・北伊勢の軍勢に三河の徳川家康麾下の松平信一《のぶかず》勢と北近江の浅井長政勢を加えた、総勢五万を率いて上洛を開始する。

織田軍は十三日、京への道に唯一立ちふさがる、観音寺城（滋賀県近江八幡市安土）の六角義賢・義治父子を敗走させて南近江を制圧（観音寺城の戦い）。二十六日に入洛した織田軍は、畿内諸城を攻め落とし、三好三人衆を京から駆逐、半年ほど前の二月八日に十四代将軍に就任したばかりの足利義栄の拠点普門寺（大阪府高槻市富田町）周辺も焼き払う。その義栄は、阿波国へ逃避する途上に背中の腫物を悪化させて病没してしまう。

十月十八日、信長に推戴された足利義昭が十五代将軍に就任。これによって将軍義昭を擁する「織田政権」が成立する。

薩摩国全域を制圧

薩摩国では十二月十三日、大口城を攻撃中の島津一族・家臣団に衝撃が走る。島津一族の核にして聖君日新斎（忠良）が隠居城の加世田別府城で亡くなったのである。享年七十七。受領名は相模守。遺体は日新斎自身が再興した日新寺に葬られた（日新寺は明治の廃仏毀釈によって破却されるが、その跡地に竹田神社が創建され、日新斎は「日《ひ》新偉霊彦命《わかくしたまひこのみこと》」として祀られる。南さつま市加世田武田）。

日新斎は、島津本宗家の当主に就くことはなかったが、嫡男貴久（伯囿）を頂点に据えて島津一族・家臣団をまとめ上げ、弱体化しきって存亡の極みに達し、一時は薩州家実久に乗っ取られた島津本宗家を取り戻して復活させた、その存在はまさしく島津氏中興の祖であり、島津氏における「初代戦国大名」でもあった。日新斎の死により、伯囿・太守義久父子は大口城の菱刈隆秋との和睦を余儀なくされる。

ところが菱刈隆秋は、伯囿・太守義久父子と和睦したものの、甥の重広を奉じて島津氏への敵対姿勢を崩さずにいた。そのため義久は、末弟家久や新納忠元、肝付兼演らに大口城攻撃を命じる。

永禄十二年（一五六九）五月六日、家久は島津氏必殺のお家芸〝釣り野伏〟を決行。家久は、大野忠宗や宮原景種《かげたね》らの率いる伏兵（野伏）を戸神尾と稲荷山に潜ませる一方で、みずからはもっとも危険な囮となって荷駄隊を率い、音を立てて降りしきる雨のなか、大口城の東麓を通過する。それに気づいた菱刈勢が、家久の読みどおりに出撃してくると、忠宗と景種の伏兵が左右から挟撃、背後からも忠元と兼演の軍勢が討ち掛かり、その菱刈勢を殲滅する。

勢いを得た島津軍はその後も大口城を攻め続け、九月には、菱刈・相良の籠城兵が降伏（大口戸神尾の戦い）。隆秋は大口城から相良義陽の居城肥後人吉城に落ち延び、その後は相良氏の一家臣となったようである。大口城には島津氏の重臣新納忠元が入り、薩隅日肥四カ国の交通の要衝である大口・菱刈地域（伊佐市）を統治することになった。

義久は降伏した菱刈重広に本領の太良院と本城の曽木城を与えた。しかし重広は、五年後の天正二年、島津氏に対して異心を抱いた罪で曽木城を召し上げられ、伊集院神殿に移される。菱刈氏の始祖重妙《しげたえ》が建久五年に菱刈両院（太良院・牛屎院〈ともに伊佐市〉）に下向してから三百七十五年。北大隅に勢威を誇った菱刈氏は島津氏の軍門に降り、父祖伝来の地から離れていくことになる。渋谷五氏（東郷・祁答院・鶴田・入来院・高城）のうち、すでに鶴田・祁答院・高城の三氏が没落し、盟友ともいえる相良義陽も薩摩国牛屎院から人吉城に逃げ戻っている。

この時点で島津氏に抵抗する薩摩国内の国人衆は、東郷重尚（菱刈重広の叔父。東郷氏十六当主）と入来院重嗣（重朝の嫡男。叔母の雪窓夫人は白囿の継室。入来院氏十三代当主）の渋谷二氏のみとなった。

その入来院重嗣もこの永禄十二年十二月二十八日、東郷重尚を説得してともに義久に帰順する。二人は全領地を島津本宗家に進上したうえで降ったが、重嗣は本拠の入来院清色（薩摩川内市入来町）を、重尚も東郷（東郷町）をそれぞれ安堵され、以後は島津氏の家臣となる。鎌倉時代初期に下向して以降、島津氏に抵抗または帰順を繰り返してきた北薩摩の渋谷五氏のうち、最後に残った東郷・伊集院両氏も島津氏に従ったことで、薩摩国全域が島津氏によって掌握されたことになる。

一方、大口戸神尾の戦いで囮となって島津軍を勝利に導いた義久の末弟島津家久は、串木野（いちき串木野市）の地頭に取り立てられ、串木野城（上名）を本拠とした。さらに、入来院氏の所領だった隈之城（隈之城町）の地頭ならびに二福城の城主も兼帯することになった。

義久はというと、虎姫に刺殺された祁答院良重の次男重種や日向国飫肥院に出奔していた三男重加《しげます》を探し出して家臣とし、祁答院氏の家名を存続させた。重加は嫡流と認められたが男子に恵まれなかったため養子の重次（本田親紀の嫡男）が継ぎ、その重次にも男子がいなかったことで、養子の重房（谷山重政の子）が継ぐことになる。

大口戸神尾の戦いのあったこの永禄十二年、月日不明ながら義弘と宰相殿との間に長男鶴寿丸《かくじゅまる》が加久藤城で生まれている。

龍造寺隆信の台頭

島津氏の総帥伯囿が薩摩国を平定した頃、肥前国では、丹坂峠《にさか》の戦い（佐賀県小城市小城町）で島原の有馬晴純（有馬氏十一代当主）を破った龍造寺隆信が次々と国人衆を膝下に収め、その勢力を拡大させていた。大友宗麟は元亀元年（一五七〇）四月、勢力を拡大させるばかりの隆信を討滅するため、みずから六万の軍勢を率いて出陣し、筑後国高良山を本陣に定め、隆信の拠る佐賀城（佐賀市城内）攻めを開始する。ところが、五千程度の龍造寺勢に対し、佐賀城周辺で小競合いばかりが繰り返される状況に業を煮やした宗麟は、弟の大友親貞を佐賀城攻めの総大将とし、三千の軍勢を与えて派遣する。かたや佐賀城の隆信はわずか三百足らずの兵で籠城。佐賀城北方の今山（大和町）に先陣を構えた親貞は、総攻撃を八月二十日と決め、勝利の前祝いの酒宴を開く。ところがその二十日未明、隆信の家老鍋島直茂がその先陣を奇襲。酔って油断していた親貞は龍造寺四天王の一人成松信勝に討ち取られ、親貞軍は四散した（今山の戦い）。とはいえ、高良山の本陣は依然と圧倒的な兵力を温存していたため、隆信は十月に弟の信周《のぶちか》を人質に差し出して宗麟と和睦する。

ところが、したたかな隆信は、宗麟に従属する姿勢を見せながらも、この大友軍の侵攻に乗じて反旗を翻した近隣の国人衆を次々に討ち従え、さらに、肥前国平戸の松浦《まつら》鎮信《しげのぶ》・大村純忠（有馬晴純の次男。日本初のキリシタン大名。洗礼名ドン・バルトロメウ）・純忠の甥有馬晴信（晴純の孫で有馬氏十四代当主。ドン・プロタジオ）らを服属させ、肥前のみならず、肥後・筑後・豊前へも勢力を広めていく。

姉川の戦い・石山本願寺の挙兵

大友宗麟が高良山にあった四月二十日、織田信長・徳川家康連合軍が越前朝倉征伐に出陣していた。理由は朝倉義景が信長の再三の上洛催促を拒み続けたからだとされる。ところが織田・徳川連合軍が手筒山・金ヶ崎両城（福井県駿河市金ヶ崎町）を攻略し、一乗谷城（福井市城戸ノ内町）に拠る朝倉義景を攻撃しようとしているさなかに、妹の市を嫁がせて同盟していた浅井長政が、信長を裏切って反旗を翻す。長政は織田・徳川連合軍の背後を突くべく軍勢を率いて小谷城（滋賀県長浜市湖北町）を出陣し、北国街道を北上して近江国海津《かいづ》（高島市マキノ町）に軍勢を進めた。

形勢不利とみた信長は四月二十七日、正面の朝倉・背後の浅井両軍に挟撃されるのを恐れ、秀吉や明智光秀らに殿軍《しんがり》を命じ、琵琶湖西岸の朽木（朽木市場）を越えて一目散に京へ、そして五月二十一日に岐阜城に帰還する。秀吉はこの撤退戦で朝倉軍の追撃を見事に防ぎ止めた（金ヶ崎の《の》退き口・金ヶ崎崩れ）。

態勢を整えた信長は十九日、裏切った浅井長政に報復するため、岐阜城から出陣して長政の居城小谷城に攻め寄せた。長政は朝倉義景に援軍を要請。織田軍に徳川軍が加わったことで、織田・徳川連合軍と浅井・朝倉連合軍ともに一万三千。二十八日、近江国浅井郡姉川河原（長浜市野村町）で双方合わせて二万六千の軍兵による激戦が繰り広げられたが、徳川軍が伸びきった浅井・朝倉連合軍の側面を奇襲すると、真っ先に朝倉軍が、続いて浅井軍も敗走。織田・徳川連合軍が一千余を討ち取って勝利する（姉川の戦い。元亀・天正の争乱の始まり）。

薩摩国では六月十一日、串木野城で二十四歳の島津家久に嫡男豊久が生まれた。生母は樺山善久（正室が日新斎の次女御隅）の娘。のちに豊久は、朝鮮出兵（後述）で活躍し、関ヶ原の戦い（後述）では、島津義弘の身代わりとなって壮烈な死を遂げる勇将である。

信長は八月二十日、摂津国で野田・福島両城（大阪市）を築いて挙兵した三好三人衆を討つため出陣し、京を経て二十六日に天王寺に着陣にする。九月十二日、信長は四万の軍勢で野田・福島両城に拠る三好三人衆八千を包囲・攻撃した。そのさなかに、信長から石山本願寺の明け渡しを要請されていた顕如（本願寺十一世）率いる石山本願寺の一向宗門徒が打倒信長を掲げて挙兵する。だがこの挙兵は、石山本願寺の本寺にあたる青蓮院門跡の尊朝法親王（正親町天皇の猶子）が、石山本願寺に信長との和睦を働きかけたためいったん収まった。しかし、石山本願寺が挙兵したこの二十六日は、はからずも信長との十年にわたる「石山合戦」の幕が切って落とされた日となった。

六　薩隅日、三カ国制覇成る

伯囿の死

元亀二年（一五七一）六月十二日、日向都之城に逃れていた豊州家忠親が病没する。享年六十八。家督は末子の朝久《ともひさ》（正室は義弘の長女御屋地。北郷氏十代当主時久の実弟）が継ぎ、豊州家六代当主となった。

十一日後の二十三日、義兄肝付良兼との抗争のさなかにあった島津の英主伯囿（貴久・本宗家十五代当主）が、父日新斎と同じ加世田別府城で病没する。享年五十八。法名は大中良等安主。受領名は陸奥守。遺体は福昌寺に葬られた。

伯囿は、島津氏念願の薩隅日三カ国（三州）の完全回復こそできなかったものの、長く続いた島津家中の内乱を鎮静化し、本宗家による強固な統一体制を実現、戦国大名島津氏の基礎を固めた。三カ国掌握という伯囿の遺志は、この先も義久・義弘・歳久・家久四兄弟に受け継がれていくことになる。

そのおよそひと月後の七月二十日、伊地知重興に協力して島津軍を撃退した肝付良兼も病没し、弟の肝付兼亮《かねあき》が兄良兼と伊東義祐の長女高城との間に生まれた次女を正室に迎えて家督を継いだ。

十一月、伯囿の死に乗じ、その肝付兼亮（肝付氏十八代当主）と禰寝重良、伊地知重興、さらに日向の伊東義祐の連合軍が軍船三百余艘に分乗し、島津氏支配下の桜島を襲った。それを知った太守義久の末弟家久に迎撃されると、連合軍は錦江湾を横断し島津氏の本拠鹿児島に襲来する。しかし、帖佐城主平田歳宗によって帖佐龍ヶ水（鹿児島市吉野町）でまたも撃退されてしまう。

連合軍は敗れたものの、日向山東の伊東義祐は白囿の死という最大の好機を利用する。日向国南西部を完全掌握するため、義弘の本拠真幸院西端の飯野城を攻め立てるのである。

なお、月日不明ながらこの元亀二年に、守護義久と継室妙蓮夫人（円信院・種子島氏十四代当主時堯《たか》と日新斎の三女御西の次女で日新斎の養女）との間に三女亀寿が生まれている。義久は亡き正室花舜夫人（祖父日新斎の娘。十二年前の永禄二年に病没）との間に長女御平を、この妙蓮夫人との間に次女新城《しんじょう》をもうけていたが、男児には恵まれていなかった。

木崎原の戦い

翌元亀三年（一五七二）五月三日深夜、伊東義祐に総大将を命じられた伊東祐安（義祐の従弟）は、伊東祐信（正室が義祐の五女）・伊東又次郎・伊東祐青《すけきよ》（正室が義祐の四女）ら一門の青年武将以下三千の伊東軍を率い、日向国における島津領まで十キロともっとも近い小林城を出陣。翌四日未明、伊東祐安は兵を二手に分け、自身と伊東祐青率いる伊東本隊は島津義弘の拠る飯野城の抑えとしてその南方の妙見原《みょうけんばる》にとどまり、伊東又次郎・伊東祐信の指揮する伊東別動隊は飯野城を迂回して木崎原（小林市池島）を抜け、義弘の正室宰相殿と嫡男鶴寿丸、長女御屋地が居住し、城兵わずか五十の加久藤城を襲う。敵の弱点「愛するものを狙え」である。

伊東軍の侵攻を予期していた義弘は、敵軍襲来の狼煙を上げて近隣諸城に知らせ、遠矢良賢《よしかた》に六十騎を与えて加久藤城の救援に派遣した。同時に家老五代友喜《ともよし》と兵四十を伊東別動隊の退路となる木崎原の南方白鳥山麓の野間口に、同じく村尾重侫《しげあり》と兵五十を本地原《ほんじばる》（原田）の古溝にそれぞれ伏兵として潜ませ、家老伊勢貞真（正室が新納忠元の娘）に飯野城の守備を任せる。自身は鎌田政年以下百三十騎足らずを率いて飯野・加久藤両城間に位置する二八坂に陣を張った。

一方、城将川上忠智らの奮戦により、加久藤城を攻めあぐねていた伊東別動隊は、遠矢良賢率いる加久藤城の救援軍到来を知って撤退を開始。しかし、圧倒的な兵力差に慢心していた伊東別動隊は池島川（南西方）で休憩、軍兵の中には暑さのため水浴びをしている兵もいたという。その隙を正面の二八坂から義弘の軍勢が急襲した。

虚を突かれた伊東別動隊ではあったが、多勢をもって義弘・政年の軍勢を包囲する。義弘は大将の一人伊東祐信を討ち取るなど奮戦したが、攻め寄せる伊東別動隊を遠矢義賢・久保伴五左衛門・野田越中坊・鎌田大炊助・曽木播磨・富永刑部の六人が足止めし、討死している間にかろうじて逃げ延び、木崎原に後退して迎撃態勢を整えた。

このとき、飯野城の抑えとなっていた伊東本隊が伊東祐信を失った伊東別動隊に合流。義弘を追って木崎原に到着したところに、義弘勢が囮となって反転・攻勢をかけ、伊東軍の背後からも義弘から六十騎を与えられた鎌田政年が襲い、側面からは潜ませていた伏兵がいっせいに猛攻撃を開始した。釣り野伏である。

伊東軍は大混乱に陥り、総大将の伊藤祐安は村尾重侯に脇下を射抜かれて落命し、大将の一人伊東又次郎も討死する。祐安の嫡男祐次と祐安の弟右衛門ら百六十人は、菱刈・牛屎の兵を率いて到着した大口城主新納忠元に討ち取られた。

義弘はなおも追撃の手を緩めず、鬼塚原《おにつかばる》（西小林）では、みずから日向一の槍突き柚木崎正家《ゆのきざきまさいえ》や勇将肥田木玄斎《ひたきげんさい》を討ち取るとともに、山東惣奉行落合兼置や小林城主米良重方らの殿軍を壊滅させ、ようやく鬨の声を上げた。肥後人吉の相良義陽は、伊東義祐に請われて義弘を挟撃するため兵を進めていたが、伊東軍壊滅の急報に接し、馬首を翻して人吉城に引き返した。

この真幸院西端の一領主にすぎない義弘軍との戦いに完敗した伊東軍は、重臣以下五百六十余人の将兵が討死し、大打撃を被った。十倍の敵に完勝した義弘軍も二百六十余人の将兵を失うという壮絶な戦いだった（木崎原の戦い）。合戦後に義弘は、激戦地となった三角田（池島）に六地蔵塔を建立、敵味方双方の戦没者を供養し、かたや伊東義祐も小林城近くに伊東塚を造り、戦死者を弔った。木崎原の戦い以降、義祐は小林城と高原城（高原町）を前線基地として敗勢の挽回に努めるが、もはや昔日の猛勢は失われ、家臣や日向の国人衆らの離反も相次ぐことになる。

一方、大隅制圧に全力をそそぐことができるようになった太守義久は、九月、肝付兼亮支配下の大隅廻城と伊地知重興の本拠である下大隅の垂水本城を分断するため、実弟歳久を総大将に任じ、その中間に位置する重興の一族伊地知重矩《しげのり》の拠る小浜《おばま》城（垂水市海潟《かいがた》）を攻略させた。これに呼応し、都之城主北郷時久は故肝付良兼との和睦を破棄、肝付領の櫛間（宮崎県串間市）を経て槻野《つきの》（鹿児島県曽於市大隅町月野）へと侵攻を開始した。

織田信長、将軍義昭を追放する

京ではその九月、織田信長が将軍義昭に対し十七条におよぶ意見書（十七箇条の異見書）を提出。義昭は自身の政務を全否定するがごとき信長の申し出というよりは弾劾状に激怒し、甲斐の武田信玄や越後の上杉謙信、安芸の毛利輝元、近江の六角義賢ら各地の戦国大名をはじめ、石山本願寺の顕如にも「信長討つべし」と命ずる御内書を送り、味方になるよう呼びかけ、信長包囲網を形成しようと謀った。義昭は信長に擁立されて幕府を再興したものの信長との蜜月関係は破綻する。

その御内書を受けた武田信玄は十月三日、風林火山の軍旗をはためかせながら信長を打倒すべく西上を開始する。

信長と清州同盟を結んでいた徳川家康は十二月二十二日、信玄の西上を阻むべく、居城浜松城（静岡県浜松市中区）から出陣し、北方の三方ヶ原（北区）で、戦国最強と謳われる武田軍に挑んだものの一千以上の死傷者を出して一敗地にまみれ、命からがら浜松城に逃げ帰った。

ところが翌元亀四年（一五七三）四月十二日、信玄が病没してしまう。信長の最大の強敵〝甲斐の虎〟信玄の死によって早くも信長包囲網の一角が崩れてしまったのだ。

信長打倒の好機を失った義昭は二条御所（上京区）に立て籠もり、徹底抗戦のかまえをみせる。あきれ返った信長は、義昭をなだめるために和睦を申し入れたが義昭は拒否。そこで信長は、二条御所周辺を焼き討ちにするなどの圧力いわば脅しをかけると、義昭は正親町天皇の勅名講和を受け入れて信長としぶしぶ和睦する。

事態は落ち着いたかにみえたが、七月三日、義昭は和睦を破棄して京から出奔。槇島城（宇治市）に入って再び挙兵。信長は大軍で槇島城を囲み、七月十八日に義昭を降伏させた（槇島城の戦い）。その義昭は、信長に見限られて京から追放されてしまう。義昭は二十一日、河内の三好義継（正室が義昭の妹）を頼ってその居城若江城（東大阪市若江南町）に転がり込んだ。七月二十八日、戦乱などの災いを避けるため、天正に改元される。

朝倉・浅井の滅亡

八月十三日、小谷城下で浅井・朝倉連合軍と織田軍が激突し、多数の将兵を討ち取られた連合軍は越前国に向けて敗走。織田軍はそれを追って越前国に雪崩込み、二十日に朝倉義景率いる軍勢を撃ち破った（一乗谷の戦い）、義景は居城一乗谷城を死守できず、越前国山田荘（福井県大野市）にまで逃げたがそこで自刃し、名門越前朝倉氏は十一代で滅亡する。

越前国を制した信長は、全軍に小谷城攻撃を命令。攻め立てられた浅井長政は、正室の市《いち》と長女茶々、次女初、三女江《ごう》いわゆる浅井三姉妹を信長のもとに引き渡す。九月一日、長政は自刃し、小谷城は落城。北近江の戦国大名浅井家は三代で滅びた。

秀吉は浅井攻めの功によって信長から浅井氏の旧領北近江三郡（伊香・東浅井・坂田）を与えられ、信長から一字拝領して今浜の地を「長浜」と改め、長浜城（滋賀県長浜市公園町）を築城して城主となり、木下藤吉郎秀吉から尊敬する丹羽長秀と柴田勝家にあやかって羽柴秀吉と名乗るようになった。その秀吉は、加藤清正や福島正則、加藤嘉明《よしあきら》、黒田如水（孝高《よしたか》）、片桐且元《かつもと》、仙石秀久ら直参家臣に加え、新たな家臣として旧浅井家臣宮部継潤《けいじゅん》や石田三成、大谷吉継、小西行長（洗礼名アウグスティヌス）らを抱えるようになる。

十一月、追放した将軍義昭を庇護した三好義継は信長の怒りを買い、信長の派遣した佐久間信盛の軍勢によって若江城が攻め立てられて自害（元亀・天正の争乱の終息）。落城以前に和泉国堺に逃げ落ちていた将軍義昭は、信長に対する恨みが骨髄に徹し、信長打倒の機会を狙って紀伊国南部の熊野辺りを流浪していた。

大隅国を制圧

浅井長政の自刃の八カ月ほど前の正月六日、大隅国では、肝付領の槻野《つきの》に侵攻していた北郷時久が、嫡男相久・次男忠虎とともに、肝付兼亮《かねあき》を住吉原（国会原・曽於市末吉町）で撃破した（住吉原の戦い）。日向国木崎原では伊東軍に、大隅国住吉原でも肝付軍に大勝し、肝付・禰寝・伊地知・伊東連合に崩壊のきざしがみえてきた。そこで、守護義久は翌二月、禰寝重長に密使を送り、大隅半島南端に位置する本領の小禰寝（肝属郡錦江町・南大隅町）の安堵を条件に和睦をもちかけた。禰寝重長はこれを受け入れ、単独で島津氏に降った。

肝付兼亮は三月、連合を裏切って義久と単独和睦を結んだばかりか、肝付領である錦江湾東側の要港高須（鹿屋市高須町）をも奪い取った禰寝重長を討つため、伊地知重興とともに大軍を率いて禰寝領に侵攻する。だが、駆けつけてきた島津家久の援軍によって返り討ちにされた。肝付・伊地知連合軍は七月、劣勢を挽回するため、島津氏による大隅侵攻の足掛かりとなっている早崎城（垂水市牛根麓）を攻め立てたが、またも家久に迎撃されて敗北。この勝報を受け、太守義久は大隅半島西岸域の完全掌握を図る。

豊後国では、十月十五日、島津勝久（本宗家十四代当主・奥州家九代当主）が、瓜生島（大分県大分市・瓜生島は文禄五年〈一五九六〉の慶長豊後地震で別府湾に沈んだとされる）の沖之浜で病死する。享年七十一。戒名は大翁妙蓮大禅定門。官職は修理大夫、受領名は陸奥守。遺体は鹿児島の龍盛院に葬られたが、のちに福昌寺に移される。

また、勝久が没したこの天正元年、月日不明ながら加久藤城で義弘と宰相殿との間に次男久保《ひさやす》が生まれている。のちに義久の三女亀寿の婿となり、島津本宗家の世子《せいし》（後継ぎ）として期待される人物である。

義久は翌天正二年（一五七四）正月、歳久と島津以久に命じ、肝付兼亮の重臣安楽兼寛が拠る牛根入船城（垂水市牛根麓）を攻略させた。二月、重臣新納忠元は浄光明寺の住職其阿西嶽《そあせいがく》を派遣し、肝付・伊地知両氏に和睦を勧告する。伊地知重興は四月、下大隅五カ所の全領地を差し出し、剃髪・出家したうえで嫡男重政を人質として差し出し、島津氏に降伏した。

義久は重興の帰順を受け入れ、本領のうち下之城（垂水市）のみを安堵して家臣とする。肝付兼亮もまた、盟友の禰寝重長・伊地知重興が相次いで島津氏に帰順したため、廻・市成（鹿屋市輝北町）二城を割譲して島津氏と和睦した。

ところが肝付兼亮は、義久から「北郷時久と和睦」「伊東義祐との断交」を要請されていたにもかかわらず、伊東義祐と密かに結託していたのである。これに肝付宗家滅亡の危機感を抱いた良兼・兼亮兄弟の父（肝代氏十六代当主）兼続の未亡人御南（白囿の姉）と兼亮の兄良兼（肝代氏十七代当主）の未亡人高城（伊東義祐の長女）、重臣らは、当主である兼亮を日向国に追放し、他家の養子になっていた兼護（兼続の末子であり良兼と兼亮の末弟）を十九代当主に擁立した。兼護は伊東義祐と絶縁して島津氏の家臣となり、肝付氏の本拠高山城（肝付町）の安堵と家名存続は許されたものの、そのほかの領地は没収された。島津荘の開創者である大宰大監平基季《もとすえ》の娘婿伴兼貞の嫡男で肝付氏初代当主となる兼俊が、長元九年に高山に移住・土着して以来、大隅国最大の領主に成長、一時は島津氏を圧倒、恐れさせた名門肝付氏は五百三十八年目にして倒れたことになる。

義久は大隅の有力国人衆である禰寝・伊地知・肝付三氏が降ったことで大隅国統一を実現。以後、日向国内に勢力を拡大し続ける伊東義祐攻略に全力をそそぐことになるが、その前にひとときの平穏が島津氏に訪れた。

四男家久の上洛

天正三年（一五七五）二月、二十九歳の家久が島津本宗家の当主義久の名代として上洛する。目的は、島津氏が薩摩・大隅両国を制圧したことを感謝するとともに、島津氏の悲願である日向国を含めた薩隅日三カ国平定の実現を祈念することや、当時昇天の勢いにあった織田信長をはじめとする中央諸将の情勢を把握することも含まれていた。現代でいう視察を兼ねた観光旅行である。

家久は二月二十日、家臣およそ百人をともない、巡礼姿で串木野城を出立。川内川を下り、敵地相良領の肥後路を避けて海路を採り、八代海を北上。肥後国宇土（宇土市）からは陸路を進み、九州北部諸将の城を検分しつつ、筑後から豊後、豊前に抜け、日本三大修験山英彦山《ひこさん》神社（福岡県添田町）を参詣する。その後本州に入ってからは、山陽道をたどって安芸の厳島神社、源平の合戦場（一ノ谷の合戦）となった生田神社（神戸市）や愛宕神社（右京区）に詣でている。

四月二十一日、家久は京での滞在先について相談しようと、織田信長や豊臣秀吉、明智光秀、細川幽斎、そして兄義久らとも親交のある京における一流の文化人で連歌師《れんがし》の里村紹巴《さとむらじょうは》を訪ね、その弟子心前の別邸を借り受けた。

家久はこの日、石山本願寺（大阪市中央区）攻めから宿館の相国寺（上京区）に向かう織田信長の軍勢を目撃している。黒と赤の母衣《ほろ》を背につけた信長直属の使い番である二十騎の母衣衆に続き、屈強な馬廻（親衛隊）百騎に警護された馬上の信長がマントを被って居眠りをしている様子や、帰陣にもかかわらず何万騎もの軍勢が完全武装のままで、しかも軍馬さえもが鉄面や馬鎧を装着している壮観かつ華麗にして洗練されたさまに感心したという。これを見た家久は、いざ、相まみえるとしたら勝てると見たか、それとも必敗は確実と感じたか、もしくは対信長軍との戦略を考えたか、ともかくこの信長率いる軍勢に魅入られたのであろう家久は、二十八日に信長が岐阜城に帰還する行列も見物している。

家久は紹巴を介して公家や堺の商人らと交流を深め、和歌に詠《よ》まれた景勝地や歌人の旧跡を訪れた。五月十四日、家久は紹巴と連れ立って、琵琶湖西岸の坂本城主明智光秀を訪ねている。坂本城は、比叡山焼き討ち（三年前の元亀二年九月十二日）の功として、光秀が近江国志賀郡（大津市の大半と高島市の一部）の支配と京の延暦寺領の管理を任されるとともに築城を許された、大天守と小天守を持つ豪華絢爛な城であった。光秀は華麗な御座船を用意し、家久とともに琵琶湖に漕ぎ出して遊覧。家久は、翌天正四年（一五七六）に築かれる、信長の新たな拠点安土城を目にすることはできなかったが、その総石垣造りの豪壮燦爛たるさまや信長による兵の職業軍人化、世界戦略、経済政策としての楽市楽座などは話にのぼったであろう。

家久が滞京中の五月二十一日、三河国で武田勝頼と織田・徳川連合軍との間で「長篠設楽原《ながしのしたらがはら》」の戦い（愛知県新城市）がおこなわれた。戦国最強と謳われた武田騎馬隊が信長軍の鉄砲一千挺のいっせい掃射で壊滅的な打撃を受けた戦いである。軍法戦術に通じた家久は、その合戦に大いに興味をもったにちがいない。

二十七日、家久一行は紹巴に見送られ五条橋から伊勢神宮へと向かった。内宮・外宮を参詣し、天照大神が隠れ住んだという天岩戸（志摩市磯部町）を見学。六月に入ると、奈良の東大寺や藤原氏（近衛家）の菩提寺興福寺、宇治の平等院などの名所を訪れたのち京に戻り東寺を参拝している。その後、紹巴らと別れて京を出立し、島津氏の始祖忠久が生れた（『酒匂安国寺申状』や『山田聖栄自記』で知っていたため訪れたのであろうが、既述のように事実ではない。ましてや源頼朝の御落胤でもない）摂津の住吉大社、二十三日には出雲大社（島根県出雲市大社町）にも詣でた。訪れた先々で歓待され、時には気に食わない船頭を家臣がぶん殴るというハプニングもあったが、家久は大いに気をよくするとともに、ダイナミックに躍動する上方の政治・経済・軍事情勢や奥深くも最新の文化に魅せられ、心を動かされたようである。

歳久の上洛、四国・越前情勢

島津家久一行は七月十日、石見国湯野津（島根県大田市温泉津）から海路帰国の途についた。その途上で肥前国平戸に立ち寄り、串木野城に帰還したのは七月二十日であった。

家久と入れ替わるようにして、兄歳久が、守護義久の使者川上忠真や祐筆八木正信らをともなって京へと旅立った。表向きは歌道の伝習だが、実際は、上方の情報収集と翌九月に鹿児島への下向を予定している前関白近衛前久との打ち合わせが目的だった。歳久は前久に見参して義久の書簡を手渡し、およそひと月後の帰国時には、前久から義久宛の書状を託されている。歳久はこの短い上洛中に公家の飛鳥井雅敦から鞠蹴の免許状を、青蓮院門跡の尊朝法親王からは南北朝期の天台座主尊道《そんどう》入道親王（後伏見天皇の十一宮）の真翰《しんかん》（直筆の文章）を授かるなど、公家衆らとの交流も深めていた。

四国ではその七月、長宗部元親（長宗我部氏二十一代当主）が、大友宗麟の支援を受けた一条兼定《かねさだ》（継室が宗麟の長女清田）を四万十川の戦い（高知県四万十市）で打ち破り、土佐国を統一。引き続き元親は、居城岡豊城《おこう》（南国市岡豊町）を本拠として阿波・讃岐・伊予三カ国への侵攻を開始する。

越前国はというと、朝倉義景が織田信長に滅ぼされて以降、加賀国と同じく「百姓の持ちたる国」と化していたが、権力闘争によって一向一揆は内部分裂の様相を示していた。長篠設楽原の戦いに勝利した信長は翌八月、それを好機とみなし、三万余の軍勢をもって越前国に侵攻、一向一揆衆の拠る諸城を攻め落として越前国を平定。越前八郡を信長から与えられた柴田勝家は北ノ庄城（福井市）を築城して信長の北国支配の拠点とした。

近衛前久による和睦斡旋

近衛前久が家司伊勢貞知らをともなって京を出立したのは九月二十日。表面上は同盟関係にあるとはいえ、毛利輝元包囲網の構築を図る織田信長の依頼を受けてのことで、九州諸大名の和睦を斡旋するとともに、信長への協力を要請するためであった。豊後の九州探題大友宗麟や肥後人吉の相良義陽のもとを訪れた前久は、十二月二十五日に薩摩に入国、。出水亀ヶ城の薩州家義虎を訪ね、城下の専修寺にひとまず落ち着く。

かたや、紀伊国熊野を経て由良興国寺（和歌山県由良町）に滞在していた将軍義昭は、翌天正四年（一五七六）二月、毛利輝元に庇護を求め、奉行衆（文官）や奉公衆（武官いわば親衛隊）ら百人ほどを引き連れ、輝元の勢力下にある備後国鞆《とも》（広島県福山市鞆町）に下向し、亡命政権となる「鞆幕府」を開く。鞆は足利尊氏が新田義貞追討の院宣を手にし、室町幕府を開くことができた吉兆の地であった。義昭から副将軍に任じられた輝元は、信長との同盟を破棄・決別することになる。

専修寺の前久は三月二十日頃に和泉郡を出立、二十九日に鹿児島に到着し、宿舎となる城下の宝持院に入った。太守義久は、前久一行を犬追物や笠懸、和歌および連歌会、または宴を催して大いに歓待し、前久からは「古今伝授（『古今和歌集』についての秘儀の伝授）」を受けた。

義久は前久の説得に応じて相良義陽との和睦は承諾したものの、すでに日向国制圧を決め、飯野城の義弘に鉄砲の準備もさせていたため、伊東義祐との和睦については首を縦に振らなかった。所期の目的を完全に果たせずに終わった前久だったが、六月二十六日、唐物・琉球産と思われる茶入や茶壺、紅茶、筵《むしろ》、沈香（香木）、白糸、五色糸、上布（上等な麻布）、真綿などを土産として受け取り、鹿児島から帰洛の途についた。

高原城攻略

日向国の伊東義祐討滅を決意した太守義久は八月十六日、弟の義弘・歳久・家久をはじめ家老の島津以久、島津忠長《ただたけ》（義久の従兄弟。白囿の末弟尚久〈鹿籠桜之城主〉の嫡男）、島津四勇将の一人肝付兼盛（兼演の嫡男）ら、大隅・薩摩両国のほぼすべての軍兵五万を動員し軍事行動を開始する。

まずは、伊東四十八城の一つ高原城《たかはる》（宮崎県高原町西麓）に攻め寄せた。高原城は飯野城の東方に位置し、四十八城の中でも最西端に位置する城で、その北方にある小林城とともに伊東氏の最前線基地となっていた。島津軍は十八日、手始めに高原城の下栫《しもがこい》に火を放って打ち破り、包囲網を築く。高原城救援のために伊東軍は東方の猿瀬（小林市野尻町）に着陣していたが、島津軍の圧倒的な兵力の前には成す術もなく、攻め掛けることさえできなかった。

真幸院を本拠としていた北原兼親（統治能力なしとして伊集院上神殿村に所替えされていた）が、面目一新とばかりに先陣を切って激しく攻め立て、さらに水の手（城の内部などに飲用水を引き込む水路）を奪うと、孤立無援の城主長倉祐政（伊東氏庶流）は、二十一日に義久に和議を申し入れる。その結果、高原城は二十三日に開城され、祐政ら城兵百数十人は伊東義祐の居城佐土原城に退去した。

するると翌二十四日、小林城とその北方の須木城（小林市須木下田）城主米良矩重《のりしげ》（木崎原の戦いで敗死した小林城主米良重方の弟）が島津方に寝返り、さらに、三ツ山（細野）・野首（東方野首）・岩牟礼（東方城ノ岡）の三城も開城して島津氏の支配下に入った。これによって伊東・島津両氏の国境線である野尻と青井岳（都城市山之口町）近辺の緊迫感が高まる。野尻城（野尻町東麓）城主福永祐友は、主君伊東義祐に急迫する事態の打開を何度も訴え出たが、合戦に辟易して念仏三昧に耽《ふけ》り、栄華驕慢に溺れる義祐とその直臣団に阻まれ、握りつぶされてしまう。

なお、島津氏に対する日向伊東氏の牙城高原城を攻め取ったこの天正四年十一月七日、島津氏の未来を寿ぐかのように加久藤城で義弘と宰相殿との間に、次男久保の弟となる三男米菊丸《よねぎくまる》が誕生した。のちに島津本宗家を継承し、薩摩藩初代藩主となる島津忠恒（家久）である。ところが十一日後の二十二日、嫡男鶴寿丸が同じ加久藤城でわずか八歳で夭折してしまった。義弘と宰相殿の悲嘆は察して余りある。

日向国を制圧

年が明けた天正五年（一五七七）早々、太守義久は伊東義祐をさらに追い込む。島津忠長が日向国南端の櫛間城を攻め落とすと、北方二十キロに位置する飫肥城主伊東祐兵《すけたけ》がその櫛間城を奪還するために攻め寄せた。忠長はそれを打ち砕くやいなや反撃に出て、佑兵が逃げ戻った飫肥城を取り囲む。

この日向南部の混乱に乗じ、その北部では縣松尾《あがたまつお》城（延岡市松山町）城主土持親成《ちかしげ》が、かつて義祐の曽祖父伊東祐尭《すけたか》（日向伊東氏六代当主）によって奪われた旧領を回復するため南下、伊東氏の重臣米良祐次が城主を務める門川城（門川町）に攻め寄せた。義祐は南北から挟撃される事態に陥ってしまったのである。

　こうしている間に、島津氏への内通を義祐に疑われ、疎まれていた野尻城主福永祐友をはじめ、伊東領の北辺を担う日向三城の日知屋城（日向市日知屋）城主福永氏本、塩見城（塩見）城主右松四郎左衛門、土持親成に包囲されていた門川城主米良祐次までもが島津氏に城を明け渡す事態となった。

　十二月九日、伊東義祐の居城佐土原城では、島津忠長の包囲網を突破して飫肥城からの脱出に成功した伊東祐兵が合流、軍議が開かれた。家臣の離反が相次ぎ四面楚歌に陥っていた義祐は、豊後の大友宗麟を頼ることに決する。宗麟は、伊東氏の亡き十六代当主で都於郡城主だった義益（義祐の嫡男。八年前の永禄十二年七月に岩崎稲荷神社〈日南市〉に参籠中に急死）の正室阿喜多（宗麟の義弟で土佐一条氏四代当主房基〈四万十川の戦いで敗れた兼定の父〉の娘）の叔父である。義祐や伊東一門、家臣団には、領域を北へ、南に、そして西へと広げていた覇気はとうに失われていたのだ。

　伊東義祐は佐土原城とともにその西方の日向伊東氏累代の本拠都於郡城を引き払い、嫡孫義賢・祐勝兄弟（義祐と阿喜多の子）、次男祐兵、近臣伊東帰雲斎（木崎原の戦いで討ち死にした祐信の祖父）らとともに、高鍋城（財部城・高鍋町南高鍋）城主で義祐の重臣落合兼朝（日向伊東氏庶流）を頼ってその領内を通過しようとした。しかし、帰雲斎によって嫡男丹後守を死に追いやられた恨みを抱く兼朝に拒否されてしまう。

義祐ら一行はやむなく迂回、米良山中（西都市）から神門《みかど》（美郷町）を経て、高知尾の従属国人衆で中山城（高千穂町）城主三田井親武の保護を受けながら、日向国北西端の険しい山間の隘路をひたすら豊後国をめざして逃げ落ちていった（豊後落ち）。勝てば栄華、負ければ没落ということであろうか。日向伊東氏三代当主氏祐が正平三年・貞和四年に下向、都於郡城に入城してから二百二十九年目にして起こったなんともあっけない幕切れであった。

伊東氏の一行が逃走中の十二月十八日、義久は弟の義弘・歳久・家久や諸将を従え、ほとんど戦うことなく都於郡城に入城し、翌天正六年（一五七八）三月まで滞在する。この間、日向国内の伊東氏の旧臣や国人衆らが勝ち馬に乗るかのように見参するか、もしくは使者を派遣し、島津氏に対して忠誠・臣従を誓った。のみならず、日向国以外の多数の国人衆からも日向国平定を祝う使者や島津氏への帰属を望む使者が相次いで来着し、義久の名声はいやがおうにも高まった。

島津本宗家による日向国の領有（とはいえ宮崎平野北端を流れる耳川以北とそれを遡った山間部はいまだ日向伊東氏残党の潜伏地）は、島津忠国（本宗家九代当主）が文安二年に穆佐城を伊東義祐の曽祖父伊東祐堯《すけたか》に奪われて撤退し、三年後の文安五年にその祐堯との和睦により、日向国山東河南の奪還さえも断念してから、およそ百三十年ぶりであった。

父貴久の遺志を継ぎ、歴代島津本宗家当主の念願である薩隅日三カ国をほぼ統一した義久は、さらに北上して九州制覇への道を邁進することになる。ただし、この三カ国統一という偉業と日向伊東氏の亡命が、豊後の九州探題大友宗麟を刺激する。
その頃、従二位右大臣に昇進した織田信長に命じられて播磨・但馬両国を平定した羽柴秀吉は、毛利輝元・吉川元春・小早川隆景ら毛利氏の勢力圏である中国路攻略のために軍勢を進めようとしていた。いよいよ西日本そして九州が大きな脚光を浴びる時節が到来したのである。

下巻は、ノリと勢いに乗っていた島津氏が関白豊臣秀吉に屈して九州統一を断念、義弘が〝鬼島津〟と恐れられた朝鮮出兵や関ヶ原の敵中突破、琉球王国の服属、木曽三川分流治水工事の苦闘、五百万両の借金帳消し、江戸時代末期の動乱を経て、島津一族が日本という国家の中心に躍り出るのみならず、世界へと雄飛する過程を述べたい。

島津氏略系図（七）

日新斎《忠良》
- 御南（日新斎の長女。肝付兼続の正室）
- 御隅（日新斎の次女。樺山善久の正室）
- ⑮貴久（日新斎の長男。本宗家十四代当主勝久の養子）
  - ⑯義久（貴久の嫡男）
  - 家久（貴久の四男）─豊久（関ヶ原の戦いで討死）
  - 歳久（貴久の三男。「日置家」初代当主）
- 忠将（日新斎の次男。廻城合戦で討死）─以久（忠将の嫡男）
- 御西（日新斎の三女。種子島時堯のちに肝付兼盛の正室）
- 花舜夫人（日新斎の四女。義久の正室）
- 尚久（日新斎の三男。鹿籠桜之城主・のちに宮之城家初代当主）
  - 忠長（尚久の嫡男。宮之城家二代当主）
- 妙蓮夫人（円信院・種子島時堯の次女で日新斎の養女。義久の継室）

忠隣（薩州家義虎の次男。歳久の養子となって蓮秀夫人を正室とする。
日置家二代当主）―常久（忠隣の嫡男。日置家三代当主）

御平（義久の長女。生母は花舜夫人。薩州家義虎の正室）
新城（義久の次女。生母は妙蓮夫人。島津彰久の正室）
亀寿（義久の三女。生母は妙蓮夫人。久保のちに忠恒の正室）

義弘⑰（貴久の次男）

御屋地（義弘の長女。北郷相久のちに島津朝久の正室）
鶴寿丸（義弘の長男。早世）
久保（義弘の次男。義久の養子となって亀寿を正室とするが文禄の役で病没）
忠恒⑱（義弘の三男・兄久保の病没後に義久の養子となって亀寿を正室とする。薩摩藩初代藩主）
万千代丸（義弘の四男。早世）
忠清（義弘の五男。早世）
御下（義弘の次女。伊集院忠真のちに島津久元の正室）

主要参考文献・図書

『改訂 島津忠久とその周辺―中世資料散策』 江平望 高城書房 二〇〇四
『島津忠久の生い立ち』 朝河貫一 慧文社 二〇〇七
『島津国史』 山本正誼 島津家編纂所 一九〇五
『島津忠久と鎌倉幕府』 野村武士 南方新社 二〇一六
『山槐記』 中山忠親 増補「史料大成」編 第二十七巻 臨川書店 一九八九
『島津一族 無敵を誇った南九州の雄』 川口素生 編集 新紀元社編集部 新紀元社 二〇一一
『「京都」の誕生―武士が造った戦乱の都』 桃崎有一郎 文藝春秋 二〇二〇
『呪いの都 平安京 呪詛・呪術・陰陽師』 繁田信一 吉川弘文館、二〇〇六
『平安京 くらしと風景』 編者 木村茂光、 東京堂出版、一九九六
『中世奇人列伝』 今谷明、 草思社 二〇〇一
『古代王権の祭祀と神話』 岡田精司 塙書房 一九七四
『中世都市鎌倉を歩く』 松尾剛次 中央公論新社 一九九九
『中世都市鎌倉の風景』 松尾剛次 吉川弘文館、一九九三
『中尊寺 千二百年の真実 義経・芭蕉・賢治…彼らを引き寄せた理由』 佐々木邦世、 祥伝社、二〇〇五
『王朝と貴族』 朧谷寿 集英社 一九九一
『武者の世に』 入間田宣夫 集英社 一九九一
『全訳 吾妻鏡―全六巻』 監修者 永原慶二 訳注者 貴志正造 新人物往来社 二〇一一
『平家物語―全十二巻―』 全訳注 杉本圭三郎 講談社 二〇〇〇
『平家物語、史と説話』 五味味彦 平凡社 二〇一一

『保元物語 平治物語 承久記 新日本文学大系43』校注者 栃木孝惟 日下力 益田宗 久保田淳 岩波書店 一九九
『保元の乱・平治の乱』河内祥輔 吉川弘文館 二〇一二
『後白河上皇』安田元久、編集者 日本歴史学会 代表者 児玉幸多 吉川弘文館、二〇〇〇
『後白河法皇―平家を滅亡させた黒幕』河合敦 幻冬舎 二〇一二
『後白河院』井上靖 新潮社 二〇一七
『後白河法皇』棚橋光男 講談社 二〇〇六
『藤原定家』村山修一 編集者 日本歴史学会 代表者 児玉幸多 吉川弘文館、一九八九
『藤原忠実』元木泰雄 編集者 日本歴史学会 代表者 林英男 吉川弘文館、二〇〇〇
『平清盛』五味文彦 編集者 日本歴史学会 代表者 笹山晴生 吉川弘文館 二〇一二
『平清盛』武光盛 平凡社 二〇一一
『平清盛の闘い』元木泰雄 角川学芸出版 二〇一一
『平清盛』井上元三 徳間書店 一九九三
『武士の王・平清盛』伊東潤 洋泉社 二〇一一
『日宋貿易と「硫黄の道」』山内晋次 山川出出版 二〇二二
『源頼政』多賀宗隼 編集者 日本歴史学会 代表者 児玉幸多 吉川弘文館、一九九〇
『源頼朝と木曽義仲』永井晋 中央公論新社 二〇一五
『源頼朝』元木泰雄 中央公論新社 二〇一九
『源頼朝』川合康 ミネルヴァ書房 二〇二一
『鎌倉殿誕生―源頼朝』関幸彦 山川出出版 二〇二二
『源義経』五味文彦 岩波書店 二〇〇四

『源義経の真実』中津攸子　コールサック社　二〇二二
『源平合戦の虚像を剝ぐ』川合康　講談社　二〇二二
『奥州藤原氏四代』高橋富雄　編集者　日本歴史学会 代表者　児玉幸多　吉川弘文館、一九八七
『鎌倉北条氏の興亡』奥富敬之　吉川弘文館　二〇二一
『講座日本荘園氏⑩―四国・九州地方の荘園』編者　網野善彦　石井進　稲垣泰彦　永原慶二　吉原弘文館
　二〇〇五
『北条氏と鎌倉幕府』細川重男　講談社　二〇一一
『北条政子』渡辺保　編集者 日本歴史学会 代表者　吉川圭三　吉川弘文館　一九八五
『北条政子―尼将軍の時代』野村育世　吉川弘文館　二〇〇〇
『北条政子』永井路子　講談社　一九七八
『九条兼実』加納重文　ミネルヴァ書房　二〇一六
『北条義時』安田元久　編集者 日本歴史学会 代表者　児玉幸多　吉川弘文館　一九九四
『北条泰時』上横手雅敬　編集者　日本歴史学会 代表者　児玉幸多　吉川弘文館、一九八八
『探訪　比企一族』西村裕　木村誠　まつやま書房　二〇一八
『大江広元』上杉和彦　編集者　日本歴史学会 代表者　平野邦雄　吉川弘文館　二〇〇五
『畠山重忠』貫達人　編集者　日本歴史学会 代表者　坂本太郎　吉川弘文館、一九八七
『木曽義仲』下出積與　吉川弘文館、二〇一六
『中世武士　畠山重忠』清水亮　吉川弘文館、二〇一八
『愚管抄』慈円　訳　大隅和雄　講談社　二〇一五
『日本の歴史7鎌倉幕府』石井進　中央公論社　一九七九
『新・歴史をさわがせた女たち』永井路子　一九八九

『西行花伝』辻邦生　新潮社　二〇〇一
『源平合戦の虚像を剝ぐ』川合康　講談社　二〇一七
『比叡山』景山春樹　村山修一　日本放送出版協会　一九七三
『中世の九州』外山幹夫　教育社　一九七八
『中世都市鎌倉の風景』松尾剛次、吉川弘文館、一九九三
『中世の奈良─都市民と寺院の支配』安田次郎　吉川弘文館　一九九八
『乱舞の中世─白拍子・乱拍子・猿楽』沖本幸子　吉川弘文館、二〇一六
『怪しいものたちの中世』北郷恵子　KADOKAWA　二〇一五
『中世奇人列伝』今谷明　草思社　二〇〇一
『文覚』山田昭全　編集者　日本歴史学会 代表者　笹山晴生　吉川弘文館、二〇一〇
『玉葉』編者　国書双書刊行会　発行者　西澤楯雄　一九九三
『承久の乱と後鳥羽院』関幸彦　吉川弘文館　二〇一二
『増補　検非違使』丹生谷哲一　平凡社　二〇一八
『武士論─古代中世史から見直す』五味文彦　講談社　二〇二一
『武士の日本史』高橋昌明　岩波新書　二〇二〇
『決断　蒙古襲来と北条時宗』童門冬二　NHK出版　二〇〇〇
『蒙古襲来』山口修　光風社出版　一九八八
『蒙古襲来』網野善彦　小学館　二〇〇一
『蒙古襲来の真実』北岡正敏　ブイツーソリューション　二〇一七
『蒙古襲来と神風』服部英雄　中央公論新社　二〇一七
『蒙古襲来』服部英雄　山川出版社　二〇一四

『蒙古合戦と鎌倉幕府の滅亡』湯浅治久　吉川弘文館　二〇一二
『武士の拠点　鎌倉・室町時代』大庭康時・佐伯弘次・坪根伸也　高志書院　二〇二〇
『南九州御家人の系譜と所領支配』五味克夫　戎光祥出版　二〇一七
『鎌倉の地名由来辞典』編者　三浦勝男　東京堂出版　二〇〇五
『菊池武光』川添昭二　戎光祥出版　二〇一三
『日向国山東河南攻防』新名一仁　鉱脈社　二〇一七
『少弐氏の興亡と一族』市丸昭太郎　佐賀新聞社　二〇二〇
『鹿児島県の歴史』原口虎雄　山川出版社　一九七六
『鹿児島県の歴史』原口泉　永山修一　日隈正守　松尾千歳　皆村武一　山川出版社　一九九九
『宮崎県の歴史』日高次吉　山川出版社　一九七三
『宮崎県の歴史』坂上康俊　長津宗重　福島金治　大賀郁夫　西川誠　山川出版社　二〇一七
『大分県の歴史』豊田寛三　後藤宗俊　飯沼賢司　末廣利人　山川出版社　二〇一二
『長崎県の歴史』瀬野精一郎　新川登亀男　佐伯弘次　五野井隆史　小宮木代良　山川出版社　一九九八
『福岡県の歴史』平野邦雄　飯田久雄　山川出版社　一九七四
『福井県の歴史』隼田嘉彦、白崎昭一郎、松浦義則、木村亮　山川出版社　二〇〇〇
『朝鮮通信使・琉球使節の日光参り』佐藤権司　随想舎　二〇〇七
『琉球・沖縄史』新城俊昭　東洋企画　二〇一四
『琉球・沖縄史の世界』編者　豊見山和行　吉川弘文館　二〇〇三
『琉球王国』高良倉吉　岩波書店　二〇一九
『沖縄の祈り』　須田慎太郎　バジリコ　二〇二二
『鄭和の南海大遠征』宮崎正勝　中央公論社　一九九七

『薩摩島津氏―中世西国武士の研究　第一巻』新名一仁　戎光祥出版　二〇一四
『倭寇―海の歴史』田中健夫　講談社　二〇二〇
『海洋国家薩摩』徳永和喜　南方新社　二〇一一
『南北朝時代史』田中義成　講談社　一九七四
『薩摩・大隅守護職』西山正徳　高城書房　二〇〇〇
『九州南北朝戦乱』天本孝志　葦書房　一九八二
『初期室町幕府研究の最前線』亀田俊和　洋泉社　二〇一八
『後醍醐天皇』森茂暁　中央公論新社　二〇〇〇
『後醍醐天皇』兵藤裕己　岩波書店　二〇一八
『懐良親王』森茂暁　ミネルヴァ書房　二〇一九
『征夷大将軍・護良親王』亀田俊和　戎光祥出版　二〇一七
『皇子たちの南北朝―後醍醐天皇の分身』森茂暁　中央公論新社　二〇〇七
『闇の歴史、後南朝　後醍醐流の抵抗と終焉』森茂暁　KADOKAWA　二〇一七
『室町幕府将軍列伝』編者　榎原雅治　清水克行　戎光祥出版　二〇一七
『図説　室町幕府』丸山裕之　戎光祥出版　二〇一八
『動乱の室町時代と15人の足利将軍』監修者　山田邦明　青春出版社　二〇一九
『足利尊氏』森茂暁　KADOKAWA　二〇一七
『足利尊氏のすべて』編者　櫻井彦　錦昭江　樋口州男　新人物往来社　二〇〇八
『足利尊氏と関東』清水克行　吉川弘文館　二〇一三
『足利直冬』瀬野精一郎　編集者　日本歴史学会　代表者　児玉幸多　吉川弘文館　一九八八
『足利直冬』瀬野精一郎　編集者　日本歴史学会　代表者　平野邦雄　吉川弘文館　二〇〇五

『足利義満』臼井信義　編集者　日本歴史学会　代表者　児玉幸多　吉川弘文館　一九八九
『足利義持』伊東喜良　編集者　日本歴史学会　代表者　平野邦雄　吉川弘文館　二〇〇八
『高師直―室町新秩序創造者』亀田俊和　吉川弘文館　二〇一五
『観応の擾乱』亀田俊和　中央公論新社　二〇一八
『楠木正成』生駒孝臣　尾谷雅比古　批評社　二〇二一
『新田義貞』峰岸純夫　編集者　日本歴史学会 代表者　藤田覚　吉川弘文館、二〇二〇
『新田義貞―関東を落とすことは子細なし』山本隆志　ミネルヴァ書房　二〇〇五
『赤松円心・満祐』高坂好　編集者　日本歴史学会　代表者　児玉幸多　吉川弘文館　一九八八
『赤松氏五代』渡邊大門　ミネルヴァ書房　二〇一二
『北畠顕家』大島延次郎　戎光祥出版　二〇一四
『今川了俊』川添昭二　編集者　日本歴史学会　代表者　佐川晴生　吉川弘文館　二〇〇九
『菊池氏三代』杉本尚雄　編集者　日本歴史学会　代表者　児玉幸多　吉川弘文館　一九八八
『菊池武光』川添昭二　戎光祥出版　二〇一三
『日向国盗り物語』石川恒太郎　学陽社　一九七五
『新薩摩学　中世薩摩の雄　渋谷氏』小島薩文　南方新社　二〇一五
『島津貴久―戦国大名島津氏の誕生』新名一仁　戎光祥出版　二〇一七
『島津義弘の賭け』山本博文　中央公論新社　二〇〇一
『島津四兄弟の九州統一戦』新名一仁　星海社　二〇一七
『島津四兄弟　義久・義弘・歳久・家久の戦い』栄村顕久　南方新社　二〇一六
『中世島津氏研究の最前線』編者　新名一仁　洋泉社　二〇一八
『武田信玄』笹本正治　ミネルヴァ書房　二〇〇五

『織田信長』池上裕子　編集者　日本歴史学会　代表者　笹山晴生　吉川弘文館　二〇十二
『信長公記』太田牛一　訳　中川太古　KADOKAWA　二〇二〇
『豊臣秀吉』鈴木良一　岩波書店　一九九六
『豊臣秀吉』小和田哲男　中央公論新社　二〇二〇
『豊臣秀吉』岡本良知　中央公論社　一九六三
『秀吉襲来』渡邊大門　東京堂出版　二〇二一
『天下統一』藤田達生　中央公論新社　二〇一四
『秀吉の朝鮮侵略と民衆』北島万次　岩波書店　二〇一二
『なぜ秀吉はバテレンを追放したのか』三浦小太郎　ハート出版　二〇一九
『文禄・慶長の役』中野等　吉川弘文館　二〇一六
『「武功夜話」検証（九州編）―秀吉の島津征討とその資料集』松浦武　松浦由起　新人物往来社　一九九七
『倭城を歩く』編者　織豊期城郭研究会　サンライズ出版社　二〇一八
『黒田官兵衛』小和田哲男　平凡社　二〇一三
『秀吉に天下を獲らせた男　黒田官兵衛』山本一城　宮帯出版社　二〇一四
『「豊臣政権の貴公子」宇喜多秀家』大西泰正　KADOKAWA　二〇一九
『流浪の戦国貴族　近衛前久』谷口研語　中央公論新社　二〇二〇
『松永久秀』金松誠　戎光祥出版　二〇一八
『影の宰相　小早川隆景―真説・本能寺の変』米山俊哉　南々社　二〇一九
『毛利輝元』光成準治　ミネルヴァ書房　二〇一六
『上杉景勝のすべて』花ヶ前盛明　新人物往来社　二〇〇八
『大友宗麟』外山幹夫　編集者　日本歴史学会　代表者　児玉幸太　吉川弘文館　一九九二

『長宗我部』長宗我部友親　文藝春秋　二〇一二
『長宗我部　復活編』長宗我部友親　文藝春秋　二〇一六
『戦国の肥前と龍造寺隆信』川副義敦　宮帯出版社　二〇一八
『鍋島直茂』中西豪　学習研究社　二〇〇二
『福島正則』福尾猛市郎　藤本篤　中央公論新社　一九九九
『石田三成』中野等　吉川弘文館　二〇一七
『小西行長伝』木村紀八郎　鳥影社　二〇〇五
『太閤検地』中野等　中央公論新社　二〇一九
『戦国日本と大航海時代』平川新　中央公論新社　二〇一八
『水軍の活躍がわかる本』鷹橋忍　河出書房新社　二〇一四
『富を制する者が天下を制す』小和田哲男　NHK出版　二〇一二
『戦国・近世の島津一族と家臣』五味克夫　戎光祥出版　二〇一八
『琉球王国と戦国大名』黒嶋敏　吉川弘文館　二〇一六
『一向一揆と石山合戦』神田千里　吉川弘文館　二〇一九
『関ヶ原 島津退き口―敵中突破三〇〇里』桐野作人　学研パブリッシング　二〇一〇
『関ヶ原合戦は「作り話」だったのか』渡邊大門　PHP研究所　二〇一九
『九州の関ヶ原』光成準治　戎光祥出版　二〇一九
『薩摩島津家　最強の真実』編集人　岩瀬佳弘　KKベストセラーズ　二〇一八
『安国寺恵瓊』河合正治　編集者　日本歴史学会　代表者　児玉幸多　吉川弘文館　一九八九
『伊達政宗』小林清治　編集者　日本歴史学会　代表者　児玉幸多　吉川弘文館　一九八七
『立花宗茂』中野等　編集者　日本歴史学会　代表者　児玉幸多　吉川弘文館　二〇〇一

『徳川将軍列伝』編者　北島正元　秋田書房　一九九六
『家康公伝1関ヶ原の勝利』編者　大石学　佐藤宏之　小宮山敏和　野口朋隆　吉川弘文館　二〇一〇
『家康公伝2江戸開府』編者　大石学　佐藤宏之　小宮山敏和　野口朋隆　吉川弘文館　二〇一一
『家康公伝3三河から関東の覇者へ』編者　大石学　佐藤宏之　小宮山敏和　野口朋隆　吉川弘文館　二〇一一
『家康公伝4関ヶ原と家康の死』編者　大石学　佐藤宏之　小宮山敏和　野口朋隆　吉川弘文館　二〇一一
『家康公伝5家康をめぐる人々』編者　大石学　佐藤宏之　小宮山敏和　野口朋隆　吉川弘文館　二〇一二
『徳川家康』笠谷和比古　編集者　ミネルヴァ書房　二〇一六
『徳川家光』野村玄　ミネルヴァ書房　二〇一三
『徳川家光』藤井讓治　編集者　日本歴史学会　代表者　吉川圭三　吉川弘文館　一九九七
『江戸三〇〇藩「改易・転封」の不思議と謎』山本博文　実業之日本社　二〇一九
『島原・天草の乱』煎本増夫　新人物往来社　二〇一〇
『徳川吉宗』辻達也　編集者　日本歴史学会　代表者　児玉幸多　吉川弘文館　一九九四
『徳川吉宗と江戸城』岡崎寛徳　吉川弘文館　二〇一四
『日光東照宮―日光東照宮四〇〇年式年大祭記念』須田慎太郎　集英社インターナショナル　二〇一五
『江戸一〇万日全記録』明田鉄男　雄山閣　二〇一七
『薩摩藩対外交渉史の研究』徳永和喜　九州大学出版会　二〇〇五
『薩摩藩の参観交代―江戸まで何日かかったか―』上野堯史　ラグーナ出版　二〇一九
『参勤交代』山本博文　講談社　一九九八
『宝暦治水―歴史を動かした治水プロジェクト』牛嶋正　風媒社　二〇〇七
『宝暦治水・薩摩義士』坂口達夫　春苑堂出版　二〇〇〇
『大石蔵助の生涯　真説・忠臣蔵』中島康夫　三五館　一九九八

『江戸城・大奥の秘密』安藤優一郎　文藝春秋　二〇〇七
『幕末の天皇』藤田覚　講談社　二〇一九
『名君 保科正之』中村彰彦　河出書房書新社　二〇一六
『将軍側近　柳沢吉保』福留真紀　新潮社　二〇一一
『田沼意次』藤田覚　ミネルヴァ書房　二〇一九
『松平定信』藤田覚　中央公論社　一九九三
『評伝　堀田正睦』土居良三　国書刊行会　二〇一三
『黒船前夜の出会い―捕鯨船クーパーの来航』平尾信子　NHKブックス　一九九四
『ペリー来航』西川武臣　中央公論新社　二〇一六
『シーボルト』板沢武雄　編集者　日本歴史学会　代表者　平野邦雄　吉川弘文館　二〇〇六
『江戸参府紀行』シーボルト　訳　斎藤信　一九七八
『日本滞在日記』レザーノフ　訳者　大島幹雄　岩波書店　二〇〇〇
『幕末、フランス艦隊の琉球来航』生田澄江　近代文藝社　二〇一四
『大黒屋光太夫（下）』吉村昭　新潮社　二〇〇五
『幕末の薩摩』原口虎雄　中央公論社　一九九七
『島津重豪』芳即正　編集者　日本歴史学会　代表者　児玉幸多　吉川弘文館　一九九五
『島津重豪と薩摩の学問・文化』編者　鈴木彰　林匡　勉誠出版　二〇一五
『調所広郷』芳即正　編集者　日本歴史学会　代表者　藤田覚　吉川弘文館　二〇二〇
『調所笑左衛門』佐藤雅美　学陽書房　二〇〇一
『徳川将軍家の結婚』山本博文　文藝春秋　二〇〇五
『江戸の高利貸』北原進　KADOKAWA　二〇一七

『大名の暮らしと食』江後迪子　同成社　二〇〇二
『抜け荷』山脇悌二郎　日本経済新聞社　一九六五
『金山』浦島幸世　春苑堂出版　一九九三
『徳川斉昭―不確実な時代に生きて』永井博　山川出版社　二〇一九
『島津斉彬』芳即正　編集者　日本歴史学会　代表者　藤田寛　吉川弘文館　二〇一八
『島津斉彬』綱淵謙錠　文藝春秋　一九九五
『島津斉彬』安川周作　南方新社　二〇二一
『島津斉彬公伝』池田俊彦　中央公論社　一九九四
『島津斉彬』松尾千歳　戎光祥出版　二〇一七
『島津斉彬のすべて』編者　村野守治　新人物往来社　二〇〇七
『鍋島直正』杉谷昭　佐賀県立佐賀城本丸歴史館　二〇一〇
『偽金造りと明治維新』徳永和喜　新人物往来社　二〇一〇
『島津久光と明治維新』芳即正　新人物往来社　二〇〇二
『島津久光の明治維新』安藤優一郎　イースト・プレス　二〇一七
『島津久光―幕末政治の焦点』町田明広　講談社　二〇〇九
『生麦事件』吉村昭　新潮社　一九九八
『井伊直弼―幕末維新の個性6』母利美和　吉川弘文館　二〇〇七
『安政の大獄』松岡英夫　中央公論新社　二〇〇一
『桜田門外の変』吉村昭　新潮社　一九九〇
『徳川慶喜』家近良樹　吉川弘文館　二〇〇四
『徳川慶喜』松浦玲　中央公論社　一九九七

『幕末の天才 徳川慶喜の孤独』鈴木荘一 勉誠出版 二〇一八
『開国への布石―評伝・老中首座阿部正弘』土居良三 未來社 二〇〇〇
『松平容保』綱淵謙錠 中経出版 二〇一三
『松平容保』星亮一 学陽書房 二〇〇四
『寺島宗則』犬塚孝明 編集者 日本歴史学会 代表者 吉川圭三 吉川弘文館 一九九〇
『松平春嶽』川端太平 編集者 日本歴史学会 代表者 吉川圭三 吉川弘文館 一九九〇
『松平春嶽のすべて』編者 三上一夫 舟澤茂樹 新人物往来社 一九九九
『伊達宗城』神川武利 PHP研究所 二〇一〇四
『川路聖謨』川田貞夫 編集者 日本歴史学会 代表者 吉川圭三 吉川弘文館 一九九七
『高野長英』佐藤昌介 岩波書店 一九九七
『中濱万次郎』中濱博 冨山房インターナショナル 二〇〇五
『橋本左内』編者 福井テレビジョン 監修 加来耕三 扶桑社 二〇一九
『先駆け！ 梅田雲浜』大原哲 文芸社 二〇一六
『月照』友松圓諦 編集者 日本歴史学会 代表者 吉川圭三 吉川弘文館 一九八八
『勝海舟』石井孝 編集者 日本歴史学会 代表者 児玉幸多 吉川弘文館 一九八九
『氷川清話』勝海舟 編 江藤淳 松浦玲 講談社 二〇一八
『勝海舟を動かした男 大久保一翁』古川愛哲 グラフ社 二〇〇八
『長崎奉行の歴史』木村直樹 KADOKAWA 二〇一六
『長崎海軍伝習所の日々』カッテンディーケ 訳 水田信利 平凡社 一九七二
『長崎海軍伝習所』藤井哲博 中央公論社 一九九一
『寺田屋異聞 有馬新七、富士に立つ』千草子 東海教育研究所 二〇一五

『寺田屋騒動』海音寺潮五郎　文芸春秋　二〇〇七
『小松帯刀』高村直助　編集者　日本歴史学会　代表者　藤田覚　吉川弘文館　二〇一七
『大久保利通と明治維新』佐々木克　吉川弘文館　一九九〇
『大久保利通』笠原英彦　吉川弘文館　二〇〇五
『大久保利通』監修　佐々木克　講談社　二〇一八
『西郷隆盛』家近良樹　ミネルヴァ書房　二〇一〇
『岩倉具視』佐々木克　吉川弘文館　二〇〇六
『三条実美』内藤一成　中央公論新社　二〇一九
『木戸孝允』松尾正人　吉川弘文館　二〇〇九
『高杉晋作　情熱と挑戦の生涯』一坂太郎　KADOKAWA　二〇二〇
『龍馬史』磯田道史　文藝春秋　二〇一九
『世界一よくわかる坂本龍馬』辻浩明　祥伝社　二〇一八
『天璋院篤姫』寺尾美保　高城書房　二〇〇七
『新薩摩学 天璋院篤姫』編者　古閑章　南方新社　二〇〇八
『天璋院篤姫の生涯―篤姫をめぐる160人の群像』新人物往来社　二〇〇七
『公家たちの幕末維新』刑部芳則　中央公論新社　二〇一八
『女たちの幕末京都』辻ミチ子　中央公論新社　二〇〇三
『江戸の火事』黒木喬　同成社　一九九九
『さつま人国誌』戦国・近世編　桐野作人　南日本新聞社　二〇一四
『さつま人国誌』戦国・近世編2　桐野作人　南日本新聞社　二〇一三
『さつま人国誌』戦国・近世編3　桐野作人　南日本新聞社　二〇一七

『さつま人国誌』幕末・明治編　桐野作人　南日本新聞社　二〇〇九
『さつま人国誌』幕末・明治編2　桐野作人　南日本新聞社　二〇一三
『さつま人国誌』幕末・明治編3　桐野作人　南日本新聞社　二〇一五
『さつま人国誌』幕末・明治編4　桐野作人　南日本新聞社　二〇一八
『薩英戦争　遠い崖　アーネスト・サトウ日記抄2』萩原延壽　朝日新聞社　二〇一〇
『英国策論　遠い崖　アーネスト・サトウ日記抄3』萩原延壽　朝日新聞社　二〇一一
『慶喜登場　遠い崖　アーネスト・サトウ日記抄4』萩原延壽　朝日新聞社　二〇一一
『外国交際　遠い崖　アーネスト・サトウ日記抄5』萩原延壽　朝日新聞社　二〇〇七
『大政奉還　遠い崖　アーネスト・サトウ日記抄6』萩原延壽　朝日新聞社　二〇〇七
『江戸開城　遠い崖　アーネスト・サトウ日記抄7』萩原延壽　朝日新聞社　二〇〇八
『江戸時代の天皇（天皇の歴史6）』藤田覚　講談社　二〇一八
『幕末の天皇』藤田覚　講談社　二〇一九
『ジャポニスム‐流行としての「日本」』宮崎克己　講談社　二〇一八
『パリ万国博覧会とジャポニスの誕生』寺本敬子　思文閣出帆　二〇二一
『薩摩藩と明治維新』原口泉　志學館大学出版会　二〇一九
『長州戦争』野口武彦　中央公論新社　二〇〇六
『王政復古』井上勲　中央公論社　一九九三
『幕末維新変革史（上）』宮地正人　岩波書店　二〇一八
『幕末維新変革史（下）』宮地正人　岩波書店　二〇一八
『幕末史』半藤一利　新潮社　二〇二一
『新選組』伊東成郎　新潮社　二〇二〇

『土方歳三と榎本武揚　幕臣たちの戊辰・箱館戦争』宮地正人　山川出版　二〇二〇
『暗殺の幕末維新史』一坂太郎　中央公論新社　二〇二〇
『島津家の戦争』米窪明美　筑摩書房　二〇一〇
『鳥羽伏見の戦い』野口武彦　中央公論新社　二〇一〇
『戊辰戦争』佐々木克　中央公論新社　二〇〇三
『戊辰戦争』保谷徹　吉川弘文館　二〇〇八
『戊辰戦争年表帖』ユニプラン編集部　ユニプラン　二〇一三
『鹿児島藩の廃仏毀釈』名越護　南方新社　二〇一五
『明治維新の舞台裏　第二版』石井孝　岩波書店　二〇一八
『明治六年政変』毛利俊彦　中央公論社　一九九四
『大警視・川路利良』神川武利　ＰＨＰ研究所　二〇〇三
『薩摩島津家全史』編集人　石橋敏行　スタンダーズ　二〇一九
『薩摩藩　精強無比の千年史』編集人　松森敦史　晋遊舎　二〇一三
『大名屋敷と江戸遺跡』宮崎勝美　山川出版社　二〇〇八
『士族の反乱』滝口康彦　井出孫六　豊田穣　小学館　一九七七
『華族』小田部雄次　中央公論新社　二〇〇六
『帝国議会』久保田哲　中央公論新社　二〇一八
『ベルツの日記』訳者　菅沼竜太郎　岩波書店　一九七九
『グラント将軍日本訪問記（新異国叢書　第Ⅱ輯）』ジョン・ラッセル・ヤング　訳　宮永孝　雄松堂書店　一九八三
『最後のロシア皇帝　ニコライ二世の日記』保田孝一　朝日新聞社　一九八五

『ニコライ遭難』吉村昭　新潮社　一九九六
『第十六代徳川家達―その後の徳川家と近代日本』樋口雄彦　祥伝社　二〇一二
『しらゆき―島津忠重 伊楚子 追想録』編集・発行　島津出版会　一九七八
『尚古集成館―島津氏八〇〇年の収蔵』岡村省三　春苑堂出版　一九九三

須田慎太郎（すだ・しんたろう）

1957（昭和32）年千葉県生まれ。報道写真家・文筆家。日本大学芸術学部写真学科卒。在学中から日本報道写真の先駆者・三木 淳氏に師事。1981年～1991年、写真週刊誌『フォーカス』（新潮社）専属の報道カメラマンとして活動。1986年日本写真協会新人賞受賞。2005年～2007年『ZOOM Japan』編集長。個展は「ウォンテッド」「人間界シャバシャバ（及び同・2）」「人間パフォーマンス」「緊張の糸は切れたか」など多数。写真集・著書は『駐日大使の素顔』（フォトルミエール）、『スキャンダラス報道の時代—80年代』『鯨を捕る』（翔泳社）、『新宿情話』『あかいひと』『金ピカ時代の日本人』『沖縄の祈り』（バジリコ）、『人間とは何か』（集英社）、『ももが教えてくれること』（主婦の友社）、『日光東照宮』（集英社インターナショナル）、『写真家三木 淳と「ライフ」の時代』（平凡社）、『エーゲ永遠回帰の海』（立花隆氏との共著／書籍情報社及びちくま文庫）などがある。

島津と武家史◉上

2023年10月20日　初版第1刷発行

著者　**須田慎太郎**
装丁　**河野宗平**
地図製作　**ジェイ・マップ**
発行人　**長廻健太郎**
発行所　**バジリコ株式会社**
〒162-0054
東京都新宿区河田町3-15 河田町ビル3階
電話：03-5363-5920　ファクス：03-5919-2442
http://www.basilico.co.jp

印刷・製本　**中央精版印刷株式会社**

ISBN978-4-86238-255-9